Fischer Format

Max Raphael
Theorie des geistigen Schaffens auf marxistischer Grundlage

S. Fischer

Die "Theorie des geistigen Schaffens auf marxistischer Grundlage" ist eine überarbeitete und
mit Marginalien versehene Fassung letzter Hand der 1934 in Paris erschienenen Erstausgabe
"Erkenntnistheorie der konkreten Dialektik".

© S. Fischer Verlag GmbH, Frankfurt am Main 1974
Lektorat Hans-Jürgen Schmitt
Umschlag Hannes Jähn
Ausstattung Greno
Satz W. Hädicke, Stuttgart
Druck Poeschel & Schulz-Schomburgk, Eschwege
Einband Hans Klotz, Augsburg
Printed in Germany 1974
ISBN 3 10 062901 9

Dem Philosophen Max JUNG gewidmet

11

Einleitung: Problemstellung: Es ist der Prozeß der Gesamtheit aller geistigen Fähigkeiten zu analysieren im Zusammenhang mit ihren gesamtgeschichtlichen Bedingungen. – Einschränkung des Themas

Problemstellung: Analyse *aller* Vermögen des Menschen in ihrer Aktion

Die Theorie des geistigen Schaffens umfaßt für den Marxismus nicht nur die Theorie des engen Gebietes, auf dem sich der menschliche Intellekt in Begriffen mit der Welt auseinandersetzt; auch das körperliche Handeln, das sinnliche Wahrnehmen und die Vernunft fallen in ihren Bereich. Eine solche Zusammenfassung aller Vermögen des menschlichen Geistes ist nur möglich, wenn der Prozeß, in dem ihre Tätigkeit abläuft, im Grunde dieselbe ist. Und in der Tat! Die gleiche Gesetzlichkeit der Methode gilt trotz der Unterschiede, die sich daraus ergeben, ob der Mensch auf Dinge außerhalb oder Vorgänge innerhalb seines Körpers zurückwirkt; sie gilt, ob er es mit dem Ausdrucksgebiet der Kunst oder der Moral zu tun hat, mit dem wissenschaftlichen Begriff oder der theologischen Spekulation. Es ist nicht zu leugnen, daß die Vermögen des menschlichen Geistes eine verschiedene Funktion haben oder sich verschiedenartig konkretisieren. Aber die Bedingungen hierfür liegen in der Stoffquelle, in der Auswahl und Schichtung zwischen den seelischen Vermögen oder in den Ausdrucksmitteln. Und daher ist die Theorie eines spezifischen Gebietes (z.B. der Kunst, der Moral etc.) nur eine konkrete Form der allgemeinen Methode, die für alle Arten menschlich-geistiger Rückwirkung auf die Wirklichkeit gilt; es ist die Aufgabe der allgemeinen Theorie des geistigen Schaffens, sie zu analysieren und so gleichsam die höhere Mathematik des Marxismus zu geben.

und in ihrer geschichtlichen Bedingtheit.

Für den Marxismus stehen außerdem alle Vermögen in der Gesamtheit der Geschichte. Ihre jeweilige Erscheinungsform ist bedingt durch die ganze bisherige Entwicklung aller produktiven Kräfte, der materiellen wie der geistigen, und bedingt ihrerseits deren weitere gesellschaftliche Entwicklung. Innerhalb dieses geschichtlichen Ablaufs besteht eine ursprüngliche Abhängigkeit der geistigen von der materiellen Produktion, vermittelt durch eine Reihe von Zwischengliedern, die untereinander in Wechselwirkung stehen; und schließlich wirkt die geistige auf die materielle Produktion zurück. Diese Spannung zwischen den Kräften, welche die Bewegung durch den geschichtlichen Längsschnitt der Gesellschaft mit Hilfe der in ihrem Querschnitt vorhandenen Produktionsleistungen vollziehen, gilt für alle Arten menschlichen Schaffens; sie realisiert sich aber für jede einzelne besonders und in den verschiedenen Epochen in verschiedener Weise.

Unterscheidbarkeit und Einheit der beiden Reihen: Theorie und Geschichte.

Jede Auseinandersetzung des Menschen mit der Welt gehört also zwei Prozeßreihen an: der logischen und der geschichtlichen. Die erste erstrebt in jedem geschichtlichen Zeitpunkt die größtmögliche Annäherung zwischen objektiver Außenwelt und menschlichem Geist, zwischen Sein und Denken, zwischen Notwendigkeit und Zufall. Die zweite sucht die mannigfaltigen Bedingungen für die Einzelakte, die sich gleichzeitig um die Lösung dieser Aufgabe mit verschiedenen Mitteln

12

Einleitung: Problemstellung: Es ist der Prozeß der Gesamtheit aller geistigen Fähigkeiten zu analysieren im Zusammenhang mit ihren gesamtgeschichtlichen Bedingungen. – Einschränkung des Themas

und mit wechselndem Erfolg bemühen, in ein neues Ganzes zusammenzufassen. Aber die beiden Prozesse müssen trotz dieser Verschiedenheit auch identisch sein, denn nur wenn sie nach derselben Methode und nach denselben Hauptgesetzen vor sich gehen, kann die Geschichte die Bedingung der Einzelakte, und die Einzelakte die Erfüllung des geschichtlichen Verlaufes sein. Man kann diese aufs engste zusammenhängende Kette von Akten getrennt nach zwei verschiedenen Dimensionen hin betrachten: das eine Mal so, daß man den Unterschied zwischen geschichtlicher Ausgangs- und Endsituation, also die Entwicklung zwischen ihnen auf Null reduziert, um den Prozeß des geistigen Schaffens in idealer Reinheit ablaufen zu lassen; das andere Mal so, daß man von diesem letzten allein das Ergebnis festhält, um nur die geschichtliche Bewegung unabhängig von den Menschen, die die Geschichte machen, nachzuzeichnen. In der konkreten Wirklichkeit aber greifen beide Prozesse ineinander und wachsen durch ihr zugleich einheitliches und gegensätzliches, d.h. durch ihr dialektisches Verhältnis dauernd auseinander und übereinander hinaus.

Zusammenhang von Geschichtswissenschaft und Schaffenstheorie.

Die geschichtliche Entwicklung findet ihren theoretischen Ausdruck in der Geschichtswissenschaft, der einzelne Schaffensakt den seinen in der allgemeinen Schaffenstheorie. Der Marxismus kennt nun aber keine schlechthin allgemeine, sondern nur eine geschichtlich bedingte Schaffenstheorie; denn wenn Sein und Denken sich in dauernder geschichtlicher Veränderung befinden, kann auch ihr Zusammenhang nicht aus Invarianten bestehen. Aber ebensowenig kennt er eine Geschichtswissenschaft, die kein anderes Kriterium hat als das tatsächliche Vorkommen eines Dinges in der Zeit, das bloße Sich-ereignet-haben, kurz eine Geschichtswissenschaft, die nicht theoretisch begründet ist. Oder spezifischer ausgedrückt: Kunstgeschichte ist Voraussetzung für Kunsttheorie, und Kunsttheorie ist Voraussetzung für eine Kunstgeschichte als Wissenschaft. Jede geistige Erfassung und Gestaltung der Tatbestände erfordert also eine sehr enge Wechselwirkung zwischen geschichtlich bedingter Schaffenstheorie und theoretisch bedingter Geschichtswissenschaft. Die eine ohne die andere ist ungenügend.

Das Hegel'sche Verhältnis von Logik und Geschichte –

Die theoretische Aufgabe besteht darin, das Hegel'sche Verhältnis von Logik und Geschichte für den dialektischen Materialismus neu zu gestalten. Hegel behauptet in der Einleitung zu seinen "Vorlesungen zur Geschichte der Philosophie", "daß die Aufeinanderfolge der Systeme der Philosophie in der Geschichte dieselbe ist, als die Aufeinanderfolge der logischen Ableitung der Begriffsbestimmungen der Idee. Ich behaupte, daß wenn man die Grundbegriffe der in der Geschichte der Philosophie erschienenen Systeme rein dessen entkleidet, was ihre äußerliche Gestaltung, ihre Anwendung auf das Besondere und dergleichen betrifft: so erhält man die verschiedenen Stufen der Bestimmung der Idee selbst in ihrem logischen Begriffe... Umgekehrt den logischen Fortgang für sich genommen, so hat man darin nach seinen Hauptmomenten den Fortgang der geschichtlichen Erscheinungen – aber man muß freilich diese reinen Begriffe in dem zu erkennen wissen, was geschichtliche Gestalt enthält."

13

Einleitung: Problemstellung: Es ist der Prozeß der Gesamtheit aller geistigen Fähigkeiten zu analysieren im Zusammenhang mit ihren gesamtgeschichtlichen Bedingungen. – Einschränkung des Themas

von Marx neu
gestaltet.

Dem Marxismus fehlen vollkommen die (ihrerseits geschichtlich bedingten) Voraussetzungen für eine solche Identifizierung der Logik und der Geschichte: die Entwicklung des absoluten Logos in Begriffe (Kategorien), die in der Geschichte eine äußere, abziehbare Gestalt annehmen. Für ihn gibt es nur die geschichtliche Entwicklung, in der die Kategorien, als in ihren konkreten Inhalten variierte und sich entwickelnde, ihr einziges und ganzes Leben haben. Die Hegel'sche Identifizierung zieht den Logos in die Geschichte und beendet dadurch die Dialektik nicht nur für das Verhältnis von Logik und Geschichte, sondern auch für das Verhältnis von Denken und Sein; es ist also durchaus konsequent, wenn das System des sich zur Freiheit entwickelnden Logos die Reaktion seiner Zeit legitimiert. Marx dagegen hält die dialektische Verbindung zwischen logischem und geschichtlichem Akt aufrecht und vermeidet dadurch sowohl den einseitigen Dogmatismus wie den einseitigen Relativismus. Hegel machte die Geschichte logisch und vernichtete dabei ihre Eigenart; Marx machte die Logik geschichtlich und rettete trotzdem die Geschichte vor dem Historismus und die Logik vor dem Psychologismus. Er hat beide in einer geeinten Gestalt einer neuen Gesellschaftsklasse übergeben, während die alte zwischen dem Relativismus, der ihrer Erkenntnis der Welt, und dem Dogmatismus, der ihrer Flucht aus der Welt in immer schalere Metaphysiken entspricht, hoffnungslos hin- und herpendelt. Die volle historische und theoretische Begründung dieser großartigen Leistung von Marx scheint mir noch niemand gegeben zu haben.

Einschränkung der
Aufgabe.

Aber obwohl der Marxismus den größten Wert auf das dialektische Verhältnis des geschichtlichen und des erkenntnismäßigen Prozesses legt, ist er heute noch nicht imstande, jedes einzelne Gebiet in dieser komplexen Weise zu behandeln. So müssen wir hier mit vollem Bewußtsein der Gefahren – die geschichtliche Entwicklung des Erkennens und die konkreten materiellen Bedingungen der einzelnen Erkenntnistheorien zurücktreten lassen gegenüber der materialistisch-dialektischen Darstellung des schaffenstheoretischen Hauptproblems: des Prozesses, der sich zwischen Sein und Bewußtsein bei der geistigen Produktion im allgemeinen vollzieht. Die Anbahnung der Lösung dieser Teilaufgabe wird aber einer vertieften Auffassung des Gesamtproblems dienen.

Die marxistische Tradition der materialistischen Dialektik als einer allgemeinen Theorie des geistigen Schaffens.

Die enge Verbundenheit von Materialismus und Dialektik

I. Teil

Ehe wir an die direkte Lösung dieser Aufgabe herantreten (s. Teil II), wollen wir in kurzen Thesen die Aussagen aneinanderreihen, die sich über die marxistische Methode bei den Begründern dieser Theorie finden, und ihre Bedeutung für die allgemeine Schaffenstheorie erörtern.

Der Marxismus ist dialektischer Materialismus oder besser: materialistische Dialektik. Er verbindet zum ersten Mal, was in der vorhergehenden Geistesgeschichte getrennt war. Denn jeder frühere Materialismus war mechanisch und dogmatisch, jede frühere Dialektik idealistisch (oder realistisch). Indem Marx Materialismus und Dialektik zusammenfügte, beabsichtigte er nicht eine äußerliche Versöhnung, sondern eine innere Durchdringung und vollkommene Synthese. Das zeigt sich darin, daß jeder der beiden Begriffe einen vollständig neuen Sinn bekommt, den er vorher in der Geschichte noch nicht gehabt hatte. Indem die mechanische Auffassung der Materie der dialektischen weicht, wird die absolute Gegensätzlichkeit von Materie und Geist aufgehoben: die Materie ist von Anfang an mit "Abbildungsfähigkeit begabt", d.h. mit einer primitiven Form von Geistigkeit versehen; umgekehrt bleibt der Geist auch auf seiner höchsten Stufe an die Materie gebunden. Und entsprechend: indem der Materialismus in die Dialektik eindringt, hört diese auf, ein Bewegungsprozeß des Logós zu sein, den man apriori in reinen Begriffen und Kategorien deduzieren kann; die Dialektik ist empirisch und historisch geworden. Eben das meinte Marx, als er davon sprach, er habe Hegels Theorie vom Kopf auf die Füße gestellt.

Mit diesen beiden Tatsachen: daß der absolute Gegensatz von Materie und Geist, ebenso wie der absolute Gegensatz von variabler Erfahrung und konstanten Kategorien aufgehoben und beide Gegensatzgruppen in eine dialektische Einheit verwandelt werden, hatte Marx bereits erreicht, was Lenin später wieder mit großem Nachdruck forderte: "Außerdem muß das allgemeine Entwicklungsprinzip (sc. Dialektik) mit dem allgemeinen Prinzip der Einheit der Welt, der Natur, der Bewegung, der Materie etc. vereinigt, verknüpft, vereinbart werden." (Lenin: Aus dem philosophischen Nachlaß, S. 190.) Diese Einheit, die das Wesen der materialistischen Dialektik ausmacht, dürfen wir nie aus den Augen verlieren, wenn die folgende Aufzählung, die den inneren Zusammenhang zerlegen muß, nicht jeden Sinn verlieren soll.

Aussagen über die materialistische Seite.

A. Die Aussagen über (dialektischen) Materialismus lassen sich in folgende Behauptungen zusammenfassen:

1. Es existiert eine von jedem menschlichen und absoluten (speziell göttlichen) Geist oder Bewußtsein unabhängige Welt, und zwar hat die Welt der Dinge zeitlich früher existiert als der menschliche Geist.

2. Es existiert weder ein absoluter Geist ohne Materie (z.B. Gott) noch eine absolute Materie ohne Geist (französischer Materialismus des 17. und 18. Jahrhunderts), sondern es existiert nur eine Materie, die sich in einem dauernden Entwicklungsprozeß befindet, der anhebt mit einem Stadium, wo der Geist — sehr wenig entwickelt — nur die Fähigkeit abzubilden besitzt, und bisher geendet hat in einem Stadium, wo die Materie mit menschlichem Bewußtsein verbunden ist.

3. Es gibt keine Substanz als eine in demselben Seinszustand verharrende, schlechthin existierende Wesenheit (und darum auch keine ihr entsprechende Wissenschaft: die Ontologie), sondern nur eine konkrete, variable, jeweils historisch bestimmte Materie (und darum gibt es für Natur, Gesellschaft, Bewußtsein nur eine Wissenschaft: die allerdings theoretisch begründete Geschichte).

4. Dort, wo Welt und Mensch sich gegenübertreten, ist es das (historisch bestimmte) Dasein, welches das (historisch und gesellschaftlich entstandene) Bewußtsein bedingt, und nicht umgekehrt bestimmt das (menschliche oder absolute) Bewußtsein das (abstrakte oder sinnliche) Sein.

5. Alle menschlichen Rückwirkungen auf diese ursprüngliche Bedingung entspringen aus den natürlichen Bedürfnissen und beginnen daher mit deren Befriedigung, d.h. mit der Produktion der Lebensmittel und der Menschen. Diese materielle Produktion und Reproduktion (in voller Konkretheit genommen) bestimmt in letzter, aber nicht in einziger und direkter Instanz die geistige Produktion. Die Ideologien (als Überbau der materiellen Basis) stehen überdies in Wechselwirkung untereinander und zur materiellen Produktion.

6. Die Produktion der Lebensmittel vollzieht sich (nach einer ursprünglichen Periode der Gemeinwirtschaft) in der gesellschaftlichen Form des Klassenkampfes zwischen einer herrschenden und ausbeutenden Klasse (die im Besitz der Produktionsmittel ist) und einer beherrschten und ausgebeuteten Klasse (die z.B. im Kapitalismus ihre Arbeitskraft verkaufen muß, um das Leben zu fristen).
Die Aufhebung dieser Klassengesellschaft in das Ziel der geschichtlichen Entwicklung.

7. Die Rückwirkung der Menschen auf die Welt kann größer werden als die ursprüngliche Einwirkung der Welt auf den Menschen.

8. Die Entwicklung der Materie und die Wechselbeziehung zwischen Welt und Bewußtsein unterliegen notwendigen Gesetzen. Doch schließen diese nicht aus, daß der Mensch die Geschichte macht, d.h. daß der Mensch eine relative Freiheit hat.

Aussagen über die dialektische Seite.

B. Die Aussagen über (materialistische) Dialektik lassen sich in folgende Behauptungen zusammenfassen:
1. Dialektik ist Selbstbewegung (im Gegensatz zu allen Methoden, die das Beharren und die Beziehung betonen, und darum Bewegung

nur als Fremdbewegung kennen). Und zwar ist sie eine unendliche Selbstbewegung zu immer höheren Stufen der Entwicklung. Sie verläuft nicht in gerader Linie und nicht dauernd in derselben Richtung, sondern in der Form einer Spirale.

2. Die Selbstbewegung der Dialektik durchläuft drei Etappen:

a) Eine bis dahin noch ungeschiedene Einheit wird mit Hilfe der Negation in zwei Gegensätze auseinandergelegt, die gleichzeitig widerspruchsvoll und identisch sind. Thesis und Antithesis entstehen durch die Analyse:

aa) aller Bedingungen, unter denen eine Tatsache sich bildet, sich entwickelt und verfällt;

bb) aller Beziehungen, in denen die Tatsache besteht;

cc) der Elemente der Tatsache und ihrer gesetzmäßigen Zusammenhänge in der relativ konstanten Einheit (Ganzheit) dieser Tatsache.

b) Die beiden Gegensätze durchdringen sich in Abhängigkeit von ihrer positiven resp. negativen Funktion innerhalb der ursprünglichen Einheit; die äußeren Gegensätze werden innere und die quantitative Veränderung schlägt am Knotenpunkt der Entwicklung sprunghaft (revolutionär) in ein qualitatives Anderssein um.

c) Mit Hilfe einer zweiten Negation wird die Durchdringung auf eine höhere Stufe der Entwicklung gehoben. Aber die Synthese ist eine nur vorübergehende Einheit der Gegensätze; es tritt ihr immer eine neue Antithese gegenüber.

3. Die Dialektik ist die Methode des Gesamtzusammenhanges von Natur, Gesellschaft und Denken.

4. Die objektive Dialektik erscheint im Geist des Menschen, weil dieser selbst ein Glied der Welt ist. Das allmählich bewußt gewordene Verhältnis zwischen Sein und Denken wird dann als Theorie des geistigen Schaffens formuliert. Für eine solche sind vom Marxismus (Marx, Engels, Lenin) folgende Tatsachen und Forderungen aufgestellt worden:

a) Der menschliche Geist besteht aus mehreren Erkenntnisfunktionen: Körper, Sinne, Verstand, Vernunft, realisierende Praxis (Experiment und Industrie).

b) Die Dialektik ist auf die ursprünglich mechanische "Bildertheorie" anzuwenden. (Lenin)

c) Die entgegengesetzten Methoden (Induktion-Deduktion, Analyse, Synthese etc.) müssen eine dialektische Einheit bilden. (Engels)

d) Der Gegensatz zwischen der möglichen Souveränität und der wirklichen Beschränktheit des Denkens löst sich nur in der Folge der Geschlechter. (Engels)

e) Jedes Ergebnis des Denkens, d.h. jede Wahrheit ist zugleich relativ und absolut. (Engels)

Diskussion der traditionellen Aussagen —

Nach dieser gedrängten Aufzählung wollen wir die Bedeutung der beiden Merkmalgruppen (A und B) für eine Schaffenstheorie kurz beleuchten:

über die materiali-
stische Seite: die
3 ersten Thesen

Idealismus und Mate-
rialismus in Erkennt-
nistheorie und Meta-
physik.

ad. A. I Die ersten 3 Thesen besagen, daß man über Dialektik nicht in abstrakter Weise sprechen kann. Man muß sofort zwischen idealistischer und materialistischer Dialektik wählen, d.h. alle rein idealistischen Theorien und besonders alle Theologien ausschließen.

Jeder absolute Idealismus gründet die Beziehung zwischen Welt und Mensch auf eine Beziehung zwischen Welt (Mensch) und Gott, gründet den erkenntnistheoretischen Idealismus auf einen metaphysischen. Er sagt in den verschiedensten Ausdrücken, daß es einen absoluten Geist (Gott, Substanz etc.) gibt, der die Welt schafft, aus sich entläßt, bestimmt und erhält. Er macht darum ihr eigentliches Wesen aus, ihren verborgenen Sinn, ihren tiefsten Wert, während die wirkliche und konkrete Welt — als geschaffene gegenüber dem Schöpfer — eine niedrigere Stufe, eine Entfernung, eine Entfremdung, eine bloße Erscheinung oder Korruption dieses absoluten Geistes ist. Der menschliche Geist ist ihm zwar näher als alle übrigen Geschöpfe, er hat die Aufgabe, sie zu dem absoluten Geist zurückzuführen — aber das ändert nichts daran, daß auch er nur ein entlehntes Sein hat, entlehnt von jenem Geist, in dem Sein und Wesen identisch sind, der causa sui ist etc.

Der metaphysische
Idealismus bedingt
das Grundaxiom der
Erkenntnistheorie
nicht eindeutig.

Aber jede metaphysische Bestimmung des Verhältnisses zwischen Welt und Gott erlaubt noch eine doppelte Erklärung des erkenntnistheoretischen Verhältnisses zwischen der Welt und dem menschlichen Geist: eine realistische oder eine idealistische. Der (erkenntnistheoretische) Realismus (z.B. des hlg. Thomas von Aquino) besagt: die (von Gott geschaffene) Welt bedingt (durch die in ihr enthaltenen Ideen Gottes) das menschliche Denken; der (erkenntnistheoretische) Idealismus (z.B. Lockes) dagegen besagt: das (von Gott geschaffene) Denken bestimmt die Welt.

Der erkenntnistheore-
tische Idealismus führt
zur Metaphysik.

Die Tatsache, daß kein metaphysischer Idealismus die Erkenntnistheorie eindeutig zu begründen vermocht hat, zwang dazu, seinen absoluten Charakter aufzugeben. Der relative Idealismus stellt die Beziehung zwischen Gott und Welt entweder als unerklärbar (Skeptizismus, Agnostizismus) oder als nicht vorhanden hin. Er gibt vor, sich auf die Behauptung zu beschränken, daß der menschliche Geist die Auffassung oder selbst die Existenz und das Wesen der Welt bedingt. Aber mag dies nun durch die Kategorien des Denkens (Kant) oder durch die Sinne (Mach) geschehen, in beiden Fällen erhöht er die erkenntnistheoretischen Aussagen zu metaphysischen; überdies wird er aus andern (z.B. moralischen) Gründen gezwungen, eine Metaphysik zu postulieren, die dann (angeblich) ohne jeden Zusammenhang mit der Erkenntnistheorie sein soll. Er verwickelt sich so in die peinlichsten Widersprüche.

Mit dem Idealismus ist
nur eine unbeweisbare
Hypothese verworfen.

Der vollkommen relative Idealismus hat nur noch den einzelnen Sinnesakt des eigenen Ich zur Verfügung. Er verstrickt sich notwendig in Absurditäten des Solipsismus, die sich nur durch die Annahme eines absoluten, alles vorausbestimmenden Geistes beseitigen lassen. Jeder konsequente Idealismus ist absoluter Idealismus (und d.h. irgendeine Form von Theismus) oder kompletter Unsinn. Er hat also die Existenz des absoluten Geistes oder Gottes zu beweisen, was bisher wie wir später zeigen werden — niemals gelungen ist. Wenn also

der Marxismus jede Spielart von Idealismus, besonders aber den absoluten Idealismus in seiner theologischen Form ausschließt, so verwirft er nur eine unbeweisbare Hypothese.

Auch der Materialis-
mus wird Metaphysik
genannt — von den
Idealisten.

Bedeutet diese Ausschaltung des Idealismus bereits eine notwendige und hinreichende Begründung des Materialismus? Dies ist offenbar nicht der Fall, denn die Geschichte der Philosophie lehrt, daß
auch dem (erkenntnistheoretischen) Materialismus vorgeworfen worden ist, er sei Metaphysik.

Die beiderseitigen Wie-
derlegungsargumente:
— Idealismus gegen
Materialismus;

Stellen wir die Hauptargumente dieses Streites einander gegenüber,
so sagt der Idealismus gegen den Materialismus:

1. Die Erzeugung eines psychischen Elementes aus den physikali-
schen Elementen der Masse und der Bewegung ist nicht erfahrbar;
der Übergang ist unmöglich, weil Sein und Bewußtsein gänzlich hete-
rogen sind (d.h. der Materialismus ist entweder unvollständig oder
gerät in Widerspruch mit sich selbst).

2. Auch Gott beweist nicht die Existenz der Außenwelt; der Realismus nimmt also mehr an, als notwendig ist (Übervollständigkeit).

3. Das Denken des Gehirns ist ein Fetisch der Naturwissenschaft.

4. Es ist unlogisch, anzunehmen, daß die ganze Materie bewußt
sei; ist es aber nur ein Teil, so gerät der Materialismus in einen Widerspruch, indem er Dinge voneinander abhängig macht, die voneinander
unabhängig sind.

— Materialismus gegen
Idealismus.

Umgekehrt hält der Materialismus den Versuch des Idealismus,
die Erfahrung als Bewußtsein zu deuten, aus folgenden Gründen für
Metaphysik:

1. Die physischen Elemente lassen sich aus den psychischen nicht
aufbauen (Unvollständigkeit oder Widerspruch).

2. Ohne die über alle Erfahrung hinausgehende Hypothese Gottes
kann man weder die inhaltlichen Unterschiede desselben Sinnesver-
mögens noch die gemeinsamen Empfindungen verschiedener Menschen
etc. erklären; der dogmatische Charakter dieser Hypothese steht aber
in Widerspruch zu dem absoluten Relativismus aller anderen Voraussetzungen (Uneinsichtigkeit und Widerspruch).

3. Die Wissenschaft beweist die Existenz der Welt vor allem menschlichen Bewußtsein, und die Praxis das Vorhandensein von Übergängen
zwischen dem Ding an sich und seiner Erscheinung (Widerspruch, Unvollständigkeit).

4. Jede Ableitung aus Prinzipien apriori erschleicht ihren Inhalt
(falsche Abhängigkeit).

Die Analogie der Argu-
mente: ihre Gründe
und ihre Folgen.

Diese Gegenüberstellung zeigt, daß die Argumente der Gegner inhaltlich vollständig analog, wenn auch nicht identisch sind: denn die
angebliche Metaphysik des Materialismus soll in der Behauptung der
bewußtseinsunabhängigen Existenz der Außenwelt liegen, während
die Metaphysik des Idealismus in der Behauptung der Existenz Gottes besteht. Der Parallelismus der Argumente hat seinen Grund darin,
daß Gegensätze in ihrer extremen Isoliertheit genommen, zu analogen
Einseitigkeiten führen. Daraus ergibt sich die Alternative: entweder absolute Gegensätzlichkeit zwischen Idealismus und Materialismus und
dann Skepsis (d.h. Unentscheidbarkeit) oder dialektische Einheit ihres

Ist die Annahme einer mit "Abbildungsfähigkeit" und Entwicklungsmöglichkeit begabten Materie Metaphysik?
Trennung des erkenntnistheoretischen Faktors —

Widerspruchs, d.h. eine klare Abgrenzung, wieweit der Gegensatz absolut ist, und wo er anfängt, relativ zu werden.

Diese Abgrenzung liegt implicite schon in der dialektischen Auffassung der Materie. Aber ist diese Inkorporation der Dialektik in die Materie, ist dieser Ansatz einer in sich selbst mit "Abbildungsfähigkeit" und Entwicklungsmöglichkeit begabten Materie nicht selbst schon Metaphysik? In diesem so oft gegen den Marxismus erhobenen Vorwurf stecken zwei ganz verschiedene Aussagen:

a) Metaphysik sei bereits die Behauptung, daß es eine vom (göttlichen oder menschlichen) Geist unabhängige Außenwelt gebe, selbst wenn über deren Beschaffenheit noch keinerlei Aussage gemacht wird. Da diese Behauptung nur erkenntnistheoretischer Art ist, wird auch eine vollständige Analyse des Erkenntnisprozesses genügen, um zu zeigen, daß dieser sich ohne eine solche Annahme überhaupt nicht in einer zusammenhängenden Weise vollziehen könnte. Allein die idealistischen Erkenntnistheorien erfordern zwangsläufig Metaphysik. Man sieht das ganz deutlich bei Descartes. Denn seine angeblich erste und evidente Gewißheit "cogito ergo sum" muß er sogleich auf eine andere basieren: weil Gott ist, denke ich wahr; weil ich wahr denke, bin ich. Die idealistische Erkenntnishypothese zieht die theologische Fiktion nach sich. Descartes vermag diese nur durch den Beweis des hlg. Anselm von Canterbury zu sichern, welchen der hlg. Thomas bereits zurückgewiesen hatte, dessen Beweise ihrerseits vielfach widerlegt worden sind. Aber nur ein unanfechtbarer Beweis für die Existenz Gottes könnte die idealistische Erkenntnistheorie notwendig und hinreichend begründen.

von dem "metaphysischen".

b) Metaphysik sei die weitere, aber auch fundamentalere Aussage, daß es keine Materie ohne Geist, keinen Geist ohne Materie gebe, und daß eine geschichtliche Entwicklung der Materie von der niedrigsten zu höheren Stufen stattfinde. Diese Aussage geht in der Tat über die Erkenntnistheorie hinaus, und zwar gerade deswegen, weil sie die Grundlage für die Möglichkeit alles Erkennens überhaupt ist. Darum wird sie durch die Analyse des Erkenntnisprozesses indirekt bewiesen. Überdies setzt der Einwurf, der Begriff einer mit Geist begabten Materie enthalte einen Widerspruch in sich selbst, die unbegrenzte Geltung der Identitätslogik voraus. Diese aber gilt in Wirklichkeit nur in begrenztem Umfang, und nur ein metaphysisch fundiertes Verfahren kann diese relative Geltung in eine absolute verwandeln. Die Widerlegung stützt sich also auf einen Zirkel. Bestätigung oder Ablehnung kann nur aus der Gesamtheit aller Einzelwissenschaften kommen, welche die betreffenden Tatsachen empirisch und experimentell behandeln. Wenn bei dem heutigen Stand der Wissenschaft eine eindeutige Entscheidung noch nicht möglich ist, so stempelt dies selbstverständlich die Aussage noch nicht zur Metaphysik.

Die erkenntnistheoretische Folgerung aus dem Ansatz einer "mit Abbildungsfähigkeit begabten" Materie.

Es ergibt sich allerdings aus dem marxistischen Ansatz eine Folgerung, welcher die Analyse des geistigen Schaffens genügen muß: ist die Materie Einheit von Stoff und Geist, so kann sich in der Erkenntnistheorie der absolute Unterschied von Materialismus und Idealismus nur auf die Frage beziehen, ob das Sein das Bewußtsein

oder das Bewußtsein das Sein bedingt. Und darum hat die Schaffenstheorie des dialektischen Materialismus genau den Punkt aufzuzeigen,
wo die *relativ* berechtigten Elemente des (fälschlicherweise verabsolutierten) Idealismus ihre Wirksamkeit entfalten müssen, um den Materialismus vor jedem Mechanismus zu bewahren. Lenin hat die Notwendigkeit und Wichtigkeit dieser Forderung oft anerkannt: "Der
philosophische Idealismus ist vom Standpunkt des groben, einfachen,
metaphysischen Materialismus nur Unsinn. Umgekehrt ist vom Standpunkt des dialektischen Materialismus der philosophische Idealismus
eine einseitige, übertriebene, "überschwengliche" (Dietzgen) Entwicklung (Aufblähung, Aufschwellung) eines der Züge, einer der Seiten,
einer der Grenzsteine der Erkenntnis, zu dem von der Materie, von
der Natur losgelösten, vergötterten Absoluten. Idealismus bedeutet
Pfaffentum. Stimmt: Doch ist der philosophische Idealismus ("rich-
tiger gesagt" und "außerdem") ein Weg zum Pfaffentum über eine
der Schattierungen der unendlich verwickelten Erkenntnis des (dialektischen) Menschen." (Zur Frage der Dialektik.)

Dieser Gedankengang Lenins ist so alt wie der historisch-dialekti-
sche Materialismus selbst. Denn im Grunde steckt er bereits in der
dritten These Marxens gegen Feuerbach. Das wird sofort klar, wenn
man ihrer allgemeineren Fassung einen spezifisch erkenntnistheoretischen Inhalt gibt. Sie lautet dann: Eine materialistische Erkenntnistheorie, die das Ergebnis der Erkenntnis (Wahrheit) allein aus der
Einwirkung der Außenwelt auf das Bewußtsein erklärt, vergißt, daß
die Abbilder vom Bewußtsein umgebildet werden, und daß erst völlig
umgewandelte Bewußtseinsbilder, d.h. Theorien eine adäquate Erkenntnis ergeben. Eine solche Erkenntnistheorie wäre zwar materialistisch,
aber undialektisch. — Unsere spätere Analyse wird die genaue Erfüllung dieser Aufgabe darstellen.

Es gibt also keinen berechtigten Einwand gegen die Entscheidung
zugunsten des Materialismus, die der Marxismus vorgenommen hat.
Aber bei der Tragweite dieser Entscheidung, die unter anderem jeden
Apriorismus, jede Ontologie, jede absolute Autonomie des Geistes
(aber nicht die Existenz von Kategorien) ausschließt, bleibt unser
wichtigstes Argument der direkte Weg der Analyse des Erkenntnisprozesses selbst, der alle indirekten Wege über die Widerlegung schon
vorhandener Theorien überflüssig macht.

Die Diskussion der restlichen Thesen über die materialistische Seite.

II. Nach dieser vorläufigen Sicherung der prinzipiellsten Entscheidung begnügen wir uns zu erklären, daß alle übrigen Thesen der
Gruppe A in Hinsicht auf unser Thema eine doppelte Aufgabe erfüllen:

a) Sie sichern den völlig konkreten Charakter der Materie, der unabhängig vom menschlichen (und absoluten) Geist existierenden Welt,
indem sie die Tatsachen der Geschichtlichkeit, der ökonomischen Basis und des Klassenkampfes unterstreichen.

b) Sie heben den dialektischen Charakter dieser Materie in allen
Auswirkungen hervor, insbesondere in dem Verhältnis der Welt zum
menschlichen Geist, bis zu dem am häufigsten mißverstandenen Punkt
einer relativen Freiheit des Menschen, der innerhalb gegebener Bedingungen seine Geschichte selbst macht.

Der konkrete Charakter der Materie und seine Folgen:
der Klassencharakter aller Erkenntnistheorien

ad a) Der konkrete Charakter der Materie (Welt) hat für eine marxistische Schaffenstheorie vielfache Bedeutungen. Wir heben nur einige, wenige heraus:

aa) Die Konkretheit der Materie findet ihren Ausdruck in der natürlichen und gesellschaftlichen Komplexheit der Welt. Der Mensch als eines ihrer Glieder ist von ihr bedingt und wirkt auf sie zurück. Diese beiden Tendenzen durchkreuzen sich zum ersten Mal in seiner materiellen Produktion (der Lebensmittel und der Menschen); diese legt darum die Basis für seine Existenz als erkennendes Wesen fest. Aber der Mensch hat nur selten ein volles Bewußtsein von den sozialen Grenzen seiner Stellung in dem komplizierten materiellen Produktionsprozeß, d.h. von seiner Klassenzugehörigkeit. Und selbst das umfassendste Bewußtsein und der heftigste Klassenkampf können ihn bei der heute herrschenden Wirtschaftsform und Gesellschaftsordnung nur graduell aus der geistigen Einseitigkeit und praktischen Isolierung herausheben, zu denen seine Klasse verurteilt ist. Es ist also immer nur ein beschränkter Teil der gesellschaftlichen Welt, an dem die lebenswichtigen Interessen des Menschen hängen, und der darum mit voller Kraft auf ihn einwirkt. Dementsprechend werden auch nur ganz bestimmte Erkenntnisfähigkeiten zur Rückwirkung aufgerufen und in einer bestimmten Weise geordnet.

und die Wirkung der Klassenzugehörigkeit auf die Erstellung der Erkenntnistheorie.

Daraus folgt aber von selbst, daß es — solange Klassen existieren — nicht nur eine einzige Erkenntnistheorie geben kann (ebensowenig wie nur eine Moral), sondern daß selbst unter ein und derselben Wirtschafts- und Gesellschaftsordnung gleichzeitig mehrere nebeneinander bestehen müssen. Sie unterscheiden sich nach der sachlichen Seite durch den Inhalt und Umfang der einwirkenden Welt, nach der menschlichen Seite durch die Auswahl und Anordnung der Erkenntnisfunktionen. Beide Grenzen sind bedingt durch die (meistens unbewußt bleibende) Klassenzugehörigkeit und die Klasseninteressen des denkenden Subjekts (und darüber hinaus mitbestimmt durch den spezifischen Beruf innerhalb der Klasse und seiner Lage im gesamten Produktionsprozeß).

Die Schaffenstheorie des Proletariats und der klassenlosen Gesellschaft

Das Nebeneinanderbestehen mehrerer verschiedener Erkenntnistheorien in jeder Klassengesellschaft zwingt die Frage auf: die Erkenntnistheorie welcher Klasse analysieren wir? Und in welchem Sinne können wir noch von einer Analyse "des" Erkenntnisprozesses sprechen? Von der Moral gilt (nach Engels), daß die Moral der revolutionären Klasse die relativ vollkommenste, wenn auch nicht die herrschende ist. Von der Erkenntnistheorie kann man natürlich dasselbe sagen. Aber genügt das, um eine der wichtigsten Aufgaben der materialistischen Dialektik zu lösen: zu zeigen, wieviel von dem zu Unrecht verabsolutierten Idealismus relativ berechtigt ist, und wie dieser berechtigte Teil in den (materiell bedingten) Schaffensprozeß eingreift? Sonst werden wir zwar die Schaffenstheorie des Proletariats neben die der anderen Klasse der kapitalistischen Gesellschaft stellen; aber wir werden nicht bewiesen haben, daß sie die Methode enthält, mit der man alles auszuschalten vermag, was in den andern Theorien unberechtigt ist, und gleichzeitig alles aufzubewahren, was an ihnen relativ berechtigt ist; d.h. diejenige Erkenntnistheorie, die uns theoretisch und praktisch den Weg zur klassenlosen Gesellschaft freimachen kann.

Um diese Aufgabe zu lösen, gibt es innerhalb der Klassengesellschaft keinen Standpunkt außerhalb der Klassen. Es bleibt daher nur zu fragen, ob das Proletariat weit genug entwickelt ist, um ihre Durchführung zu sichern? Niemand kann heute in einer von der Arbeitsteilung bis zum äußersten beherrschten Gesellschaft sagen, daß er sich aller geschichtlichen (gesellschaftlichen und natürlichen) Inhalte bewußt ist, daß ihre Gesamtheit in ihm praktisch wirksam ist. Aber andererseits wird niemand leugnen können, daß die Einsicht in die Grenzen der Arbeitsteilung, in die Ausbeutung des Menschen durch den Menschen und in die menschliche Selbstentfremdung soweit gediehen ist, daß wir, ohne der Utopie zu verfallen, eine solche Gesellschaftsordnung und alle ihre ideologischen Voraussetzungen und Folgerungen in der Theorie weitgehend überwinden können, obwohl die volle praktische Aufhebung in der Wirklichkeit, die klassenlose Gesellschaft, noch nicht erreicht ist. Immerhin wird sich eine Grenze darin zeigen, daß wir weder die ganze Differenziertheit noch die volle Totalität der objektiven Welt in ihrer Einwirkung auf den menschlichen Geist darzustellen vermögen, während wir sehr wohl dazu imstande sind, die Totalität der rückwirkenden menschlichen Erkenntnisvermögen in derjenigen Ordnung zu erfassen, die dem wirklichen geistigen Produktionsprozeß entspricht.

Es ist offenbar, daß diese Grenzen unter dem Zwang der heutigen Wirklichkeit noch sehr zugunsten des Idealismus verlaufen, so daß die notwendigen späteren Korrekturen unsere Widerlegung des Idealismus nur verschärfen können. Aber selbst innerhalb dieser Grenzen können wir von "der" Analyse "des" Erkenntnisprozesses sprechen, auch wenn oder gerade weil wir feststellen, daß die fünfte These den dialektischen Materialismus als die Schaffenstheorie einer bestimmten Klasse ausweist, und zwar derjenigen, die unmittelbar die Sachwerte produziert.

Die Rolle der Praxis in der marxistischen Schaffenstheorie.

bb) Die Behauptung, daß die materielle Produktion die Basis aller geistigen Produktion ist, bedeutet präziser, daß alle Erkenntnis mit der körperlichen Tätigkeit des Menschen beginnt und endet. In seinen elf Thesen gegen Feuerbach arbeitet Marx zum ersten Mal den gegenständlichen, praktischen, revolutionären und sogar den dialektischen Charakter der körperlichen Tätigkeit und damit die Grundlagen einer proletarischen Schaffenstheorie heraus. 1845 heißt es bereits: "Das gesellschaftliche Leben ist wesentlich praktisch. Alle Mysterien, welche die Theorie zum Mystizismus verleiten, finden ihre rationelle Lösung in der menschlichen Praxis und im Begreifen dieser Praxis (8. These). Im "Kapital" formuliert Marx noch deutlicher und dialektischer: "Indem der Mensch durch diese Bewegung (des Körpers) auf die Natur außer ihm wirkt und sie verändert, verändert er zugleich seine eigene Natur." Daß eine so begründete Schaffenstheorie nicht die der herrschenden Klasse ist, ja daß sie über alle Klassengesellschaft hinausweist, dessen war sich Marx auch schon 1845 bewußt. "Der Standpunkt des alten Materialismus (der an die sinnliche Anschauung appelliert, ohne die Sinnlichkeit als praktische menschliche Tätigkeit zu fassen) ist die bürgerliche Gesellschaft; der Standpunkt des neuen die menschliche Gesellschaft oder die vergesellschaftete Menschheit." (10. These gegen Feuerbach). Damit ist Grundlage der Erkenntnistheorie nicht mehr das "abstrakte, isolierte Individuum" mit dem Korrelat der "Gattung", "als innere stumme, die vielen Individuen bloß natürlich verbindende Allgemeinheit" (These 6), sondern der Mensch, der "seine forces propres als gesellschaftliche Kräfte erkannt und organisiert hat". (Zur Judenfrage 1844). Oder anders ausgedrückt: die Veränderung der Natur durch das körperliche Tun der menschlichen Gesellschaft, nicht die Natur als solche ist die nächste und wesentlichste Grundlage der proletarischen Schaffenstheorie.

Wechselwirkung zwischen Theorie und Praxis kennzeichnet den proletarisch-marxistischen Charakter der Schaffenstheorie.

Darin liegt eine schwerwiegende Konsequenz. Wie die Erkenntnis in ihrem Ursprung praktische Tätigkeit ist, so kehrt sie, wenn sie alle Schaffensmöglichkeiten durchlaufen hat, wieder zu einer höheren Stufe der Praxis zurück. Damit verschwinden alle absoluten Unterschiede zwischen Theorie und Praxis, die eine geht allmählich in die andere über. Man kann daher die 11. These nicht im Sinne einer Ausschaltung der Theorie aus der Philosophie interpretieren, sondern nur als Aufforderung an die Theorie, sich vor der Praxis, aus der sie entstanden ist, zu legitimieren durch Veränderung und Umwälzung dieser ursprünglichen Praxis. "Die Frage, ob dem menschlichen Denken gegenständliche Wahrheit zukommt, ist keine Frage der Theorie, sondern eine praktische Frage. In der Praxis muß der Mensch die Wahrheit, d.h. die Wirklichkeit und Macht, die Diesseitigkeit seines Denkens beweisen. Der Streit über die Wirklichkeit oder Nicht-Wirklichkeit eines Denkens, das sich von der Praxis isoliert, ist eine rein scholastische Frage." (These 2) In dieser Wechselwirkung zwischen Theorie und Praxis ist der proletarische Charakter der marxistischen Schaffenstheorie fest verankert, und jede Abweichung von dieser engen Verflechtung ist das Zeichen für eine andere Klassenzugehörigkeit. Denn je mehr man sich vom Proletariat als der die Werte produzierenden und beherrschten Klasse entfernt, umso größer wird die Neigung, die materielle Produktion und ihre körperliche Wurzel aus dem Erkenntnisprozeß auszuscheiden, diesen als sinnliche Anschauung, als abstraktes Denken etc., d.h. autonom zu betrachten. Umgekehrt ist die Behauptung der Autonomie des Denkens nur ein Ausdruck dafür, daß der denkende Mensch durch die Arbeitsteilung sowohl von seiner ursprünglichsten Erkenntnisfunktion, dem gegenständlich-körperlichen Tun, wie von der Basis seines gesellschaftlichen Lebens, der materiellen Produktion der Lebensmittel, abgesondert worden ist. Ein solcher Denker vertritt nicht mehr das Proletariat.

Der dialektische Charakter der Materie und seine Folgen
Die Berücksichtigung der spekulativen Vernunft.

ad b) Die Folgen, die das Eindringen der Materie in die Dialektik für die Schaffenstheorie hat, zeigen sich u.a. hauptsächlich in den folgenden vier Punkten:

aa) Die 7. These macht es uns möglich, die spekulative Vernunft in die materialistische Erkenntnistheorie miteinzubeziehen, und so einen Dualismus zwischen Entwicklung des menschlichen Denkens in der Geschichte und im einzelnen Erkenntnisakt zu vermeiden. Nimmt Marx schon für die praktische Tätigkeit des Menschen eine

Rückwirkung an, die größer ist als die ursprüngliche Einwirkung der Natur (siehe: Deutsche Ideologie), so gilt eine solche Disproportion erst recht für die spekulative Vernunft. Denn ihre Tätigkeit ist durch das Vorhandensein eines praktisch und theoretisch nicht bewältigten Sektors in Natur und Gesellschaft bedingt, d.h. durch ein Minimum an konkreter Bestimmtheit; und dieses ist meistens (wie die Erfahrung zeigt) mit einem Maximum verbunden an Bedürfnis, sich der unbekannten Mächte durch Entäußerung zu entledigen. Beides gestattet der Vernunft fast willkürliche Spekulationen, die keinem andern Zwang unterliegen als dem, unter sich selbst möglichst widerspruchslos zu sein. Die Disproportion zwischen dem konkreten Problem und seiner phantastischen Lösung ist also kein hinreichender Grund, um die spekulative Vernunft aus der marxistischen Erkenntnistheorie auszuschließen. Diese hat vielmehr zu zeigen, einerseits wie sich im Laufe der Geschichte die Probleme der spekulativen Vernunft in solche der übrigen Erkenntnisfunktionen umgewandelt haben, (die Fiktionen der spekulativen Vernunft in Hypothesen des verstandesmäßigen Denkens und nicht selten in konkrete, der Anschauung zugängliche Tatsachen), andererseits wie diese aus der Geschichte des menschlichen Denkens hervorgegangene Sicherung für jeden einzelnen Erkenntnisakt zu erreichen ist.

Die Bedeutung der relativen Freiheit des Menschen für die marxistische Schaffenstheorie.

bb) Die 8. These, welche die relative Freiheit des Menschen behauptet, hat eine noch größere Bedeutung für die marxistische Schaffenstheorie. Denn da das Erkennen für den Marxismus etwas Komplexes ist, weil es aus mehreren und sehr verschiedenen Erkenntnisfunktionen besteht; da ferner in diesen letzteren sich die unabhängig vom menschlichen Bewußtsein bestehende Außenwelt in sehr verschiedener Weise "spiegelt" (weil sonst ihre Mehrheit gar keinen Sinn hätte), so bedarf man eines Zusammenhanges der verschiedenen Erscheinungen, deren Einheit erst die Wirklichkeit und Wahrheit des Erkannten garantiert. Man könnte entweder eine äußere Kraft (Geist) annehmen oder die verkürzte Wiederholung des geschichtlichen Entwicklungsprozesses in jedem einzelnen Denkakt, oder einen hinreichenden Zwang des Objektes. Die Analyse wird aber ergeben, daß sich der Übergang von Erkenntnisfunktion zu Erkenntnisfunktion ohne eine relative Spontaneität des erkennenden Subjektes nicht vollziehen läßt. Und diese ist nichts anderes als die relative Freiheit des auf die einwirkenden Dinge zurückwirkenden Menschen. Den Marxismus als absoluten Determinismus interpretieren, heißt, ihn kastrieren. Denn die Tatsache der Revolution als einer bestimmten Etappe der Evolution verlöre damit jede Grundlage, während sie doch das Zentrum der marxistischen Theorie ist, weil die Revolution der Ausdruck der Dialektik in der Materie ist.

Engels' Definition von der Freiheit des Menschen. Ihre Bedeutung:

Überdies findet sich aber bei Engels (im Anti-Dühring) eine Definition, laut der die Freiheit die Einsicht in die Notwendigkeit ist, und die Fähigkeit, gemäß dieser Einsicht zu handeln. Was besagt diese Definition für die Erkenntnistheorie?

—: für die Erkenntnis-*Kritik*:

1. Es gibt keinen absoluten Gegensatz zwischen Freiheit und Notwendigkeit, zwischen Relativität und Gesetz. Aber es bleibt noch zu präzisieren, wie und in welchem Ausmaß diese dialektische Einheit

der beiden gegensätzlichen Faktoren sich im Ablauf eines einzelnen Vermögens, für ihre Gesamtheit im Erkenntnisprozeß oder in der geschichtlichen Entwicklung des menschlichen Geistes konkret herstellt. Unsere Analyse des Schaffensprozesses wird aber alle Momente aufzeigen, welche die Lösung dieses wichtigen Problems der Erkenntnis*kritik* ermöglichen.

— für die Vermittlung zwischen den verschiedenen Erkenntnisvermögen (speziell: Theorie und Praxis);

2. Die Definition von Engels setzt voraus, daß es eine objektive Notwendigkeit gibt, in die der Mensch mehr oder weniger Einsicht nehmen kann. Der menschliche Geist benutzt seine (relative) Gegensätzlichkeit zur Welt, um sich aus dem unmittelbaren Zusammenhang mit dem wirklichen Geschehen, aus dem er erwachsen ist, entweder willkürlich und möglichst vollständig abzulösen, oder um durch seine praktische Tätigkeit die Verbindung zur objektiven Welt entsprechend seiner Einsicht wieder herzustellen. Dieser zweite Weg setzt aber nicht nur die physische Gesundheit des Nervenapparates voraus, weil ja jede Art von Schwachsinn oder Verrücktheit bereits die Einsicht selbst unmöglich macht: sondern er hat jenseits der individuellen soziale Gründe. Die Einsicht in die Notwendigkeit ist klassenmäßig bedingt und daher auch klassenmäßig begrenzt, weil die notwendige Entwicklung auf die Überwindung der herrschenden Klasse gerichtet ist. Aber selbst dort, wo diese sich in der Vorstellung zu Erkenntnissen erhebt, welche die Klassenfundamente in Frage stellen, stehen die Interessen der praktischen Durchführung entgegen. Um sich der Freiheit anzunähern, muß man diese Interessen nicht nur in der Vorstellung überschauen, sondern auch in der Wirklichkeit überwinden können. Man muß die Einheit zwischen Theorie und Praxis durch einen Sprung über die hemmenden Interessen hinweg, durch einen revolutionären Entschluß und eine revolutionäre Tat herstellen.

Die Freiheit leistet also bei Engels nicht nur die Vermittlung von der objektiven Welt zur menschlichen Theorie und umgekehrt, sondern sie bedeutet außerdem den sprunghaften, revolutionären Charakter dieser Vermittlung. (Die Aufgabe, zwischen den einzelnen Erkenntnisvermögen zu vermitteln, die wir später für die Freiheit in Anspruch nehmen werden, ist also nur eine Spezialisierung der allgemeinen Aufgabe, die ihr bereits von Engels zugeschrieben worden ist).

— für die Vermittlung des Unbewußten und Bewußten (Irrationalen und Rationalen).

3. Aus der Definition von Engels folgt schließlich noch eine andere, nicht weniger wichtige Tatsache für die marxistische Schaffenstheorie: daß sie den ganzen Weg vom Unbewußten und Unterbewußten bis zum Bewußtsein und dessen Selbstbespiegelung umfassen kann. Nennt man die ersten irrational, die letzten rational, so ist der Marxismus jeder absoluten Alternative zwischen beiden enthoben. Er ist nicht Rationalismus, insofern er dem Bewußtsein keine konstruktive Fähigkeit zuschreibt, Kategorien apriori aufzustellen und aus diesen die Wirklichkeit aufzubauen; er ist auch nicht Irrationalismus (weder religiöser noch psychologischer), weil das Irrationale kein konstitutives Merkmal des Wirklichen ist, sondern allein in der noch mangelnden Verwirklichung des Rationalen der Außenwelt durch den menschlichen Geist und seine Praxis besteht. Der Marxismus verfolgt den Weg

vom Irrationalen zum Rationalen; er schafft auf dialektische Weise die Einheit beider, die erst im Unendlichen vollendet ist.

Die Stellung der marxistischen Schaffenstheorie zum (psychischen) Unbewußten —:

aa) Was speziell die Irrationalität des Unbewußten und Unterbewußten angeht (das psychisch Irrationale als die sinnlichste Form des religiös Irrationalen), so leugnet der Marxismus nicht die Existenz dieser Tatsache; er verwahrt sich aber dagegen:

daß man ihre erste Ursache woanders suchen dürfe als in einer materiellen Produktionsweise der Gesellschaft, die der objektiven Wirklichkeit der Außenwelt gegenüber noch ungenügend ist, und in der sozialen Rolle, die sie einzelnen Klassen und den angehörenden Menschen zuschreibt. Das schließt natürlich nicht aus, daß sich die unbewußt wirkenden Tatsachen in zweiter Linie durch eine Art Selbstbefruchtung fortpflanzen;

daß man die Tatsachen des Unbewußten aus dem Gesamtbereich des Seelischen isoliert, daß man sie fixiert und ihnen auf diese Weise eine metaphysische Bedeutung zuschreibt;

daß ihr Ablauf und ihre Beziehung zueinander solche Eigengesetze haben, daß jede Einordnung in rationale Zusammenhänge prinzipiell unmöglich sei, oder m.a.W. daß ihr Ablauf autonom, individuell und zufällig sei.

gegen die Metaphysizierung des Unbewußten.

Der Marxismus behauptet, daß eine solche Ablösung von den außenweltlichen Quellen und von den übrigen geistigen Fähigkeiten zwangsläufig zu einer Metaphysizierung des Unbewußten und Irrationalen führt, daß sie nicht die Tatsachen erklärt, sondern Illusionen schafft, nicht unbekannte Wirklichkeiten entdeckt, sondern neue Formen der Flucht aus der Wirklichkeit erfindet. Die soziale Funktion einer solchen Metaphysizierung ist eine reaktionäre, umso reaktionärer, je revolutionärer sie dem Bewußtsein des Unbewußten erscheint.

Der objektive und der subjektive Charakter der materialistischen Dialektik.

bb) Die beiden Tatsachen der Einbeziehung der spekulativen Vernunft in den konkreten Erkenntnisprozeß und der relativen Freiheit des Menschen beweisen, daß in dem Maße, in dem sich die Dialektik in der Materie auswirkt, auch die Materie selbst zur Entfaltung kommt. Dies ist nur der geschichtliche Ausdruck für die der Materie immanenten Dialektik.

Der gemeinsame Wachstumsprozeß der Materie und der Dialektik führt zwar von der bloßen "Abbildungsfähigkeit" zum menschlichen Bewußtsein, verhindert aber gleichzeitig, daß die subjektive Dialektik jemals eine apriorische Funktion gegenüber der objektiven haben kann. Es gibt keine rein subjektive Dialektik. Denn das Denken ist insofern objektiv, als das Bewußtsein eine Art der objektiven Materie ist; seine Subjektivität beschränkt sich darauf, daß im einzelnen individuelle, soziale, erbbiologische Faktoren zu den allgemein menschlichen mitbedingend hinzukommen. So kann das Denken die Welt in Annäherung an eine "absolute" Wahrheit "widerspiegeln". Und umgekehrt gibt es keine rein objektive Dialektik in dem Sinne, als wäre sie eine ganz ungeistige; denn alle Dialektik der Dinge beruht darauf, daß Materie und Geist nicht absolut zu trennen sind. Diese Einheit vorausgesetzt, hat die Dialektik der Außenwelt eine Priorität vor der des Kopfes (der Seele), aber diese letztere kann sich in gewissen Grenzen durch Wechselwirkung zwischen ihren eigenen Inhalten weiterentwickeln. Die Dialektik entfaltet zwar das idealistische (geistige, bewußtseinsmäßige Moment) der Materie, sie entwickelt es bis zu jenem Sprung, der eine neue Qualität bedeutet. Aber diese besteht nur darin, daß die Rückwirkung des Denkens auf das Sein größer werden kann als die Einwirkung des Seins auf das Denken, niemals aber darin, daß eine Ablösung des Denkens von der Materie, ein "überschwenglicher" Idealismus zu einem absoluten Geist zu führen vermag.

Diskussion der Aussagen über Dialektik: die Dialektik kann nur durch ihren eigenen Prozeß definiert werden.

ad B. I. Die Dialektik ist die Methode, in welcher der Schaffensprozeß — die Akte des Einzelnen wie die Geschichte der Gesellschaft — abrollt. Sie ist also nicht eine Voraussetzung, ein Ansatz, den man so oder anders machen kann, sondern die Form, unter der sich die Erkenntnis notwendig selbst begreift, falls sie sich vollständig begreift. Darum ist es unmöglich, vorweg und in abstracto die einzelnen Merkmale oder Etappen der Dialektik zu erörtern; denn sie hängen einerseits von dem konkreten Inhalt der Natur, der Geschichte oder des Denkens ab und andererseits von der Funktion, welche sie in der sich ständig verändernden Gesamtbewegung des Erkenntnisprozesses haben. Man wird immer zu Beispielen greifen müssen, die, wenn sie in ihrer ganzen Entwicklung betrachtet werden, zu einer Verdoppelung des Umfanges führen, sonst aber zu Unsinn. Die Thesen der (materialistischen) Dialektik stehen also zunächst nur als eine Kriterientafel da, deren Sinn durch die konkrete Durchführung der Methode klar werden wird. Daher können Bemerkungen, die das Generelle an den (in spezifischen Inhalten auftretenden) Schritten der Methode betreffen, erst nach der Gesamtdarstellung gemacht werden.

Abgrenzung der Dialektik gegen andere Methoden.

1. Hat es also gar keinen Sinn, die Dialektik vor oder gar unabhängig von ihrer konkreten Durchführung abzuhandeln, so kann man sie dagegen von außen her immer enger gegen andere Methoden abgrenzen und dadurch ihr Verständnis erleichtern. (Ich schalte dabei diejenigen Gegensätze aus, die allein auf dem Materialismus beruhen.)

Die Axiome der Seinslogik.

Aus unseren Thesen geht hervor, daß die Dialektik die Selbstbewegung von Gegensätzen in eine Einheit bringt, also Logik der Veränderung, Entwicklung, des Werdens ist. Andere Methoden machen das Beharren in der Existenz, das sich gleichbleibende Sein im Dasein zur Grundlage, und wieder andere die Beziehung zwischen den einzelnen Gliedern des Daseins, die Abhängigkeit, in der sie voneinander stehen. Diese drei Methoden wurden mit Bewußtsein nebeneinander gebraucht, lange bevor eine von ihnen, die des Seins und Beharrens, von Aristoteles als Logik formelhaft präzisiert wurde. Wir geben ihre Axiome in einer von der traditionellen etwas abweichenden Darstellung, die aber dem Tatbestand besser entspricht und die Beziehung zu den übrigen Logiken leichter erkenntlich macht:

1. a ist (existiert in der Beharrung)
2. a ist a und nicht (b . . . . z), oder non a
3. Eine dritte Möglichkeit gibt es nicht.

Es wird also die in sich konstante Existenz eines Dinges und eine Aussage behauptet, jeder Widerspruch aus ihrem Innern und jede Ableitung aus Gegensätzen außerhalb ihrer (wiederum sachlich und theoretisch) ausgeschlossen, und darüber hinaus die Existenz einer dritten Möglichkeit ausdrücklich verneint, welche Identität und Nichtidenti-

B. Über Dialektik
I. Die Abgrenzung der dialektischen Methode gegen andere Methoden und deren Logik (Identitäts-, Relations- und Bewegungslogiken)

29

tät zusammenfassen oder einen neutralen Punkt zwischen ihnen
(Skepsis) bilden würde.

Es ist offensichtlich, daß diese Logik nur einen Teil und Ausschnitt aus der vollen Wirklichkeit eines Dinges oder einer Aussage
festhält, was dazu zwingt, der künstlich hergestellten Einseitigkeit ein
metaphysisches Fundament zu geben. Wie eng die Grenzen dieser Logik sind, geht schon daraus hervor, daß sie — grammatisch gesprochen — nur eine Wort- oder präziser: Begriffslogik ist, daß sie aber
der Form des Satzes oder präziser: des Urteils nicht mehr genügt.
Denn in diesen stehen Worte, resp. Begriffe bereits in Abhängigkeit
voneinander, und zwar derart, daß die Worte formal im Ganzen des
Satzes eine verschiedene Funktion erfüllen, und daß sie inhaltlich nur
Teile einer Sache betreffen. Sie können daher unabhängig voneinander variieren.

Die Axiome der Bezie-
hungslogik.
Was hier von dem einfachen Beispiel eines Satzes gesagt ist, gilt
natürlich erst recht von der Beziehung der vielen Dinge untereinander im Ganzen der Welt. Es ist namentlich die exakte Naturwissenschaft, die in den verschiedensten Abwandlungen Relationslogiken
aufgestellt hat. Wir können ihren allgemeinsten Sinn in folgende 3
Sätze fassen:
1. a befindet sich in Abhängigkeit;
2. a hängt ab von b, c, d, ...; b hängt ab von a, c, d, ... etc.
   (womit weder über den Umfang noch über die Art der Abhängigkeit, insbesondere über ihre Umkehrbarkeit irgend etwas Bestimmtes ausgesagt ist);
3. es gibt ein einziges Gesetz für alle Abhängigkeiten.

Es ist offensichtlich, daß eine solche Relationslogik umfassender
ist als die Seinslogik und ferner, daß diese in jener enthalten ist oder
besser erhalten bleibt. Denn das a ist als mit sich selbst identisch vorausgesetzt, mag es nun mit b oder c zusammenhängen, während doch
andererseits die Beziehung zu b eine andere Seite an ihm bestimmt
als die zu c etc. Das zwar identisch und total gemeinte a wird von b,
c, etc. nach einem anderen Teilinhalt hin konkretisiert, so daß sich
dann $a_{(b)}$ von $a_{(c)}$ unterscheidet.

Die Axiome der dia-
lektischen Bewegungs-
logik.
Damit sind auch die Grenzen dieser Relationslogik bereits angedeutet. Denn wenn sie auch das allgemeine Gesetz der Abhängigkeit auf-
stellt, so bleibt dieses immer formal, quantitativ, abstrakt. Es wird
nichts über die Art und Weise ausgesagt, wie sich diese Abhängigkeit
vollzieht, nichts über ihre Beschaffenheit. Man kann diese Grenze
nicht durch eine vertiefte Analyse der Abhängigkeit als solcher beseitigen, sondern allein dadurch, daß man die Relationslogik durch eine
Logik der Bewegung ergänzt, die zeigt, wie sich die Einheit des Subjektes (Gegenstandes) in die Fülle der Prädikate (Eigenschaften und
Beziehungen zur Welt) auseinanderlegt, und wie diese sich wieder zur
Einheit des Subjektes zusammenfügen. Eine solche Logik könnte man
in folgende Sätze schematisch zusammenfassen:
1. a verändert sich (wird)
2. a wird zugleich a' und non a' (die Einheit enthält und zerlegt sich
   in ihre Gegensätze)
3. a' und non a' wird a^2 (es gibt immer ein Drittes auf höherer Stufe).

Die Dialektik erhält (" hebt auf") die Seins- und Beziehungslogik.

Man kann nun unschwer zeigen, daß in einer solchen (dialektischen) Bewegungslogik sowohl die Relations- wie die Seinslogik enthalten sind oder besser: erhalten bleiben. Denn indem a sich verändert, hört es nicht auf, zu existieren, es kontrastiert (nach Hegel) nur gegen seine Nichtexistenz. Falls man in dieser Auffassung des Werdens als Synthese von Sein und Nichtsein bereits ein spekulatives Moment sieht, kann man sagen: wenn a' und non a' sich in a entgegentreten (und dann exteriorisieren), so ist das nur möglich, weil sie nicht absolute Gegensätze sind, sondern für ihre Beziehung neben dem Widerspruch gleichzeitig die Identität gilt. Die Elemente der Seinslogik sind hier zu jenem Dritten vereinigt, das die Seinslogik ausdrücklich ausschließt.

Noch deutlicher ist, daß der Prozeß, der von a zu a^2 abläuft, auch die Relationslogik enthält, und zwar die Beziehung von a' zu non a' und umgekehrt, ferner die von a' und non a' in a und schließlich die von a' und non a' in a^2.

Die (dialektische) Bewegungslogik ist also nicht nur eine spezifische Logik neben und außerhalb zweier anderer, sondern vor allem diejenige Logik, welche die beiden anderen als Synthese zusammenfaßt. Sie negiert nicht deren Berechtigung auf relative Selbständigkeit und Einzelexistenz, sie erhebt aber den Anspruch auf Allseitigkeit, d.h. die beiden anderen Logiken auf einer höheren Stufe der Einheit zu erhalten, ohne ihre Gegensätzlichkeit zu vernichten.

Die undialektische Bewegungs-(Evolutions-) Logik.

Die (dialektische) Bewegungslogik unterscheidet sich von den beiden anderen also in doppelter Hinsicht: einmal, indem sie das Beharren und die Beziehung durch die Bewegung ersetzt, und dann, indem sie deren Einseitigkeit in ihre eigene Universalität "aufhebt".
Aber dieses letzte Moment folgt nicht notwendig aus der Bewegung schlechthin. Denken wir uns eine Entwicklung derart, daß aus a a', aus a' a'' wird, so erhalten wir eine undialektische Bewegungslogik, die folgendes Schema hätte:
1. a verändert sich
2. a wird a', a' wird a'', a'' wird a''' . . .
3. Diese Reihe kann sich endlich oder unendlich, kontinuierlich oder diskontinuierlich fortsetzen.

Der prinzipielle Unterschied zwischen dialektischer und undialektischer Bewegungslogik.

In diesem Falle gilt die Identität nur für a *oder* a', nicht aber für a und a', die Beziehung nur für den Übergang von einer Etappe zur nächsten, nicht aber für die gleichzeitige Wechselwirkung zwischen den einzelnen Etappen. Außerdem werden auch die beiden ersten Logiken (des Seins und der Abhängigkeit) nicht mehr in eine höhere Einheit aufgehoben. Daran wird nichts geändert, wenn man im dritten Satz die Kontinuität durch den Mutationssprung, die Endlichkeit durch die Unendlichkeit ersetzt. Das Moment der Universalität bekommt also die Bewegungslogik nicht aus der Bewegung schlechthin, sondern aus dem dialektischen Charakter der Bewegung. Die einseitig evolutionären Bewegungslogiken sind daher scharf und prinzipiell von der dialektischen Bewegungslogik abzutrennen.

Die verschiedenen geschichtlichen Erscheinungsformen der Dialektik.

2. Die weitere Charakteristik der (materialistischen) Dialektik von außen her müßte sie von allen übrigen Arten der Dialektik abgrenzen, die in der Geschichte des Denkens aufgetreten sind, und zwar nicht in bezug auf ihren Materialismus im Gegensatz zum Idealismus der

anderen, sondern in bezug auf die verschiedenen Formen, in denen sich die Gegensätze aus der Einheit, und die Einheit aus den Gegensätzen entwickeln. Eine solche geschichtliche Vergleichung müßte mit Heraklit anheben und auch die hauptsächlichsten mittelalterlichen Dialektiker (Augustinus, Thomas, Nikolaus Cusanus) umfassen. Diese Aufgabe ist heute wegen völligen Fehlens genügender Vorarbeiten nicht zu erfüllen.

Die Abgrenzung der Dialektik gegen —:

II. Es bleibt noch die Kontrastierung der Dialektik zu denjenigen Anschauungen, die aus dem Vorhandensein von Gegensätzen falsche Schlüsse auf die Einheit ziehen, oder umgekehrt aus dem Vorhandensein einer Einheit falsche Folgerungen auf die Gegensätze. Von den ersteren wird die Sophistik, von den letzteren wird die Eklektik am häufigsten mit der Dialektik verwechselt, um diese zu entwürdigen.

Sophistik;

1. Die Sophistik sieht sehr wohl, daß Gegensätze vorhanden sind, aber sie setzt ihre Einheit nur in die Willkür des denkenden Subjekts, das mit ihnen nach seiner Laune oder nach seinem Nutzen spielt. Die Gegensätze hören damit auf, objektiv notwendig zu sein, sie werden völlig relativ, denn sie treten nur in die rein äußere Beziehung, daß ein Subjekt sie gegeneinander ausspielt. Die Sophistik stellt dem harten Entweder-Oder der Seins(Identitäts-)Logik ihr: ich will bald so — bald so, einmal so, einmal so gegenüber. Sie ist damit nicht widerlogisch sondern alogisch, sie stellt sich ganz außerhalb des logischen Bereiches.

Hegel hat also recht zu sagen, daß Sophistik "subjektive Dialektik ist, die aus äußeren Gründen raesoniert" (Vorlesungen über die Geschichte der Philosophie), im Gegensatz zu einer Dialektik, welche "immanente Betrachtung des Gegenstandes" ist. Aber gerade darum muß man unterstreichen, daß eine idealistische Dialektik die von Hegel gestellte Aufgabe überhaupt nicht lösen kann, und eine realistische ihre Erfüllung durch die Fiktion erschleicht, daß Denken und Welt im Logos (in Gott etc.) eins sind. So auch Hegel selbst: "Man setzt sich ganz in die Sache hinein, betrachtet den Gegenstand an ihm selbst und nimmt ihn nach den Bestimmungen, die er hat. In dieser Betrachtung zeigt er sich dann selbst auf, daß er entgegengesetzte Bestimmungen enthält, sich also aufhebt ...". Aber eine solche "Betrachtung des Gegenstandes an ihm selbst" setzt in Gott (im Absoluten) hängende ewige Ideen voraus, dank denen sich Ding und Mensch durch eine unio mystica verbinden können, — sie bleibt also immer auf Fiktionen basiert, die dazu zwingen, in das Sachdenken selbst sophistische Elemente einzufügen. Nur die materialistische Dialektik schließt die Sophistik vollständig aus. Denn sie allein nimmt den auf das Bewußtsein einwirkenden Gegenstand in seiner vollen geschichtlichen Konkretheit, betrachtet ihn mit allen verschiedenen Erkenntnisvermögen des Menschen und schaltet die Relativität jedes einzelnen von ihnen durch seine Selbstbewegung zum andern und zur Gesamtheit aus. Sie umstellt so durch einen komplizierten dialektischen Prozeß der Vermittlung das Objekt selbst und erfaßt es in der größten Annäherung, die jeweils möglich ist.

—: Eklektik;

2. Die Eklektik unterscheidet sich von der Sophistik dadurch, daß sie die objektive Existenz der Gegensätze zugibt, die Verwirklichung

ihrer Einheit aber nur vom Subjekt abhängen läßt, das mit der Zauberformel: einerseits — andererseits, sowohl — als auch vorgeht. Es steckt in jedem Gegensatzglied einerseits etwas Richtiges (Gutes) und andererseits etwas Falsches (Schlechtes). Scheiden wir das Falsche, (Schlechte) aus und vereinigen wir das Richtige (Gute), so werden wir eine ewige und unerschütterliche Harmonie besitzen, nicht nur in der Vorstellung, sondern auch außerhalb ihrer. Daß gerade das Negative das treibende Moment in der Dialektik ist, davon weiß der Eklektiker ebensowenig wie davon, daß eine Mischung von Heterogenem noch keine Einheit auf höherer Stufe, sondern nur eine Verschmelzung auf derselben Stufe ist. An die Stelle des zugleich objektiven und subjektiven schöpferischen Aktes der Dialektik wird ein künstliches und willkürliches Arrangement gesetzt: von diesem ein objektives Ergebnis zu erwarten, ist eine Utopie.

—: Skepsis.   3. Die Sophistik ist die Karikatur, die Eklektik ist der Chick der Dialektik. Einen ernsthaften Einwand gegen die Dialektik könnte allein eine konsequente Skepsis liefern, die ein endgültiges Weder-Noch zwischen die Gegensätze stellt und erklärt, daß in diesem "Zwischen" das Ende aller Methoden und die völlige inhaltlose Einheit aller Gegensätze liegt. Ich habe an anderer Stelle zu beweisen gesucht, daß dieser Anspruch auf eine ganz bestimmte (vielleicht die reinste) Metaphysik gegründet ist, und daß ein von dieser Metaphysik befreiter Zweifel nichts gegen die Dialektik aussagt. Die Skepsis kommt als Logik der Dialektik sehr nahe, um sich als Metaphysik am weitesten von ihr zu entfernen. Der Metaphysik entledigt, kann der Zweifel in dem Sinne als integrierender Bestandteil der Dialektik angesehen werden, als er sie gegen jede Dogmatik ausdrücklich sichert.

Einleitung: Der Prozeß des geistigen Schaffens beruht auf Selbst-
bewegung. Nur die Gesamtheit aller Erkenntnisvermögen liefert die
Erkenntnis eines Objektes

33

Aufgabe: die Analyse
des geistigen Schaffens
in jedem einzelnen
menschlichen Vermö-
gen und in deren Zu-
sammenhängen.

II. Teil

Eine marxistisch orientierte Analyse des geistigen Schaffens kann
niemals von dem fertigen Resultat ausgehen, das ein bestimmtes Vermögen in seiner Auseinandersetzung mit der Welt erreicht hat, z.B.
von der Empfindung oder dem Begriff, sondern allein von dem Prozeß, der zur Erstellung von Empfindungen oder Begriffen geführt hat.
Sie kann sich ferner nicht damit begnügen, den vom Sein bedingten
Ablauf eines einzelnen Vermögens (z.B. der Sinne oder des Denkens)
isoliert zu behandeln, sondern sie muß ihn in Zusammenhang mit
dem aller anderen Vermögen stellen und den Übergang von dem einen
zum anderen betrachten. Es handelt sich dabei nicht nur um eine
zeitliche und bloß äußere Aufeinanderfolge absolut getrennter Teile.
Denn wie sich im Laufe der Entwicklungsgeschichte die einzelnen Erkenntnisvermögen aus der Einheit des ganzen Menschen durch Arbeitsteilung, und d.h. in stetem Bezug aufeinander herausentwickelt haben,
so finden wir auch heute die Vermögen weder isoliert in einem reinen
Zustande vor, noch als bloßes Konglomerat, sondern einen zugleich vorwärts und rückwärts laufenden Prozeß, ein wechselseitiges Ineinander-
greifen aller Glieder, einen aus vielfachen Überlagerungen bestehenden
Schwingungsvorgang, der ebenfalls das Ergebnis einer sehr langen Geschichte ist. Nur wenn wir die Analyse durch die Synthese ergänzen, werden wir die beiden Forderungen der (materialistischen) Dialektik auf Totalität und Selbstbewegung auch in der Schaffenstheorie erfüllen.

Der Prozeß des geisti-
gen Schaffens ist
Selbstbewegung
– deren Ursachen.

Die Selbstbewegung des Schaffensprozesses beruht nicht allein auf
der immanenten Dialektik jedes einzelnen Dinges oder des Bewußtseins, sondern auch auf dem Verhältnis von Sein und Bewußtsein,
auf dem Mächtigkeitsunterschied zwischen ihnen. Diesen könnte man
so erklären: Die Welt ist von Anfang an dialektisch angelegt. Wäre
das geistige Moment in gleichem Maße entwickelt wie das materielle,
so müßte die objektive Dialektik sofort und vollkommen, geradezu
mechanisch vom Bewußtsein widergespiegelt werden. Da dies aber
selbst heute nicht der Fall ist, muß man annehmen, daß das geistige
Moment der Materien erst durch den Kampf mit der Welt außer ihm
allmählich, in einem geschichtlichen Prozeß zur Vollkommenheit seiner dialektischen Struktur entwickelt wurde.

Das ungleiche Mächtig-
keitsverhältnis von
Sein und Bewußtsein
verschiebt sich ge-
schichtlich zugunsten
des Bewußtseins.

Für den primitiven Menschen hat also das Sein eine viel größere
Mächtigkeit als das Bewußtsein. Die hierdurch bedingte Auseinandersetzung differenziert subjektiv eine einzelne Funktion aus dem Ganzen des (noch unentfalteten) Erkenntnisvermögens und objektiv einen kleinen beherrschten Sektor aus der sonst unbeherrschten Welt.
Je mehr sich das einzelne Vermögen differenziert, um so mehr paßt

es sich zwar einem eng begrenzten Teil der Wirklichkeit an, um so mehr entfremdet sich ihm aber der andere (zunächst viel größere) Teil, welcher nun durch die noch übrige ungeschiedene Einheit des Erkenntnisvermögens in der Phantasie bewältigt werden muß. Aber es kommt dann der Moment, wo das in seinen Schranken sicher gewordene Einzelvermögen sich die Herrschaft über die Totalität der Welt anmaßt, und wo umgekehrt der unbeherrschte Sektor der Welt über seine nur phantastische Bewältigung hinausdrängt und so die wirksame Erkenntnisfähigkeit des differenzierten Vermögens gerade in dem Augenblick von außen angreift, wo dieses sich selbst durch die Usurpation des unbeherrschten Sektors bereits von innen her geschwächt hat. Damit ist der Weg zu einer weiteren Differenzierung des Bewußtseins und zu einer umfassenderen konkreten Beherrschung der Außenwelt beschritten. Das Bewußtsein gewinnt gegenüber dem Sein an Mächtigkeit.

Jedes Vermögen sieht die Welt unter einer anderen Perspektive — nur die Gesamtheit aller (4) Erkenntnisvermögen liefert die Erkenntnis eines Dinges.

 Vollzieht sich die Selbstbewegung des Erkennens auf Grund des ursprünglichen und objektiven Mächtigkeitsunterschiedes zwischen Sein und Bewußtsein und als Herausdifferenzierung neuer Erkenntnisvermögen, welche das Mächtigkeitsverhältnis zugunsten des Bewußtseins verschieben, so ist damit gesagt, daß jedes neue Vermögen die Welt unter einem anderen Gesichtswinkel und in einem anderen Umfang erfaßt, und daß die verschiedenen Vermögen untereinander zusammenhängen. Daher wiederholt sich der Weg der geschichtlichen Entwicklung in analoger Weise im einzelnen Erkenntnisakt (teils auf Grund des Zwanges der Außenwelt, teils auf Grund der relativen Freiheit und Spontaneität des menschlichen Bewußtseins, wie wir später zeigen werden), und das Endergebnis des einzelnen Erkenntnisaktes wird wieder praktisch, d.h. es kehrt in die geschichtliche Wirklichkeit zurück, aus der es entstanden ist. Da diese durch solche Rückkehr erweitert wird, so führen die zwei Bewegungen allmählich, in einem Prozeß, dessen Ende nicht abzusehen ist, zu einer Totalität. Mit anderen Worten: erst die Gesamtheit aller Erkenntnisvermögen im Einzelakt wie die Gesamtheit des geschichtlichen Verlaufes sichert dem Marxisten (annähernd) eine vollständige und adäquate Seinserkenntnis.

 Diese zur Totalität führende Selbstbewegung des Erkenntnisprozesses hat für den Marxismus sehr wichtige Folgerungen, von denen hier nur zwei genannt werden sollen.

Die Gründe dafür, daß dem Marxisten nur die Totalität der Erkenntnisvermögen in ihrer dialektischen Einheit Erkenntnisorgan sein kann.

 a) Sie hebt die Erkenntnistheorie endgültig über den Streit hinaus, welches Vermögen des Bewußtseins das wahre Erkenntnisorgan sei. Zwar findet man bei Marx und Engels nur Äußerungen, die über die Berechtigung einzelner Vermögen oder über das Fortschreiten von einem zum andern handeln; es läßt sich aber leicht nachweisen, daß die materialistische Dialektik durch die Beschränkung auf nur ein einzelnes Erkenntnisvermögen jeden Sinn verlieren würde. Denn entweder liefert die Abbildung auf dieses Vermögen die objektive Erkenntnis des Tatbestandes, dann ist sie mechanisch, weil sie die Rückwirkung des Subjektes ausschaltet, oder metaphysisch, indem sie eine prästabilierte Harmonie voraussetzt, — in jedem Fall undialektisch; oder aber der Anteil des Subjektes modifiziert das Objekt durch und

Einleitung: Der Prozeß des geistigen Schaffens beruht auf Selbstbewegung. Nur die Gesamtheit aller Erkenntnisvermögen liefert die Erkenntnis eines Objektes

35

während der Abbildung, dann ist das "Bild" keine objektive Erkenntnis, und Art und Umfang des subjektiven Anteils lassen sich nie feststellen. Ferner: die Erkenntnisvermögen haben sich im Laufe der Geschichte des menschlichen Denkens notwendig als verschiedenartig differenziert; wenn nun der einzelne Denkakt auf ihre Gesamtheit verzichtet, unterscheidet er sich methodisch prinzipiell von der Geschichte der Erkenntnis, was einer Grundforderung des Marxismus widerspricht. Dann: läßt man zwar mehrere Erkenntnisvermögen gelten, z.B. Sinne und Verstand, betrachtet das eine aber nur als Mittel für das andere, welches seinerseits mit der Erkenntnis selbst identisch ist (z.B. das Kantische Verhältnis zwischen Sinnen und Verstand), so muß das letzte das erstere vernichten, anstatt es "aufzuheben". Denn die Ausschaltung der Wechselwirkung nimmt dem angeblich niederen Vermögen auch die relative Eigenbedeutung: das Verhältnis zwischen beiden wird undialektisch. Schließlich: Marx und Engels haben die Mannigfaltigkeit der Erkenntnisvermögen nicht nur anerkannt, sondern sie sogar noch durch das körperliche Tun vermehrt. Zugleich haben sie behauptet, daß gerade dieses körperliche Tun aus dem "Ding an sich" ein "Ding durch uns" macht, d.h. daß es die Dinge, die es als Erkenntnisvermögen aus der Wirklichkeit der Außenwelt herauszuheben beginnt, auch wieder in diese zurückstellt; kurz: daß die Gegenständlichkeit des Erkennens den Erkenntnisprozeß als Einheit zusammenhält. Aber eben diese Gegenständlichkeit wird dadurch bedroht, daß sie von Vermögen zu Vermögen geringer zu werden scheint. Diese Schwierigkeit läßt sich nur dadurch beheben, daß man die Totalität aller Erkenntnisvermögen in ihrer dialektischen Einheit als das Erkenntnisorgan gelten läßt. Denn dann kann man zeigen, wie jedes entwickeltere spezifische Vermögen sich zwar von der Konkretheit des einzelnen Gegenstandes immer mehr entfernt, wie es aber eben gerade dadurch diesen selben Gegenstand an immer zahlreichere Beziehungen und Abhängigkeiten vermittelt und so immer tiefere Schichten seiner Wirklichkeit erschließt, ohne jemals den Zusammenhang mit der ursprünglichen Körperlichkeit ganz zu verlieren. Denn die spezifischen Leistungen werden in dialektischer Weise aufgehoben und aufbewahrt, um in ihrer Totalität dem Subjekt des Erkennens die größtmögliche Annäherung an den zu erkennenden Gegenstand zu geben.

Die Selbstbewegung der Erkenntnisvermögen zu ihrer Totalität hebt die marxistische Schaffenstheorie über den Gegensatz von "Ding an sich" und "Erscheinung" hinaus —

b) Die zur Totalität führende Selbstbewegung des Erkenntnisprozesses hebt ferner die marxistische Erkenntnistheorie über die Alternative: "Ding an sich" oder "Erscheinung" hinaus. Auch der Marxist kann nicht leugnen, daß den Menschen die objektive Dialektik des konkret erkennbaren Teiles (und des Restes) der Welt niemals direkt zu Bewußtsein kommt, sondern immer nur vermittelst eines Einzelvermögens und durch dieses letztere erst allmählich in adäquater Weise, d.h. in dem Maße, in dem es sich einem speziellen Objektkreis anpaßt und ihn nicht überschreitet. Wir haben also niemals ein kongruentes Abbild der objektiven Dialektik im Bewußtsein. Folgt daraus, daß wir nur eine subjektive "Erscheinung" der objektiven Dialektik haben? Keineswegs. Denn gegen eine Erscheinung, bei deren Bildung das Subjekt eine konstituierende Rolle spielt (sei es durch

Kategorien apriori, sei es auf Grund der biologisch-historisch entstandenen Erkenntnisvermögen) — gegen eine solche "Erscheinung" ist der Marxismus gesichert, einmal durch seinen Materialismus, der jede konstitutive Funktion des Bewußtseins ausschließt. Und ein zweites Mal durch seine Dialektik. Denn soweit dieses Konstituieren vom Mechanismus entfernt sein mag, ja gerade weil es der vollständige, aber — darum auch restlos einseitige Gegensatz zu ihm ist, — gerade darum ist es so wenig dialektisch wie der Mechanismus selbst.

weil das Bewußtsein weder mechanisch abbildet noch (idealistisch-rationalistisch) konstituiert.

Ist also die "konstituierte Erscheinung" restlos unvereinbar mit dem Marxismus, so kann doch keineswegs geleugnet werden, daß selbst die vollkommenste Anpassung eines einzelnen Erkenntnisvermögens an die Wirklichkeit nicht deren vollkommenes Abbild liefert. Denn ganz abgesehen davon, daß es sich niemals um ein Abbild des Ganzen auch nur der zugänglichen Welt handelt, sondern immer nur um das eines Teiles, so würde die adäquate Abbildung des Teiles genügen, um die weiteren Abbildungen desselben Teiles durch andere Erkenntnisvermögen überflüssig zu machen: damit würde eine der Hauptursachen der ganzen weiteren Entwicklung des menschlichen Erkennens fortfallen. So wenig also auch das Subjekt und speziell das einzelne Erkenntnisvermögen die konkrete Welt zu einer bloßen Erscheinung konstituiert, so wenig spiegelt sich die Wirklichkeit mechanisch wider, sondern modifiziert durch die besonderen Beschaffenheiten dieses Erkenntnisvermögens, die sich selbst erst durch den Erkenntnisakt und an den Dingen geschichtlich gebildet und relativ verfestigt haben. So zeigt das Bewußtsein weder ein mechanisches Abbild noch eine konstituierte Erscheinung, sondern ein dialektisches Abbild oder ein sich abbildendes Sein. Und das wollte wohl auch Lenin sagen, als er verlangte, man müsse die Dialektik auf die (ursprünglich mechanische) Bildertheorie anwenden. Er hätte also ebensogut sagen können, daß man den Materialismus auf die (ursprünglich idealistische) Theorie der konstituierten Erscheinung anwenden müsse.

Das dialektische Abbilden relativiert den (subjektiven) Erscheinungscharakter jedes einzelnen Vermögens durch die Totalität der Vermögen: die qualitative Seite;

Aber damit haben wir das Problem nur berührt, nicht gelöst. Ob wir von einer dialektischen Abbildung oder einem sich abbildenden Sein sprechen, um das dialektische Verhältnis zwischen einem eng begrenzten Teil der Welt und einem einzelnen Erkenntnisvermögen auszudrücken, in jedem Fall haben wir eine subjektive Veränderung des objektiven Seins. Diese setzt dem objektiven, konkreten und absoluten Charakter der Erkenntnis, den der Marxismus als eine Seite der Wahrheit verlangt (und zwar als diejenige, der sich die Entwicklung immer mehr annähert), eine ziemlich bedeutende Grenze entgegen. Diese wird aber hinfällig, sobald wir das einzelne Erkenntnisvermögen aus seiner Isolierung herausheben und in Beziehung zu den anderen bringen. Denn die Einschränkung gilt zwar von jedem einzelnen Erkenntnisvermögen, aber nicht von allen zusammen. Denn da jedes denselben Gegenstand mit anderen subjektiven Qualitäten, also gleichsam unter einer anderen Perspektive sieht, so verändert es ihn auf eine andere Weise. Wenn nun alle verschiedenen Vermögen um dasselbe Objekt kreisen, relativieren und negieren sie gegenseitig ihre spezifischen Eigenarten in dem Maße, als sie einen Zusammenhang miteinander suchen.

– die quantitative Seite. Das geistige Schaffen hört auf, Ideologien zu produzieren.

Die Abbildung durch die verschiedenen Vermögen bedingt nicht nur eine qualitative, sondern auch eine quantitative Veränderung. Dasselbe Ding wird in immer zahlreichere Zusammenhänge gestellt. Daraus erschließen sich ganz neue Seiten am Gegenstand, er wird immer umfassender erkannt. Und in dem Maße, in dem man die Erkenntnisvermögen durchschreitet, um die Vollständigkeit des Subjektes zu erreichen, strebt man auch der vollständigen Erkenntnis des Objektes zu. Auf diese Weise werden die subjektiven Grenzen jeder einzelnen Funktion abgestoßen, die Erkenntnis wird immer weniger bloß "dialektisches Abbild" oder bloß "sich abbildendes Sein", sie nähert sich immer mehr der objektiven Wirklichkeit. Mag dieser Prozeß auch unendlich sein, weil die ursprüngliche Übermächtigkeit des Seins gegenüber dem Bewußtsein nie ganz verschwindet, so kommt doch im Laufe der Geschichte der Punkt, wo die beiden dialektischen Gegensatzglieder ihre Position im Ganzen des Erkenntnisprozesses umzutauschen beginnen, und wo damit etwas qualitativ Neues anhebt: die geistige Produktion hört auf, Ideologie zu sein, sie läuft der materiellen Produktion gleichsinnig, ohne die Zusammenhänge auf den Kopf zu stellen. An diesem Punkte kann sich auch die Schaffenstheorie ihres materialistisch-dialektischen Charakters ganz bewußt werden und ihn innerhalb des Proletariats und zum Nutzen der klassenlosen Gesellschaft entfalten.

Aufgabe des Folgenden: Analyse jedes einzelnen Vermögens und der Übergänge von einem zum andern.

Unsere Aufgabe ist jetzt klar erkenntlich. Wir haben zu analysieren, sowohl worin die Eigenart eines jeden Vermögens besteht, wie das Verfahren, nach dem sie ineinander übergehen, um sich trotz der Überwindung aufzubewahren. Wir betonen aber nochmals, daß diese Betrachtungen von der subjektiven Seite her nur ein Teil der zu leistenden Aufgabe sind und einer Ergänzung von der objektiven Seite her dringend bedürfen.

I. Das gegenständlich-körperliche Tun

Das schaffenstheoretische Korrelat des Proletariats ist das körperliche Tun, das der klassenlosen Gesellschaft die dialektische Einheit aller Erkenntnisvermögen.

Wir haben bereits im ersten Teil eingehend erörtert, warum Marx mit vollkommenem Recht eine materialistische und proletarische Schaffenstheorie auf die Erkenntnisfähigkeit des Körpers basiert hat. Wir können jetzt — ebenfalls mit Bezug auf frühere Erörterungen — hinzufügen: der Marxismus verfiele, wenn er sich mit diesem einen Vermögen begnügen wollte, in den Irrtum seiner bürgerlichen Kritiker, die ihm vorwerfen zu können glauben, daß er nur eine Klasse durch eine andere und nicht durch die klassenlose Gesellschaft ersetzen wolle; denn das schaffenstheoretische Korrelat der klassenlosen Gesellschaft ist auf der Bewußtseinsseite des Erkenntnisprozesses allein die dialektische Einheit aller Erkenntnisvermögen.

Die Bedeutung des körperlichen Erkennens wandelt sich in der Geschichte.

Man kann keinen Einwand gegen die Erkenntnisfähigkeit des Körpers darin sehen, daß der moderne bürgerliche Mensch ihn nur noch als Instrument für gedankenloses Gewohnheitstun, für Sport etc. benutzt, daß er nur mit verständnisloser Verwunderung jene alten Weltbilder liest, die den Kosmos in Analogie zum menschlichen Körper aufbauen. Denn auch ohne diese literarischen Fragmente könnte ihn seine eigene Sprache lehren, daß es eine Zeit gab, in der der Körper Erkenntnis schuf, und seine eigenen exakten Wissenschaften, daß selbst die abstraktesten Denkresultate im Körper verwurzelt sind. So kommt z.B. die deutsche Bezeichnung für abstrakte geistige Realität: das Wort Begriff vom physischen Greifen, Hand-auf-etwas-legen; oder im Hebräischen ist "Erkennen" gleichbedeutend mit "einer Frau beischlafen", während im Französischen Worte wie "saisir" und "conception" einen körperlichen und einen geistigen Sinn haben, wobei der körperliche der ursprünglichere ist. Jedes Kind orientiert sich zuerst durch seinen Körper in der Welt, speziell im Raum und in der Zeit. Das metaphysische Wunschbild der Wiedergeburt wurde in der Altsteinzeit genau nach dem realen Vorgang der Geburt realisiert: durch einen Geschlechtsakt des Toten, dem die Frau geopfert oder durch magische Mittel zugewiesen wurde. Es läßt sich auch zeigen, daß das dreidimensionale senkrechte Koordinatensystem der euklidischen Geometrie im Bau des menschlichen Körpers wurzelt (und nicht im erlebten Sehraum) — eine bemerkenswerte Feststellung heute, wo wir wissen, daß diese Geometrie die Wirklichkeit nicht adäquat "abbildet".

Einige Ursachen, die den Körper in den Vordergrund treten lassen.

Die Geschichte der Kunst zeigt uns besonders deutlich einige der Ursachen, welche die Erkenntnisfunktion des Körpers in den Vordergrund drängen. Die Tierbilder der paläolithischen Höhlen haben eine starke Körperhaftigkeit, weil der Mensch oder die Menschengruppen das einzelne Tier oder die Tierherde Leib gegen Leib angreifen mußten, solange es keinen Bogen gab, der aus dem Versteck oder aus großer Entfernung abgeschossen werden konnte; diejenigen Stämme des südöstlichen Spaniens, die im Besitze des Bogens sind, zeigen nicht die körperliche Mächtigkeit, sondern die flächenhafte Silhouette von Mensch und Tier. In der ägyptischen Kunst des Alten Reiches wird der Körper betont, um der plastischen Figur die volle Wirklichkeit des menschlichen Leibes zu geben, damit die Seele eines Toten, und zwar eines mächtigen Toten in ihm wohnen könne. Die Zerstörung des Körpers durch den Tod läßt den ganzen Wert des Körpers erkennen und seine Fähigkeit, Leben und Macht zu repräsentieren. Die griechische Kunst schuf zuerst den monumentalen, dann den vollkommenen Körper, nachdem die bäuerliche Seßhaftigkeit in einem begrenzten Horizont aufgegeben war, und der seefahrende Mensch sich von seinem Schiff aus gegen einen immer wieder sich öffnenden und verschwindenden Natur-Raum oder als einzelner Händler in der Fremde gegen einen neuartigen Gesellschaftsraum zu behaupten hatte. Dieselben Ursachen der Handelswirtschaft werden wieder wirksam in der Generation von 1430 (van Eyck, Masaccio, Fouquet, Konrad Witz). In der neueren Zeit hat Courbet die kugelartige Körperhaftigkeit seiner Frauenkörper entwickelt, um den Körper des Menschen gegen die Maschine, — die nichtmenschlichen Proportionen ihrer Gestalt und die nichtmenschlichen Rhythmen ihrer Bewegungen — zu behaupten. Überall dort also, wo der Mensch durch den wechselnden, sich erweiternden natürlichen und sozialen Raum gefährdet war, bildet er den Körper aus, um sich als Machtträger hinzustellen, ob diese Macht nun magischer, geistiger oder politischer Art war; überall dort dagegen, wo

a) Spuren und Wandel seiner Rolle
b) Definition
39   c) Analyse des Aktes des körperlichen Erkennens

der Mensch sich seßhaft und sicher in einem begrenzten Horizont weiß, schweift er vom Körper fort ins Abstrakte, Unendliche und Transzendente.

Die geringe Rolle, die der Körper heute als Erkenntnisorgan spielt, darf nicht verallgemeinert werden.

Damit ist bereits die Ursache angedeutet, weshalb der moderne Mensch das Bewußtsein von der Erkenntnisfunktion seines Körpers verloren hat: die direkte Produktion der Lebensmittel durch die Mächtigkeit des menschlichen Körpers ist ersetzt durch eine Umwegproduktion mit Hilfe von Maschinen, die ihren Betriebsstoff nicht aus menschlichen Muskeln, sondern aus Naturkräften erhalten. Die Maschinen sind die einzigen Körper, die wir erstellen, aber einmal geschaffen, reduzieren sie unsere körperliche Erkenntnismöglichkeit auf ein Minimum. Diese Veränderung wirkt sich z.B. bis in die Problemstellung resp. -lösung der Physik hinein aus, indem ihr früher vorwiegender Gegenstand, die Körperwelt (Mechanik), zugunsten des Lichtes und der strahlenden Energie überhaupt zurückgedrängt wurde. Aber wir dürfen unsere heutige Situation nicht verabsolutieren, weil die einwandfreie Lösung des schaffenstheoretischen Hauptproblems davon abhängt, daß wir den Körper wieder als Mittel des Erkennens betrachten, und zwar in seinen Zusammenhängen mit den übrigen Erkenntnisvermögen.

Definition des körperlichen Erkennens.

Um zu unterstreichen, daß das körperliche Erkennen seine Eigenart hat, die es von der aller anderen Vermögen unterscheidet, stellen wir eine Definition voraus, die sie umschreibt, soweit das ohne die Analyse des Prozesses selbst möglich ist: das gegenständliche Tun als das ursprünglichste Erkenntnisvermögen ist die Auseinandersetzung zweier daseiender Körper in ihrer Mächtigkeit gegeneinander, so daß Dasein und Mächtigkeit ihre Einheit im Akt des Aufeinander-Wirkens haben.

Analyse des körperlichen Tuns: Erste Reaktion auf Bedürfnisse;

Das körperliche Tun wird bedingt durch das Bedürfnis. Es gibt verschiedene Bedürfnisse: solche, die im eigenen Körper entstehen und deren Befriedigung der physischen Selbsterhaltung und Fortpflanzung dient (Hunger, Durst, Geschlechtsbedürfnis), solche, die sich aus der Beziehung des Menschen zur Umwelt und Mitwelt bilden und deren Befriedigung die Orientierung innerhalb ihrer oder ihre Beherrschung bezweckt; und solche des menschlichen Geistes, der sich nur in Zusammenhang mit seinem Körper behaupten und durchsetzen kann und darum sich einen neuen Körper innerhalb und außerhalb der irdischen Welt erfindet, wenn der Leib bedroht ist. Diese Bedürfnisse werden nicht durch den Körper willkürlich, sondern im Körper zwangsläufig durch das Leben hervorgebracht — auf der Grenze zwischen Gelebtwerden und Lebenwollen. Das ganze natürliche, gesellschaftliche und geistige Leben produziert im einzelnen Körper Bedürfnisse als Ergebnis des Teilhabens des Einzellebens am Leben schlechthin, des Wechselspiels zwischen der Umgebung und den primären Körperfunktionen: Atmung, Ernährung, Fortpflanzung, Ortsbewegung etc. Der Körper wird durch das erlittene Bedürfnis gereizt, und allmählich löst sich aus seiner ursprünglichen Ohnmacht seine erste Mächtigkeit heraus; das körperliche Tun ist die erste Reaktion des Einzelnen (oder der Horde) auf die natürliche Lebensproduktion in ihm. Die Hauptträger dieser Aktivität sind die Extremitäten: die Beine mehr die der physischen, die Hände, auch die der geistig-magischen Aktivität, wie die bis in paläolithische Zeiten zurückreichende Magie der Hand und ihr Einfluß auf die künstlerische Gestaltung der Tiere (Proportion und Verlauf der Umrißlinien der Körpermassen) beweist. Aber auch der Rest des Körpers wirkt mit, und zwar hauptsächlich in der rein körperlichen Vorberechnung oder Einstellung des Körpers auf die Aktion. Ob diese Einstellung bewußt erfolgt oder aus Gewohnheit, sie läßt eine Differenzierung innerhalb des körperlichen Tuns erkennen, das auf die Erwerbung eines Resultates abzielt.

Rolle der Widerstände.

Nur solche körperlichen Tätigkeiten schaffen Erkenntnis, die auf Widerstand stoßen; dieser fördert in dem Maße, in welchem Stärke, Dauer und Häufigkeit des Bedürfnisses dazu zwingen, die Hemmungen unmittelbarer Befriedigung zu überwinden. Es kommt hinzu, daß der Mensch nicht nur Träger von Bedürfnissen ist, sondern auch Gegenstand für die Bedürfnisbefriedigung anderer. Er ist aktiv gegen die Außenwelt, und diese gegen ihn. So hat er die doppelte Aufgabe: seine eigenen Bedürfnisse zu befriedigen und sich gegen die Bedürfnisse anderer zu sichern. Er tritt an sie heran mit einem ganz bestimmten Körper: bestimmt nach Struktur, Bewegungsmöglichkeiten, Reichweite etc.

Die Geringfügigkeit des Verarbeitens.

Der Körper unterscheidet sich also nicht dadurch von anderen Erkenntnisvermögen, daß er die Welt objektiver spiegelt: auch er ist ein System von Kategorien, das ihn von dem aller anderen Lebewesen unterscheidet, d.h. auch das Erkenntnisbild des Körpers ist ein spezifisch menschliches und zwar ein geschichtlich, gesellschaftlich und individuell begrenztes, also nicht nur ein partielles, sondern auch ein relatives, subjektives. Der Unterschied liegt darin, daß der Körper sich gegen andere Körper richtet, daß das Erfassen und das Erfaßte gleicher Art sind oder m.a.W. daß zwischen Aufnehmen des Bedürfnisses im eigenen Körper und Entäußern des eigenen Körpers gegen einen anderen im Angriff oder Rückzug das Verarbeiten eine kurze, geradezu momentane Rolle spielt, solange nicht die übrigen Erkenntnisvermögen weitgehend ausgebildet sind und sich das körperliche Tun unterwerfen.

Die Disproportion zwischen Bedürfnis und Mitteln zur Befriedigung zwingt zur Ausbildung des körperlichen Erkennens.

Gegen eine solche Situation voller Spannungen und Lebensbedrohtheit könnte man rein theoretisch folgende Reaktionen für möglich halten: der Mensch hemmt und überwindet sein Bedürfnis, indem er es unterdrückt; er löst es von der Körperfunktion und sublimiert es ins Bewußtsein; er befriedigt es mit seinem eigenen Körper; oder schließlich: er wendet sich aktiv gegen die Außenwelt. Praktische Bedeutung hat wenigstens für den primitiven Menschen von diesen Möglichkeiten des Gedankenexperimentes nur die letzte. Denn zur Hemmung und Unterdrückung der Bedürfnisse ist die Lebensproduktion zu stark; zu ihrer Sublimierung ist das Bewußtsein noch zu schwach ausgebildet; und die Selbstbefriedigung, z.B. die sexuelle, führt zum Aussterben. Die sich an der Außenwelt vollziehende Befriedigung ist aber davon abhängig, daß jene überhaupt die geeigneten Mittel enthält und daß sie sie in dem Maße erneuert wie das Leben die Bedürfnisse. Daß hier ursprünglich eine gewisse Disproportion geherrscht haben muß, ergibt sich aus dem Nomadentum der Jäger, die gezwungen sind, den Herden zu folgen, ehe sie sie zähmen können, aus der mit den Jahreszeiten wechselnden Bodenproduktion, aus dem Selbstschutz der anderen

Lebewesen vor den Menschen etc. Durch diese drückenden Grenzen der Außenwelt wird der Mensch gezwungen, die Fähigkeit und Mächtigkeit seines Körpers zu entwickeln.

Entwicklungsgeschichte des körperlichen Erkennens.

Die Geschichte dieser Fortbildung läßt sich heute nur hypothetisch rekonstruieren. Der Trieb wird zuerst reflexartig reagiert haben, d.h. auf alle Gegenstände, in denen er ein Mittel zur Befriedigung seiner Bedürfnisse sah, im wesentlichen in gleicher Weise. Die große Verschiedenheit der Gegenstände hat dann allmählich die Reflexe differenziert: die nützlichen von den schädlichen, die erfolgreichen von den erfolglosen. Dieser Differenzierungsprozeß vollzog sich wohl so, daß gewisse Reflexe sich immer häufiger wiederholten, während andere immer häufiger ausfielen. Aber allmählich lernte man eine weitergehende Differenzierung, nachdem sich bestimmte Reflexe vorwiegend mit bestimmten Gegenständen verbunden hatten. Dadurch veränderte sich die Natur der Reflexe in dem Maße, in dem sie sich objektivierten. Sie nahmen eine andere Qualität an; sie wurden Instinkte, d.h. eine relativ feste und spezifische Konstitution des körperlichen Tuns.

Die einmal erreichte relative Konstanz der Instinkte konnte auf die ursprünglichen Triebe zurückwirken, das in ihnen herrschende Verhältnis von Getriebenwerden und Sichselbsttreiben umkehren. Der Trieb erleidet und sucht im Reflex, er wittert und findet im Instinkt. Damit ist ein merkwürdiger Zwiespalt in den Trieb hineingetragen. Denn die Instinkte können doch nur in dem Bereich zu sicheren Ergebnissen führen, das demjenigen, in welchem sie ausgebildet wurden, sachlich entspricht. Aber je häufiger das instinktive Handeln sich wiederholt, um so mehr stumpft es entweder ab oder befreit sich von der engen Bindung an sein Substrat und sucht sich den ganzen Körper zu unterwerfen, indem es dessen Bewegungsorgane durch die Ausbildung ihrer Reichweite, ihrer Schnelligkeit und Geschicklichkeit steigert. Jetzt erweitert sich der äußere Lebensraum des Menschen allmählich in einer ungeahnten Weise, und auch sein Zeitsinn mag starke Wandlungen durchmachen. Aber durch diese neue Welt wurde seine bisher beste Waffe, die Sicherheit seiner Instinkte, bedroht, derselben Instinkte, deren ursprüngliche Aktivität ihn letzten Endes in eine neue Umwelt hineingetrieben hatte. Diese starke Spannung kann uns eine Vorstellung davon vermitteln, wieviel Zeit es gekostet haben wird, bis die Bewegungsfähigkeit der Extremitäten ihr Maximum erreicht hatte.

Damit war dann allerdings der natürliche Aufbau des menschlichen Körpers im wesentlichen abgeschlossen, und seine weitere Tätigkeit wurde von seiner Konstitution relativ abhängig. Obwohl sich diese allmählich in der Auseinandersetzung mit der Außenwelt gebildet hatte, erhielt sie nun dank der erreichten relativen Konstanz auch für alle ferneren Mächtigkeitskämpfe, welche über die schon errungene Kraft zur Bewältigung entgegenstehender Schwierigkeiten nicht hinausgehen, die Bedeutung einer relativen Apriorität.

Die Mächtigkeit des körperlichen Erkennens wird vergrößert durch die Schaffung des Instrumentes.

Wie sehr die ganze angedeutete Entwicklung vom Zwang der Umgebung abhängig war, zeigt sich darin, daß das Ziel durch die Entfaltung der Möglichkeiten allein des menschlichen Körpers nicht erreichbar ist. Je weiter, schneller, geschickter, ausdauernder er in die Umgebung hineinwirkt, um so mehr wachsen seine Bedürfnisse und um so mehr muß er um eine Vergrößerung der Mächtigkeit seiner Extremitäten besorgt sein. Die Lösung dieser neuen Aufgabe erfolgt durch die Schaffung von Instrumenten, aber erst wenn auch andere Erkenntnisvermögen ziemlich weit ausgebildet sind.

Definition und Funktion des Instrumentes.

Ein Instrument ist ein aus Materialien der Umwelt geschaffener Gegenstand, mit dem unser Körper zwecks Bedürfnisbefriedigung einen bestimmten Teil der Umwelt beherrscht. Der wesentliche Unterschied zwischen instrumentloser und instrumentaler Tätigkeit liegt einmal darin, daß der menschliche Körper sich als ganzer auf das Objekt als ganzes wirft, während das Instrument eine bestimmte und spezifische Seite, z.B. die Schärfe der Nägel, die Schnelligkeit der Füße etc. isoliert und in der neuen Materie auf eigene Weise ausbildet, um eine ganze bestimmte Seite oder Stelle des Gegenstandes, einen ganz bestimmten Zweck zu erreichen. Ferner distanziert das Instrument den Menschen von dem Objekt seiner Bedürfnisbefriedigung während des Aktes, in dem er sich seiner bemächtigt. Diese Differenzierung und Distanzierung setzt schon eine ziemlich genaue Kenntnis des Gegenstandes, – insbesondere seiner schwächsten Angriffsstellen, seiner gründlichsten Erledigungsmöglichkeit – also ein relativ entwickeltes Bewußtsein voraus.

Einmal vom Menschen gegen andere Wesen der Umgebung geschaffen, wenden sich die Instrumente gegen den Menschen zurück. Sie erhöhen die Anzahl seiner Bedürfnisse und verfeinern sie. Hervorgebracht, um ihn von der Umgebung unabhängiger zu machen, verstricken sie ihn tiefer in diese; bestimmt, unsere körperliche Wirksamkeit zu steigern, verringern sie den unmittelbaren Anteil des ganzen Körpers am Erkenntnisakt. Aber gerade durch die vermittelnden Instrumente und ihre speziellen Aufgaben wird die Erkenntnisfähigkeit des körperlichen Tuns und damit der ganze Mensch auf ein höheres Niveau gehoben. Diese Entwicklung wiederholt, was wir innerhalb der Triebe für die von den Reflexen zu den Instinkten beobachtet haben: daß sie sich in einem Differenzierungsprozeß vollzieht, der, indem er eine Seite des Ganzen verneint, die entgegengesetzte zur Geltung bringt, um diese in dem Augenblicke, wo sie sich verfestigen will, sich selbst aufheben zu lassen durch die Veränderung, die sie in einem anderen Teil des Ganzen verursacht hat. Der Entwicklung innerhalb der Triebe bis zur Ausbildung der Bewegungsorgane, die etwas qualitativ anderes sind, entspricht auf dieser höheren Ebene die Ausbildung der Instrumente bis zur Maschine. Und wie wir oben angedeutet hatten, daß der Mensch sich von der Herrschaft seiner Bewegungsorgane, die seine Instinktsicherheit zerstörten, erst befreien konnte, als andere Erkenntnisvermögen ihm halfen, so erfordert auch die Überwindung der Knechtschaft, in der uns heute die Maschine hält, ein neues erweitertes Bewußtsein.

Entwicklung in der Art des Umganges mit den Gegenständen der Bedürfnisbefriedigung: vom Vernichten zum Pflegen und Produzieren.

Diese Entwicklungsreihe von den Trieben zu Instrumenten ist nicht die einzige, die der Mensch in der Zeit durchgemacht hat, als der Körper sein hauptsächlichstes Erkenntnisorgan war. Gleichzeitig wurde der Mensch durch den Kampf um die Befriedigung seiner Bedürfnisse gezwungen, zu lernen, mit ihren Gegenständen ganz anders umzugehen. Ursprünglich wird es sich wohl hauptsächlich um ihr

Abnutzen und Vernichten gehandelt haben, weil es in der Natur einiger dauernder Bedürfnisse liegt, daß sie nur so vorübergehend gestillt werden können. Andere, besonders der Sexualtrieb, verweisen dagegen auf ein Nutzen und Unterstützen, auf eine gegenseitige Hilfe. Wieder andere Arten von Zwang: der Wechsel der Jahreszeiten, die verschiedene Produktionskraft der Erde werden schließlich zu planmäßiger Sammlung und Aufbewahrung der Befriedigungsmittel geführt haben.

Es dürfte kaum zu leugnen sein, daß auch diese Seite der körperlichen Erkenntnistätigkeit sich dialektisch entfaltet hat. Es handelt sich dabei um eine Dialektik des Gebens und Nehmens. Nur durch die Hingabe aller Kräfte hat man Aussicht, die größere Mächtigkeit der Umwelt wenigstens an einem Punkte soweit zu bewältigen, daß man sie zu eigenem Gebrauch nehmen kann. Die Bewegung in der Nähe, die den gegenseitigen Kampf begleitet, ist eine unendliche, denn sie würde erst in einem vollständigen Sichaufgeben enden. Aber selbst das Eindringen der Körper ineinander bringt keine Erlösung von der Individuation, sondern führt nur zur Zeugung eines Dritten. Das bedeutet die Erneuerung des Bedürfnisses auf einer höheren Stufe. Die Entwicklung zu immer höheren Stufen wird sich vor allem durch die Umbildung des Verhältnisses von Vernichtung und gegenseitiger Hilfe vollzogen haben, dessen Synthese: planmäßige Sammlung und Aufbewahrung sich in großen Zeiträumen herausgebildet hat.

Grenze und Selbstauflösung des körperlichen Tuns.

Damit war der Mensch auf einen relativen Höhepunkt seiner Entwicklung gekommen; er war in einer vorläufig genügenden Ausdehnung und Sicherheit tatsächlich Herr über die Befriedigungsmittel seiner materiellen Bedürfnisse. Aber indem das körperliche Tun diesen Weg durchlief, hatte es sein Bewußtsein erhöht. Je leichter die Bedürfnisbefriedigung vonstatten ging, um so schneller traten neue Bedürfnisse auf höherer Stufe in den Vordergrund. Man fühlte ihren Zwang um so stärker, je mehr man sich der prinzipiellen Grenze des körperlichen Tuns bewußt wurde, daß die körperliche "Abbildung" der Gegenstände nur eine teilweise Erkenntnis ist. Man lernte, die materiellen Bedürfnisse zu hemmen, sie zurückzudrängen, auf sie zu verzichten, sie zu sublimieren. Das Bewußtsein, welches durch das körperliche Tun gesteigert war, wandte sich gegen dieses selbst zurück, kehrte die ihm immanente Dialektik ins Negative, so daß sie das körperliche Tun zersetzte. Damit forderte es positiv die Ergänzung durch andere, differenziertere Vermögen, insbesondere durch die Sinnesorgane heraus, welche die Welt nach anderen Gesichtspunkten erkennen.

Die Emanzipation des Erkennens vom körperlichen Tun.

Während dieser weitere Aufbau der Erkenntnis sich vollzog, den wir gleich zu schildern haben werden, sank die vorläufig hinreichende Befriedigung einer Gruppe von Bedürfnissen, das Ergebnis der ganzen bisherigen Entwicklung, die von der planlosen Vernichtung zur planvollen Sammlung geführt hatte, auf eine untere Grenze hinab. Der Mensch lernte gleichzeitig und allmählich die "höhere" Kunst, den Produzenten zum hungernden Sklaven und den Nichtproduzenten zum Ausbeuter und Schmarotzer zu machen; die Kunst, nicht zu produzieren, um Bedürfnisse zu befriedigen, sondern um Güter zu genießen und Waren zu verkaufen. Aber diese Entwicklung setzt voraus, daß sich das Erkenntnisvermögen vom gegenständlich körperlichen Tun emanzipiert hatte, das nun nicht mehr als Erkenntnisvermögen fungieren konnte, sondern als Arbeitskraft warenmäßig sich verkaufen mußte. Doch diese Bemerkung nimmt die Geschichte der menschlichen Erkenntnis vorweg.

II. Das sinnliche Erleben

Definition und Funktion des sinnlichen Erlebens.

Das sinnliche Erleben ist diejenige Fähigkeit des menschlichen Erkennens, in der die Beziehung der durch körperliche Tätigkeit gesicherten Dinge auf die Sinne vor sich geht. Es erfüllt die Aufgabe, aus der ungeschiedenen Einheit der Welt etwas individuell Bestimmtes, Einmaliges, Momentanes herauszuheben, und ein umgrenztes Hier-, Jetzt- und Sosein in der sinnlichen Empfindung zu fixieren. Es ist also ein Akt, der von dem Auffassen eines vagen Gesamteindruckes zur Bildung eines scharf umrissenen Einzeleindruckes und zu dessen Entäußerung führt.

Diese Definition, die nur die Eigenart des sinnlichen Erkenntnisvermögens gegenüber den anderen andeuten soll, hebt insbesondere die wesentlichsten Unterschiede zum körperlichen Tun heraus: dieses geht auf Nähe und Mächtigkeit, auf Bewegung und Kampf, jenes dagegen auf Distanz und Bildhaftigkeit, auf Fixierung und Ruhe.

Die 4 Wesensmerkmale des sinnlichen Erlebens.

a) Wollte man das sinnliche Erleben so eng wie möglich auf seine Funktion im Erkenntnisakt begrenzen, so würde es genügen, die Etappen seines Verlaufes: Aufnehmen, Verarbeiten und Entäußern zu analysieren. Aber eine solche Analyse bliebe vage, weil man die Beschaffenheit des Erkenntnisvermögens selbst nicht hinreichend kennen würde. Wir werden also zunächst seine vier wesentlichen Merkmale erörtern: die spezifische Sinnesqualität (z.B. Farbe, Klang, Geruch etc.), die Gestaltqualität (z.B. Grenze, Figur, Plastizität), die Lokalisation und die "innerseelischen" Entsprechungen.

Die Sinnesqualitäten.

aa) Man weiß seit langem, daß jeder Sinn eine spezifische Qualität hat, und daß jede dieser Qualitäten in sich komplex ist; ein Ton z.B. hat Höhe, Klangfarbe, Intensität, Dauer etc. Man hat ferner in der zweiten Hälfte des vorigen Jahrhunderts beobachtet, daß sich die Merkmale verschiedener Sinne einander zuordnen lassen, z.B. daß die Höhe eines bestimmten Tones einer bestimmten Farbe entspricht etc. (das vielbesprochene Phänomen der audition colorée).

Die Differenzierung des einen Sinnes in mehrere verursacht durch die Außenwelt.

Diese Tatsachen scheinen darauf hinzudeuten, daß ursprünglich nur ein Sinn vorhanden war, und daß die Differenzierung in mehrere Sinne mit spezifischen Qualitäten das Ergebnis eines entwicklungsgeschichtlichen Prozesses ist. Seine notwendige Ursache kann allein in der Existenz einer Außenwelt gefunden werden. Die Mächtigkeit des Daseins war so groß, daß das Bewußtsein nur hinreichend reagieren konnte, wenn es die "Abbildungsfähigkeit" immer mehr von der Körperlichkeit der Materie ablöste. Dabei spaltete sich das Gesamtvermögen in unterschiedliche Funktionen auf, die sich zu einzelnen Organen konzentrierten. Dinge, deren Wirksamkeit für uns weniger bedeutsam ist, entziehen sich der Wahrnehmung durch die Sinnesorgane, in deren

Gebiet sie eigentlich fallen müßten, sie wirken auch heute noch auf den Gesamtkörper, so daß ihre Existenz auf einem anderen als dem sinnlichen Wege ins Bewußtsein eintritt. Auch dieses beweist, daß Dinge außer uns die Differenzierung der menschlichen Sinnesapparatur verursacht haben.

Das doppelte Ziel der Differenzierung.

Damit verbindet sich ein anderer Tatbestand: diejenigen spezifischen Qualitäten, die sich am stärksten aus dem ursprünglichen Einheitssinn abgesondert haben, wurden gerade durch ihre Organe den wirklichen Gegenständen zwar entrückt; aber zugleich wurde ihre Beziehung zum Bewußtsein schneller, enger und nachhaltiger. Die Differenzierung des einen Sinnes in mehrere spezifische Funktionen vollzog sich also unter einer doppelten Tendenz: das Wahrgenommene gegen die Außenwelt (durch die vermittelnden Organe) zu distanzieren, es dagegen (durch Herausbildung neuer Nervenstränge zum zentralen Nervensystem) enger an das Bewußtsein zu ketten. In der Wahrnehmung stehen Sein und Bewußtsein in einer dialektischen Spannung, die sich im Laufe der Entwicklungsgeschichte immer stärker herausgebildet hat.

Die Vielheit der Reaktionsweisen eines Sinnes bedingt durch die Dinge der Außenwelt —: differenzieren;

Dieser Differenzierungsprozeß erschöpft sich nicht in der Schaffung spezifischer Sinnesqualitäten. So sieht z.B. das Auge in Abhängigkeit von der Größe der Entfernung simultan oder sukzessiv; wenn wegen der Nähe des Gegenstandes das sukzessive Sehen eintritt, tastet das Auge, es enthält also noch die Funktion, die sich aus dem Hautsinn am stärksten in der Hand spezialisiert hat. Es wird hier ganz deutlich, daß das angebliche Apriori der spezifischen Qualitäten das Ergebnis der Einwirkung der Dinge ist, denn dieselbe Ursache: die Nähe der Dinge führt selbst in verschiedenen Organen zu denselben Wirkungen. Das Spezifische des Auges liegt aber in der simultanen Wahrnehmung von (nicht mehr abtastbaren) Fernbildern, während umgekehrt das sukzessive Abtasten das geschichtlich Primäre, das mit dem ursprünglichen Einheitssinn Verbindende ist.

Auch das Ohr hat beide Möglichkeiten. Aber bei ihm ist das Sukzessive das Spezifische und als Ergebnis der Entwicklung das stärker Ausgebildete. Das Simultane ist nur bei kleinstem Umfang direkt zu verwirklichen, sonst allein auf dem Umweg über das Gedächtnis. Die Sukzession, in der das Ohr wahrnimmt, hat eine von der des Tast- oder Hautsinnes wesentlich verschiedene Erscheinungsform. Der Differenzierungsprozeß hat sich also beim Ohr anders als beim Auge vollzogen. Bei diesem wird die Form der Sukzession und mit ihr auch der Inhalt geändert; beim Ohr dagegen wird unter Beibehaltung der Form der Sukzession nur der Inhalt geändert — aber bei keinem der beiden Sinne wird das Aufnehmen auf eine der beiden Funktionen beschränkt. Der verschiedenen Artung ihrer Beziehung zueinander entspricht dann, daß jede eine andere Beziehung zum Bewußtsein hat. So bleiben gerade die Qualitäten derjenigen Sinne, die sich am stärksten aus der Einheit des ursprünglichen Sinnes in selbständige Organe fixiert haben, noch einer doppelten und gegenständlichen Funktion fähig: des Differenzierens und Integrierens. Und darin liegt eine Voraussetzung für ein dialektisches Arbeiten der Sinne (und zwar als Folge einer langen Entwicklung).

—: integrieren

Die Tendenz zur Integrierung der Data der verschiedenen Sinne erschöpft sich nicht in der Zuordnung und Verschmelzung der Qualitäten (z.B. in der audition colorée), sondern geht weiter darüber hinaus. So ist z.B. die Intensität einer Farbe am besten statisch zu geben: durch den Kontrast, beim Ton dagegen dynamisch: durch An- und Abschwellen. Diese Schwingung läßt sich nun in die Farbe tragen, und umgekehrt die statische Fixierung in den Klang. Diese Durchdringung zeigt sich am deutlichsten dort, wo die einzelnen Sinnesqualitäten ihre volle geistige Entfaltung erlangt haben, d.h. wenn sie Realisierungsgebiete der einzelnen Künste (Malerei, Musik) geworden sind. Die verschiedenen Kunstarten können sich durchdringen, ohne die Grenzen ihrer spezifischen Eigenart zu verlassen. In der Romantik und im Barock war die Farbe eine Folge von Übergängen, während im Klassizismus sich die Musik dem Statischen annäherst.

Zur Erkenntnis*kritik* des sinnlichen Erlebens

Entsprechend ihrer Entstehung können die spezifischen Sinnesqualitäten kein absolutes Apriori sein, das mit vollkommener Notwendigkeit die Wahrnehmung konstituiert. Sie sind vielmehr das vorläufige Produkt einer langen geschichtlichen Entwicklung, dessen relative Konstanz die Dialektik des Entstehungsprozesses enthält und zur Wirksamkeit bringt. Freilich, nachdem ihre Anpassung an die Wirklichkeit einen gewissen Grad erreicht hat, hat die Entwicklung einen verhältnismäßigen Abschluß gefunden, so daß nun in jedem einzelnen Sinnesakt die spezifischen Qualitäten als auswählend und mitbestimmend auftreten. Aber diese Mitbestimmung, sosehr sie heute vom Subjekt auszugehen scheint, ist durchaus nicht nur, und nicht einmal zuerst subjektiv, weil die spezifischen Sinnesqualitäten ja nichts anderes sind als das Ergebnis der Anpassung des Subjektes an das Objekt. Und sie gewährt auch heute keine vollkommene Eindeutigkeit; denn es bleibt trotz der Mitbestimmung ein (immer relativer) Freiheitsgrad erhalten. Dies verbietet vollends, die heutige Mitbestimmung in eine absolut apriorische Konstituierung der Wahrnehmungen durch die Sinnesqualitäten umzufälschen, und dann die Wahrnehmungen (resp. Empfindungen) als Wesenselement der Welt anzusehen (z.B. Mach und der sensualistische Idealismus).

Die Gestaltqualitäten (und ihr Zusammenhang mit den Sinnesqualitäten)

bb) Das nächste Merkmal sind die Gestaltqualitäten und ihre greifbarsten Eigenschaften: Grenze, Figur, Modellierung. Diese Merkmalgruppe unterscheidet sich von der der spezifischen Sinnesqualitäten, obwohl beide mit denselben Sinnen wahrgenommen werden, denn man kann sie unabhängig voneinander variieren. Man kann z.B. einen gelben Kreis in ein gelbes Quadrat oder in einen roten Kreis verändern. Innerhalb sehr enger Grenzen genügt eine andere Einstellung des Subjektes (z.B. erhöhte Konzentration), um die Isolierung vorzunehmen. Sonst aber sind sachliche Veränderungen nötig, um den Trennungsprozeß durchzuführen. Aber auch diese haben eine nur beschränkte Geltung, weil z.B. ein Quadrat niemals Grenze für Töne sein kann. Daraus folgt, daß Sinnes- und Gestaltqualitäten bei aller Verschiedenheit doch einen gewissen inneren Zusammenhang haben, der ihre Unabhängigkeit voneinander relativiert. Freilich ist dieser innere Zusammenhang keineswegs eindeutig, denn gewisse Gestaltqualitäten (z.B.

die zu ihrem Anfangspunkt zurücklaufende Kurve, die Symmetrie) gelten für verschiedene Sinnesqualitäten.

Die äußere und die innere Gestalt.

Diese vielfachen Überschneidungen von Verschiedenheit und Zusammenhang erklären sich daraus, daß wir die Gestalt als äußere Grenze genommen haben. Selbst als solche hat sie gleichzeitig zwei verschiedene Aufgaben: eine Wahrnehmung in sich zusammenzufassen und sie von der anderen abzuschließen. Man kann diese doppelte Funktion der äußeren Grenze abschwächen oder unterstreichen. Die Abschwächung vollzieht man dadurch, daß man die spezifischen Qualitäten innerhalb und außerhalb derselben Grenze genügend annähert, z.B. aus zwei verschiedenen Farben zuerst dieselbe Farbe in verschiedenen Lichtstufen macht, und dann die Lichtstufen selbst möglichst angleicht. Dies zeigt bereits, daß die äußere Grenze einer Wahrnehmung auch eine innere Bedingung hat. Darum kann man die äußere Grenze nicht nur dadurch unterstreichen, daß man ein Intervall (z.B. eine Leere) zwischen zwei gleiche Wahrnehmungen legt, sondern auch dadurch, daß man jede Wahrnehmung in sich selbst anders abstuft. Man macht sie bei der größten materiellen Ähnlichkeit zu sehr verschiedenartigen Gebilden, indem man von innen her durch verschiedene Bewegungen eine äußere Grenze schafft. Innere und äußere Grenze können auseinanderfallen oder sich decken. Das Letztere ist der Fall, wenn die Grenze aus einer Selbstbewegung auf Grund immanenter Gegensätze innerhalb des Wahrgenommenen entsteht.

Die Dialektik des sinnlichen Erlebens.

Die zunächst gegebene Einheit des wahrnehmenden Sinnes enthält also zwei verschiedene Qualitäten, die aus ihrer bloß äußeren Gegensätzlichkeit zu einer inneren entwickelt werden können, und diese wiederum zu der Synthese der Empfindung selbst. Dieser ganze Prozeß vollzieht sich nicht durch einen willkürlichen Akt des Subjektes (ebensowenig wie durch einen notwendigen Zwang des Objektes), sondern auf Grund der Gegensätzlichkeit der Qualitäten selbst durch eine Selbstentwicklung. Der Eindruck des (von Menschen) Gemachtseins (wie der des mechanischen Bedingtseins), d.h. des auf ein Mal Fixierten und definitiv Fertigen, kommt nur dadurch zustande, daß man das Eigenleben des Gegenstandes und seine wechselnden Abhängigkeiten von der Umgebung künstlich ausgeschaltet hat. Diese Reduktion des Prozesses des Empfindens auf eine einzelne und isolierte Empfindung ist ein willkürlicher Akt, entstanden aus dem praktischen Bedürfnis des Menschen nach Statik und Konstanz, weil so die Fassung in Worte und damit die Mitteilung an andere erleichtert wird. Darum kann die Beziehung solcher künstlich hergestellter "Elemente" auch kaum die Keime der Dialektik andeuten. Nur wenn wir das Empfinden als Prozeß aufrecht erhalten und in ihm die Gesamtheit des Gegenstandes und alle seine Beziehungen, erkennen wir die ganze Dialektik.

Die (äußere und innere) Lokalisation.

cc) Das dritte Merkmal: die Lokalisation ist allen Wahrnehmungen gemeinsam. Sie ist doppelter Art. Die innere Lokalisation ist die zeitliche Aneinanderreihung der Wahrnehmungen innerhalb des Bewußtseins; die äußere Lokalisation dagegen ordnet jede einzelne Empfindung einer bestimmten Raumzeitstelle in der Außenwelt zu.

Die innere Lokalisation.

Tendenz zur Formlosigkeit und Assoziation.

In der inneren Lokalisation werden inhaltlich völlig verschieden Faktoren aneinander gereiht, nur weil sie alle Wahrnehmungen eines Bewußtseins sind; die Inhaltsfremdheit verhindert, daß die bloße Folge je eine einheitliche Form gewinnen kann. Ja, die innere Lokalisation wird ein vollkommenes Chaos, sobald die Ursachen der Wahrnehmungen schnell genug variieren, oder sobald diese von Vorstellungen, Erinnerungen etc. häufig genug durchbrochen werden. Die innere Lokalisation hat unmittelbar keine eigene Gesamtform; nur wenn zwei verschiedene Faktoren häufig hintereinander auftreten oder eine gewisse Ähnlichkeit zeigen, werden sie später assoziiert. Diese Assoziation ist eine primitive Verknüpfung zwischen Bewußtseinselementen, die sich weder durchdringen noch verschmelzen. Aber selbst diese Beziehungsform wird meistens durch äußere Vorgänge ausgelöst. Doch auch wenn sie rein immanenter Natur wäre, könnte sie nicht die Tatsache erklären, daß unser sinnliches Erleben in sich geordnete Gruppen zeigt. Dies beweist, daß der Zusammenhang der Wahrnehmungen, soweit er vorhanden ist, kein rein immanenter, sondern ein von außen her bedingter ist, — bedingt durch die Gestaltqualitäten, deren Ursachen wir zunächst ganz selbstverständlich außerhalb unseres Bewußtseins lokalisieren. Und wir werden sehen, daß jeder Versuch, diese transzendenten Beziehungen auszuschalten, um allein die immanenten gelten zu lassen, notwendig auf das bewußte Festhalten eines Chaos oder auf die Hypothese Gottes hinauslaufen muß.

Die äußere Lokalisation; idealistische

Das Problem der äußeren Lokalisation ist also wegen dieser Beziehung zur Frage des Zusammenhanges unserer Wahrnehmungen von der größten Bedeutung. Man hat diese Lokalisation entweder als subjektive Täuschung aufgefaßt, also als einen nur eingebildeten Akt, der neben der einzig wirklichen inneren Lokalisation keinerlei Realität habe; oder als einen zwar wirklichen Akt, aber als einen vom Menschen in eine eingebildete Welt hinein frei vollzogenen. Was den Menschen zu solchen spontanen Projektionen in eine imaginäre Realität veranlaßt haben soll, bleibt dabei dunkel, selbst wenn man Gott heranzieht.

und materialistische Auffassung.

Gegenüber diesen idealistischen Theorien behauptet nun der Materialismus, daß die äußere Lokalisation ein wirklicher Akt sei, der sich auf ganz bestimmte Stellen einer wirklichen Welt beziehe, weil diese die Ursache der Wahrnehmungen sind. Dies wird sowohl von dem materialistischen wie von dem dialektischen Faktor des Marxismus gefordert. Denn nur so negiert das Bewußtsein das einwirkende Sein in seiner spezifisch außerweltlichen Realitätsart, um zu Wahrnehmungen zu kommen, in denen der objektive Inhalt in subjektiver Form erscheint; und umgekehrt negiert das Bewußtsein durch die Lokalisation die Wahrnehmungsrealität, um den subjektiven Inhalt vereinigt mit den Objekten, also einen höheren Inhalt in der spezifisch außenweltlichen Realität zu erhalten. Wir werden später zu prüfen haben, ob die Analyse des Prozesses des sinnlichen Erlebens diese Auffassung bestätigt oder nicht.

Zusammenhang zwischen äußerer und innerer Lokalisation.

Hier haben wir nur auf das Verhältnis von innerer und äußerer Lokalisation einzugehen. Wir haben bereits gesehen, daß es nur in gewissen Grenzen möglich ist, die erste durch direkte Ausschaltung der zweiten zu steigern. Die letzte Konsequenz wäre der Wahnsinn, d.h. die Aufhebung des Bewußtseins auch von den Zusammenhängen innerhalb der inneren Lokalisation. Auf der anderen Seite treibt das — wenn auch noch so minimale — Bewußtsein von der Möglichkeit innerer Lokalisation dazu, eine Ordnung zu finden, die als Bewußtseinsrealität der äußeren Ordnung des Wahrgenommenen entspricht. Die räumliche und die zeitliche Lokalisation bleiben — wenn auch in verschiedenen Graden — immer aufeinander bezogen, und dieser Zusammenhang wird verstärkt durch die innerseelischen Äquivalente der Wahrnehmungen, von denen wir gleich zu sprechen haben werden. Nur die übrigen Erkenntnisvermögen können die Form, unter welcher der Sachzusammenhang der Welt in den Wahrnehmungen wirksam geworden war, tatsächlich auflösen und damit den sinnlichen Bewußtseinsoperationen eine gewisse Freiheit geben. Aber diese besteht nicht darin, die Sachgesetzlichkeit überhaupt aus den Wahrnehmungszusammenhängen zu eliminieren, sondern umgekehrt darin, immer tiefere, umfassendere Sachzusammenhänge in die spezifische Wahrnehmungsrealität des Bewußtseins einzuführen. Also nicht auf dem Wege der Irrationalität, sondern nur auf dem Wege der Ratio kann man sich von dem Zwang der Gegenstände befreien, wie er in den äußeren Lokalisationen der sinnlichen Wahrnehmungen zum Ausdruck kommt, vorausgesetzt daß man die Inhalte der Ratio sinnlich zu lokalisieren vermag.

Wir werden später zeigen, daß dieser indirekte Weg ein dialektischer ist. Zunächst bleiben noch die innerseelischen Äquivalente, die man als ein Reich des Bewußtseins unabhängig vom Sein und ohne die dialektischen Spannungen zwischen beiden hat aufbauen wollen.

Die inneren Äquivalente

dd) Den Wahrnehmungen sind "innere", "seelische", gefühlsmäßige Äquivalente zugeordnet. Jede Farbe, Lichtstufe, Farb- oder Lichtkombination etc. hat einen "moralischen" Wert, drückt einen "Sinngehalt" in ihrem sinnlichen Dasein aus. Dem sachlichen Moment innerhalb der Wahrnehmung fügt sich ein subjektives hinzu, z.B. Freude, Schmerz, Unbehagen etc., und es bildet sich so eine neue Art innerhalb derselben Wirklichkeitsweise: die Empfindung.

Ihre Ursache: der Gesamtorganismus des Menschen; ihre 2 Wege.

Diese "inneren" Äquivalente werden durch die Wahrnehmungen zwar ausgelöst, aber weder diese noch die Gegenstände oder die einzelnen Organe, sondern allein der gesamte Mensch in einer ganz bestimmten Situation ist ihre wirkliche Ursache. Sie sind das Ergebnis seiner Rückwirkung auf eine einzelne Wahrnehmung oder auf Wahrnehmungsgruppen. Das "innere" Äquivalent vermittelt also den Gesamtorganismus in seiner sinnlichen Existenz, mit anderen Worten den "inneren Sinn", über die Wahrnehmung an die Außenwelt, wie umgekehrt die einzelne Wahrnehmung die Außenwelt über das innere Äquivalent an den Organismus. Das sinnliche Erleben ist also ein Prozeß, der sich in zwei entgegengesetzte Richtungen auseinanderlegt. In welchem Verhältnis stehen diese zueinander? und speziell: hat der Weg des inneren Sinnes, des sinnlichen Gesamtorganismus eine Priorität vor dem der Wahrnehmungen? und was würde eine solche für die Erkenntnistheorie bedeuten? Diese Fragen haben eine besondere Aktualität, weil der innere Sinn die Hochburg der zeitgenössischen reaktionären Philosophie geworden ist, soweit diese sich auf Gott nicht mehr berufen will, da sie ihn praktisch wie theoretisch für überwunden hält.

Die relative Selbständigkeit des inneren Sinnes.

Der innere Sinn hat unleugbar eine relative Selbständigkeit gegenüber den Wahrnehmungen, denn das sinnliche Gesamtleben eines Organismus ist immer mehr als die Summe seiner Teile, nämlich zum mindesten der Inbegriff aller Wechselwirkungen zwischen seinen Teilen (vorausgesetzt daß es überhaupt nur etwas Abgeleitetes und nicht etwas Primäres ist). Außerdem hat es noch andere Stoffquellen als nur die äußeren Sinne. Denn da im Ganzen des Bewußtseins die Erkenntnisvermögen nicht nur einreihig vom Körper zur Vernunft laufen, sondern (mindestens von einem bestimmten Zeitpunkt der Entwicklung ab) auch umgekehrt von der Vernunft zum Körper, so fließen dem "inneren Sinn" Inhalte auch aus den "höheren" Funktionen zu, d.h. aus denjenigen, die einen größeren Freiheitsgrad gegenüber der Wirklichkeit der Außenwelt haben; und er reagiert auch auf sie mit analogen Äquivalenten.

Der Visionsweg im Gegensatz zum Wahrnehmungsweg.

Diese relative Selbständigkeit findet ihren Ausdruck darin, daß der innere Sinn sich bald in optischen Bildern, bald in akustischen Zusammenhängen etc. nach außen projiziert. Wie die Außenwelt durch einen Teil des Erkenntnisvermögens in das Ganze des Bewußtseins einfließt, so fließt dieses Ganze durch eine einzelne Sinnesfunktion nach außen. Wenn wir diese Projektionen "Visionen" nennen, so sind Visionen umgekehrt gerichtete Wahrnehmungen. Wie Wahrnehmungen die Außenwelt "abbilden", so die Visionen den sinnlichen Gesamtorganismus, und zwar beide Male das vage Ganze in etwas individuell und momentan Bestimmtes.

Die erkenntniskritische Interpretation des inneren Sinnes.

Soweit handelt es sich um Tatbestände, die keine Theorie, auch keine materialistische leugnen kann. Aber ihre erkenntniskritische Interpretation ist erst möglich, wenn folgende Fragen beantwortet sind: Finden sich in den Ausdruckszeichen (Bildern, Klängen etc.) der "Visionen" Elemente, die nicht aus den Wahrnehmungen stammen, oder Kombinationen, Verschmelzung etc. von Wahrnehmungselementen? Beschränkt sich die "visionäre" Kraft auf einen höheren Freiheitsgrad gegenüber den Gesetzen, welche die Zusammenhänge der Außenwelt beherrschen, oder treten völlig anders geartete Beziehungsgesetze auf?

Die mechanistische wie die metaphysische Auffassung sind polare Einseitigkeiten.

Selbst wenn neue Formen, Farben, Linien etc. durch die Visionen in die Welt gesetzt werden, müssen sie nicht einen metaphysischen Ursprung haben; sie können aus der Beziehung des sinnlichen Gesamtorganismus zur Außenwelt stammen. Da sich die einzelnen Sinne aus dem Einheitssinn des Gesamtkörpers herausdifferenziert haben, so bleiben sie immer mit diesem durch eine Wechselbeziehung verbunden, die sich trotz einer gewissen Spannweite niemals dahin auflösen läßt, daß die bloße Addition der Teile den Gesamtorganismus ergibt. Eliminiert nun eine Theorie das Ganze zu Gunsten der Teile, so kommt sie zu einer rein mechanischen Auffassung der Beziehungen; eliminiert sie dagegen die Teile zu Gunsten des Ganzen, so hebt sie die ganze geschichtliche Entwicklung auf und ersetzt den komplizierten Weg vom Unbewußten über das Bewußte ins Unterbewußte und wieder zurück in ein unbewußtes Bewußtsein durch einen Automatismus des Unbewußten. Selbst wenn man eine solche Reduktion in den biologischen oder psychologischen Urzustand als möglich annehmen wollte, so würde dies nichts beweisen gegen die nächstliegende Hypothese, daß dieses Ganze seine Bilder aus der Welt hat, von der es jetzt ganz unmittelbar abhängt. Man kann ohne weiteres zugeben, daß diese Bilder wegen des Ausfalls aller Vermittlungen irrationaler sein werden als diejenigen, welche durch diese Vermittlungen entstanden sind. Fraglicher ist schon, ob sie deswegen tiefere und ursprünglichere Schichten des Lebens (der Natur oder der Gesellschaft) berühren werden oder nur konfusere, und darum einer Klärung nur um so bedürftigere? Nicht die Tatsachen selbst sondern Bedürfnisse des Interpreten zwingen zur Annahme einer metaphysischen Quelle. Ferner: die mechanische und die metaphysische Interpretation haben trotz oder gerade wegen ihrer polaren Gegensätzlichkeit das Wesentliche gemeinsam, daß sie die dialektische Einheit zwischen Gesamtorganismus und Einzelsinnen zerreißen. Sie unterscheiden sich erst in dem weniger Wesentlichen, nach welcher Richtung hin sie diese Trennung vornehmen, und welchen Wertakzent sie dementsprechend den Gliedern geben.

Die mögliche Disproportion zwischen Wahrnehmung und Äquivalent.

Die Möglichkeit, den Zusammenhang von Wahrnehmung und innerem Äquivalent in die entgegengesetzten Pole zu zerreißen, beruht darauf, daß das Verhältnis zwischen Einzelsinnen und sinnlichem Gesamtorganismus nicht eindeutig ist, sondern innerhalb einer gewissen Spannweite schwankt. Nicht jede Wahrnehmung bringt innere Äquivalente zu Bewußtsein; es ist eine gewisse Dauer, Intensität, Verarbeitung (Introvertierung) nötig. Ebenso umgekehrt: nicht jede Bewegtheit des Gesamtorganismus projiziert sich durch Ausdruckszeichen nach außen in eine bestimmte Wahrnehmung. Ferner: der möglichen Konkretheit der äußeren Wahrnehmungen entspricht selten eine gleich große Konkretheit der "inneren" Äquivalente, und umgekehrt: oft haben die "Visionen" des Gesamtorganismus eine solche Wucht und Mächtigkeit, daß selbst die größte Körperlichkeit der Ausdruckszeichen davor verblaßt. Schließlich: der Mannigfaltigkeit und Fülle der äußeren Wahrnehmungen scheint bei den meisten Menschen nicht dieselbe Anzahl von Äquivalenten zu entsprechen, während umgekehrt bei Einzelnen die Reaktionen des Gesamtorganismus so differenziert sind, daß die Anzahl der äußeren Bilder zu klein erscheint. Es folgt aus alledem: der eine Prozeß setzt sich nicht ohne weiteres in adäquater Weise in den anderen um, ein disproportionales und disharmonisches Verhältnis ist — als unmittelbare Gegebenheit der Erfahrung — ebenso häufig und wohl viel häufiger als ein harmonisches und proportionales. Trotzdem darf man nicht den doppelseitigen Prozeß an einem der Pole fixieren, um ihn mechanisch oder metaphysisch zu isolieren, denn die Gegensätze streben zur Einheit der Empfindung. Dabei wird dann die Harmonie ein vorübergehender Moment im Verlauf dieses Aktes sein, der sich gerade durch die Disproportionalität seiner Glieder in seiner Selbstbewegung aufrechterhält.

Dieses Verhältnis zwischen Wahrnehmung und Äquivalent, resp. zwischen der "Vision" und ihrem Ausdrucksbild, die Dialektik zwischen den beiden entgegengesetzten Richtungen des sinnlichen Erlebens zeigt, daß der Gesamtorganismus seinen Stoff zwar oft nur indirekt aus der Wirklichkeit der Außenwelt hat, aber niemals, daß er ihn überhaupt nicht aus der Außenwelt hat. Dieses dialektische Verhältnis macht ferner deutlich, daß eine Analyse der Merkmale des sinnlichen Erlebens sich von selbst in die Betrachtung seines Prozesses umsetzt. Diesem Zug zu folgen, darf man sich nicht durch den stationären Charakter der Worte hindern lassen, zumal ja die Worte Wahrnehmung und Empfindung nicht nur das Wahrgenommene und Empfundene, sondern auch den Akt des Wahrnehmens und Empfindens ausdrücken.

Die Analyse des Prozesses des Wahrnehmens

b) Die Analyse dieses Prozesses des sinnlichen Wahrnehmens ergibt zunächst, wie bereits angedeutet, 3 Etappen: das Aufnehmen, das Verarbeiten, das Entäußern, die nun in ihren Einzelheiten und in ihren Zusammenhängen zu betrachten sind.

Das Wesen des Aufnehmens

aa) Das Aufnehmen.

Es handelt sich um das, was aufgenommen wird, und um die Art, wie aufgenommen wird (aber noch nicht um die Struktur des Ergebnisses, das sich ja erst in der 3. Etappe des Prozesses vollendet).

Was nehmen die Sinne auf?

Was das erste Problem betrifft, so haben wir (entsprechend den Grenzen, die wir unserer Arbeit gezogen haben) nicht die spezielle Frage zu erörtern, ob und wie die Verschiedenheit der einzelnen Gegenstände die Art des Aufnehmens beeinflußt, sondern nur die allgemeine Frage: nehmen die Sinne direkt die "Welt an sich" auf oder die von unserem Körper bearbeitete Welt?

Die geschichtliche Seite des Was.

Die geschichtliche Seite des Problems hat Marx bereits in der "Deutschen Ideologie" gelöst: "Er (Feuerbach) sieht nicht, wie die ihn umgebende Welt nicht ein unmittelbar von Ewigkeit her gegebenes, sich stets gleiches Ding ist, sondern ein Produkt der Industrie und des Gesellschaftszustandes und zwar in dem Sinne, daß sie in jeder geschichtlichen Epoche das Resultat, Produkt der Tätigkeit einer ganzen Reihe von Generationen ist, deren jede auf den Schultern der vorhergehenden stand, ihre Industrie, ihren Verkehr ausbildete, ihre soziale Ordnung nach den veränderten Bedürfnissen modifizierte. Selbst die Gegenstände der einfachen, "sinnlichen Gewißheit" sind ihm nur durch die gesellschaftliche Entwicklung, die Industrie und den kommerziellen Verkehr gegeben. Der Kirschbaum ist, wie fast alle Obstbäume, bekanntlich erst durch den Handel vor wenigen Jahrhunderten in unsere Zone verpflanzt worden und wurde deshalb erst durch diese Aktion einer bestimmten Gesellschaft in einer bestimmten Zeit der "sinnlichen Gewißheit" Feuerbachs gegeben.... So sehr ist diese Tätigkeit dieses fortwährende sinnliche Arbeiten und Schaffen, diese Produktion die Grundlage der ganzen sinnlichen Welt, wie sie jetzt existiert, daß, wenn sie auch nur für ein Jahr unterbrochen würde, Feuerbach eine ungeheure Veränderung nicht nur in der natürlichen Welt vorfinden, sondern auch die ganze Menschenwelt und sein eigenes Anschauungsvermögen, ja seine Existenz bald vermissen würde."

Die erkenntnistheoretische Seite: die Auflösung des durch das körperliche Tun Gewonnenen.

Zu dieser geschichtlichen Seite der Umbildung der Gegenstandswelt kommt nun die schaffenstheoretische. Für das Aufnehmen des sinnlichen Erlebens könnte selbst die durch die menschliche Tätigkeit veränderte Natur noch ein "Ding an sich" im Sinne einer fixierten Stoffmasse, einer für den Moment des Aufnehmens unveränderlichen Gegebenheit sein. Dies ist aber nicht möglich, weil die Sinne nicht direkt die historisch sich umbildende Wirklichkeit erfassen, sondern die unter bestimmten geschichtlichen Bedingungen vom körperlichen Tun herausgebildete Welt, und weil die Sinne diese nicht in der Form aufnehmen können, die das körperliche Erkennen erstellt hat, da die beiden Erkenntnisvermögen zu verschiedenartig sind. Wir hatten bereits gesehen, wie das körperliche Tun aus der ihm immanenten Dialektik zur Selbstauflösung drängt; dieser Prozeß wird nun ergänzt durch die Sinne. Nur wenn diese durch die Form, welche die körperliche Erkenntnis der "Welt an sich" gegeben hat, hindurchgedrungen sind, und dem (historisch bedingten) Gegenstandsbereich unmittelbar gegenüberstehen, können die Sinne die Welt unter der ihnen spezifischen Form aufnehmen. M.a.W. dem Inhalte nach gibt es für das sinnliche Erleben keine "Welt an sich" in einer "unmittelbaren Gegebenheit von Ewigkeit her", sondern nur die vom körperlichen Tun bereitgestellte, geschichtliche Welt. Von dieser aber muß dann noch durch einen zweiten (erkenntnisschaffenden) Prozeß die Form, unter der die körperliche Tätigkeit sie dem Bewußtsein darbietet, abgelöst werden, damit das sinnliche Erkennen neue Seiten der historischen Welt herausarbeiten kann.

Aktivität und Passivität im Aufnehmen.

Dieser Prozeß, der uns später beim Übergang von den Sinnen zum Denken auf einer entwickelteren Stufe viel deutlicher entgegentreten wird, bleibt hier aus 2 Gründen fest verborgen. Einmal weil wir das gegenständliche Tun des Körpers als Erkenntnisvermögen in seiner ganzen Wirksamkeit kaum mehr erkennen, und dann weil die Art des sinnlichen Aufnehmens das Bewußtwerden des Übergangsaktes auf ein Minimum beschränkt. Denn das Aufnehmen ist vorwiegend, wenn auch nicht ausschließlich passiv, d.h. die Sinne bedürfen eines auslösenden Etwas — gleichgültig, ob dieses in der Außenwelt oder im "inneren Sinn" (im sinnlichen Leben des Gesamtorganismus) liegt. Sie scheinen nur ein passiver Kreuzungspunkt für den doppelten Weg von außen nach innen und von innen nach außen zu sein. Diese Passivität gibt der Empfindung den Charakter der Bildhaftigkeit und der Distanz, durch den sie sich von den Ergebnissen des körperlichen Tuns unterscheidet, und sichert dem Bild eine um so größere Genauigkeit, je weniger präokkupiert das Subjekt des Sinnes ist. Die aktive Seite in der Arbeit der Dinge kommt uns darum nicht zum Bewußtsein, weil sie sich unabhängig von unserer Willkür als ein chemisch-physikalischer Prozeß vollzieht, sobald der Reiz eingetroffen ist. Immerhin stellt das Bewußtsein die Aktivität der Aufmerksamkeitsspannung fest, von der gewisse Unterschiede in der Schärfe, der Vollständigkeit etc. der Wahrnehmung und Empfindung abhängen. Ebenso kann es feststellen, daß die Grenzen zwischen Aktivität und Passivität des Aufnehmens nicht scharf fixiert, sondern fließend sind: so scheint insbesondere, daß zur Aufnahme der spezifischen Sinnesqualität mehr Passivität, zur Aufnahme der Gestaltqualitäten mehr Aktivität nötig ist. Es beruht dies darauf, daß die Gestaltqualitäten eine Art Einheit für Mannigfaltigkeiten oder eine bestimmte Art von Mannigfaltigkeiten innerhalb einer Einheit bedeuten: also einen Integrierungs- oder Differenzierungsakt einschließen. Man hat daraus fälschlicherweise geschlossen, daß die Gestaltqualitäten gar nicht "unmittelbar" aufgenommen werden, sondern erst das Produkt eines Verarbeitungsprozesses sind, der schon Verstandesmäßiges enthält. Man hatte dabei verkannt, daß das sinnliche Erleben in seiner Gesamtheit ein dialektischer Prozeß ist, so daß auch eine einzelne Etappe desselben sich der Bewegung zwischen Gegensätzen nicht entziehen kann. Aber selbstverständlich handelt es sich hier nur um einen Keim, der sich erst im weiteren Verlauf des sinnlichen Erlebens (und dann im ganzen weiteren Erkenntnisprozeß) entfalten wird.

bb) Das Verarbeiten.

Da an jedem Aufnahmeakt des sinnlichen Erlebens, wie wir früher gezeigt haben, zwei sehr verschiedene Faktoren beteiligt sind: die ungeschiedene Einheit des Gesamtorganismus und der einzelne, mit spezifischer Funktion begabte Sinn, so ist auch das Aufgenommene ein Ineinander von unbestimmter Weite und individuell-momentaner Bestimmtheit. Hierbei ist die Einerleiheit in dem Konkreten und das Konkrete in der Einerleiheit enthalten, das Ganze im Teil und der Teil im Ganzen. Der Anteil der beiden Faktoren ist jeweils verschieden, ihre Beziehung entbehrt zunächst jeder Eindeutigkeit. Es ist Aufgabe des Verarbeitens, ein konkretes Resultat herzustellen, in dem das Einige und das Einzige, das Vage und das Bestimmte, das Ganze und der Teil auf Grund ihrer größtmöglichen Durchdringung auch die größtmögliche Notwendigkeit ihres Zusammenhanges gefunden haben.

Dem Prozeß des Verarbeitens ist also vom Aufnehmen her ein Gegensatzpaar gegeben, das sowohl eine objektive wie eine subjektive Seite hat. Wenn man z.B. eine fremde Stadt betritt, empfängt man einen Gesamteindruck, der diese Stadt von jeder anderen unterscheidet. Zugleich sieht man sie unter ganz bestimmten Bedingungen: zu einer fixierten Tages- und Jahreszeit, bei bestimmten Witterungsverhältnissen, d.h. in einem konkreten, objektiven Zustand, in dem ihr gesamtes Leben anders erscheint und selbst anders sich entfaltet als zu anderen Jahres- und Tageszeiten unter anderen historischen Bedingungen etc. Ebenso ist der die Stadt betretende Mensch in einem Gesamtzustand, der von allen vorangehenden Erlebnissen abhängt, und er stellt gleichzeitig ein bestimmtes, fast einmaliges Verhältnis zwischen diesem Gesamtzustand und der Funktionsfähigkeit der einzelnen Sinnesorgane dar. Dieses Verhältnis ist in sich sehr variierbar und hat keine notwendige Beziehung zu dem jeweils vorliegenden Objekt, da es unabhängig von ihm entstanden ist.

Der Prozeß der Verarbeitung ist also der Anlage nach dialektisch, und sein Vollzug ist nichts anderes als die Entwicklung dieser Dialektik. Denn jedes konkrete Moment (im Objekt wie im Subjekt) negiert die Unbestimmtheit des Ganzen, und diese negiert umgekehrt die Konkretheit jedes Teiles, der überdies durch einen anderen kon-

---

Marginalien:

Funktion des Verarbeitens ein notwendiges Verhältnis zwischen ungeschiedener Einheit und konkreter Einzelheit herzustellen.

Beispiel für die Gegensätze, die dem Verarbeiten dargeboten werden.

Der dialektische Grundcharakter des Verarbeitungsprozesses.

konkreten Teil negiert wird. So kommt die Unbestimmtheit mit erweiterter Konkretheit und die Konkretheit mit geringerer Unbestimmtheit zur Geltung. Jeder solcher Synthesen bleibt relativ, da die Anzahl der Etappen des Prozesses prinzipiell unendlich ist. In Wirklichkeit werden sie begrenzt von der Fähigkeit des Subjekts, innerhalb seiner Einheit selbst zu variieren und innerhalb der objektiven Einheit Variationen noch wahrzunehmen.

Das Ziel dieses dialektischen Prozesses ist die größtmöglichste Einheit und Notwendigkeit der Gegensätze.

So laufen zwei dialektische Prozesse gleichzeitig ineinander: der eine zwischen dem Teil und dem Ganzen (im Subjekt wie im Objekt), der andere zwischen dem Objekt und dem Subjekt. Für diesen letzteren gilt offenbar, daß jede neue objektive Konkretheit die ursprüngliche Zufälligkeit des psychischen Gesamtzustandes weiter begrenzt, während umgekehrt jeder neue psychische Gesamtzustand andere Auffassungen derselben objektiven Tatsache zur Folge hat. M.a.W. die ursprünglich ganz auseinanderliegenden Gegensätze durchdringen sich immer mehr. So bildet sich schließlich eine immer größere Notwendigkeit für die Beziehung zwischen wachsender Mannigfaltigkeit und Einheit. Die höchste erreichbare Stufe der notwendigen Einheit in der Mannigfaltigkeit ist das Ziel dieser Entwicklung, die durch Negation und Negation der ersten Negation eine Kette fortschreitender Synthesen bildet. Am Ende hat das Bestimmte das Unbestimmte, der Teil das Ganze, das Subjekt das Objekt in sich aufbewahrt.

Die formale Betrachtung der Dialektik des Verarbeitungsprozesses.

Man kann die Dialektik des sinnlichen Erlebens in der Etappe des Verarbeitens auch dann noch feststellen, wenn man diese ganz formal behandelt. Denn das Wesen der Verarbeitung besteht in einem Ablösungs-(Differenzierungs-)Akt, einem Verknüpfungs-(Durchdringungs-)Akt und einem Vereinheitlichungsakt. In der ersten Etappe wird unter anderem die objektive von der subjektiven Seite abgelöst, die Sinnes- von den Gestaltsqualitäten, die Wahrnehmungen von den Äquivalenten etc.; es wird die Gegensätzlichkeit der in der Aufnahmeeinheit vorhandenen Elemente betont, man schafft Antithesen. Bei der Durchdringung handelt es sich nicht allein darum, daß verschiedene Inhalte desselben Sinnesgebietes oder entsprechende Inhalte verschiedener Sinne sich verbinden oder gar verschmelzen, sondern vor allem darum, daß die entgegengesetzten Tatsachen ihre Positionen im Prozeß so auswechseln, daß sie die Synthese vorbereiten. Das tritt am bedeutsamsten hervor, wenn man das im Laufe des sinnlichen Erlebnisprozesses sich ändernde Verhältnis zwischen Subjekt und Objekt unter dem Gesichtspunkt des Form-Inhaltsproblems betrachtet.

Die Dialektik des Verarbeitens als Synthese von Objekt und Subjekt und von Form-Inhalt.

In die gegeneinander laufenden Prozesse des sinnlichen Erlebens treten die Dinge nicht als ein bloßes Aggregat von Materialien oder als bloße Folge von "Reizqualitäten" ein. Die Dinge haben ihre eigene "Form", d.h. eine Einheit ihrer Mannigfaltigkeiten, die ihre Gestalt nicht äußerlich und zufällig, sondern (relativ) notwendig macht. Sie wird als Gestaltqualität unter der Form der inneren Grenze wahrgenommen. Andererseits hat auch das Subjekt als sinnlich erlebendes eine zuständliche Stimmungseinheit, in der der Zusammenhang und das Zusammenwirken aller "innerseelischen" Äquivalente, seiner Sinne (und darüber hinaus auch der aller Erkenntnisvermögen) sich konkretisiert. Subjekt und Objekt sind eine Einheit von Mannigfaltigkeiten, aber keines von beiden ist mit der Empfindung als Empfindung identisch, obwohl beide an ihrer Bildung beteiligt sind. In diesem Bildungsprozeß bleibt es auch nicht bei der bloßen Korrespondenz zwischen objektiver und subjektiver Mannigfaltigkeit einerseits, und objektiver und subjektiver Einheit andererseits, sondern die objektive Einheit wird ebenso Einheit für die subjektive Mannigfaltigkeit, wie umgekehrt die subjektive Einheit Einheit für die objektive Mannigfaltigkeit. Erst nach dieser Durchdringung sind die Gestaltqualitäten die "Form" der Inhalte der Sinnesqualitäten und umgekehrt, d.h. erst nach dieser Durchdringung sind die Erlebnisse als Erlebnisse konkrete Empfindungen.

Das Kategorienproblem   Daraus folgt nun aber, daß sich das Form-Inhaltsverhältnis innerhalb der Erlebnissphäre selbst verwirklicht und (zunächst wenigstens) keinerlei äußere, d.h. aus anderen Erkenntnisvermögen entlehnte Hilfen braucht. Weder eine nur objektive noch eine nur subjektive Erkenntnistheorie kann also das Kategorienproblem lösen, denn beide machen stillschweigend die Voraussetzung, daß die Kategorie eine statisch fixierte Form ist. Aber in Wirklichkeit ist sie erstens das Ergebnis einer geschichtlichen Entwicklung (und in dieser Hinsicht tritt sie zwar relativ konstant dem einzelnen Erkenntnisakt gegenüber, aber nur als abstrakte Form des Objektes wie des Subjektes). Zweitens aber wird sie in den einzelnen Erkenntnisakt hineingezogen und gewinnt als Ergebnis desselben ihre volle Konkretheit. Die konkrete Kategorie – und nur eine solche kann es für den Marxismus geben – ist das Ergebnis zweier ineinandergreifender Prozesse: eines geschichtlich-gesellschaftlichen und eines einzelnen Schaffensaktes. Der erste läßt die jeweils konkret gewordene Kategorie immer wieder in ihre disparaten Faktoren auseinanderfallen und den konstanten und abstrakten mit dem Schein der "Apriorität" dem folgenden Schaffensakt gegenübertreten. Dieser erstellt immer wieder die Synthese des mehr konstanten und des stärker variablen Faktors und bestätigt so die historische Aposteriorität der Kategorie. In diesem Prozeß entwickelt sich die Kategorie an und mit den Inhalten, die Inhalte an und mit der Kategorie.

Varianten im dialektischen Prozeß des Verarbeitens –:   Die dialektische Grundstruktur des Verarbeitens im einzelnen Erlebnis kann nun durch verschiedene Momente gesteigert, gesprengt oder auf ein anderes Erlebnisfeld gedrängt werden: die bestimmt wahrgenommenen Qualitäten können zu starke (objektive) Gegensätze enthalten; die momentanen Bestimmtheiten des Subjektes können in entgegengesetzte Richtungen weisen; die Richtung (Harmonie und Diskrepanz) kann ständig wechseln, und selbst wenn sie konstant bleibt, kann das verschiedene Tempo des Wechsels im Subjekt und im Objekt entgegengesetzte Wirkungen in den Äquivalenten hervorbringen (Sympathie-Antipathie, Nähe-Fremdheit etc.). Dieser letzte Fall bedarf vielleicht einer Erläuterung.

durch Verschiedenheit im Tempo der Veränderung der Gegensatzglieder   Der dialektische Prozeß ist ein schöpferischer Akt, in welchem z.B. jedem Sprung zur Synthese eine relative Ruhe folgt, ehe sich die allmähliche Evolution zur Antithese fortsetzt etc. Seine Dauer ist weder in der Gesamtheit noch in seinen einzelnen Etappen von der Willkür der Beteiligten, sondern von ihrer objektiven Konstitution abhängig. Ist nun das Variationstempo in jedem einzelnen Glied des Gegensatzes objektiv ein verschiedenes, so müssen schließlich Pausen des einen mit Sprüngen des anderen zusammentreffen und so Koinzidenz unmöglich machen. Die erste Negation wird nicht mehr durch die zweite aufgehoben, sondern die Gegensätze spalten sich auf; es wird nicht nur das einzelne Glied des Erlebnisaktes "negiert", sondern dieser in seiner Gesamtheit vernichtet und darum das Erlebnisfeld, in dem er stattfand. Da aber auch eine solche Aufspaltung noch relativ ist, so wird wohl die physische Existenz dieses Erlebnisfeldes zerstört, während seine geistige Qualität und Struktur in einem neuen wiederkehrt.

—: durch Steigerung der Gegensätze, die zum Wechsel des Erlebnisfeldes führt;

Das gleiche Ziel: Wechsel des Erlebnisfeldes wird auch durch anders begründete Steigerung der Gegensätzlichkeit erreicht, z.B. durch die Diskrepanz zwischen der Unendlichkeit des dialektischen Prozesses und der Endlichkeit seiner Glieder. Die objektive Dialektik des Lebens treibt den Menschen unendlich weiter, aber dieser spürt in sich selbst die Endlichkeit seiner Potenz, resp. seine relative Impotenz gegenüber dem Gelebtwerden durch die Natur. Um nicht als Individuum und begrenzte Existenz durch die Kraft der letzteren zersprengt zu werden, springt er aus dem unendlichen Prozeß in ein anderes Erlebnisfeld über. Oder allgemeiner ausgedrückt: die quantitative Steigerung schlägt in eine qualitative Änderung um. Dieser charakteristische Zug der Dialektik vollzieht sich hier unter einer besonderen Erscheinungsweise. Der objektive Gegensatz zwischen der Unendlichkeit des dialektischen Lebensprozesses der ganzen Natur und seiner Endlichkeit in einem ihrer Teile, dem Menschen, spiegelt sich im Kopfe dieses letzteren als Gegensatz zwischen den beiden endlichen Relationsgliedern, d.h. das eine macht das andere einseitig zur Ursache der Grenze und Endlichkeit des Prozesses. Es entsteht so die Illusion, daß man der Endlichkeit und der Dialektik zugleich entrinnt, wenn man dem bestimmten anderen Partner entrinnt. Diese Bewußtseinstäuschungen wirken auf den Erlebnisakt zurück, sie lösen ihn auf und lassen ihn sich in einem anderen Erlebnisfeld neu bilden, wo er sich unter entsprechenden Grenzen fortsetzt.

—: durch Wiederholung und Abstumpfung

Ich habe also zwei verschiedene Stufen der Dialektik im Verarbeitungsakt aufzuzeigen gesucht: zuerst im einfachen, dann im erweiterten Akt des Erlebens. Der Übergang von einem zum anderen ergibt sich nicht nur aus der (eben analysierten) Verschärfung der Gegensätze, sondern schon aus der bloßen Wiederholung, da diese nicht nur etwas Isoliertes mechanisch noch einmal tut, sondern das Resultat aller früheren, gleichen Akte miteinschließt. Auf diese Weise werden freilich die Unterschiede unendlich klein, und daher ist Wiederholung meistens Abstumpfung und schließlich Selbstauflösung des Verarbeitungsaktes, Vorbereitung für einen Übergang in ein anderes Erlebnisfeld.

Die geschichtlichen Bedingungen des Verarbeitens.

Man kann nun die naheliegende Frage aufwerfen, unter welchen Bedingungen einerseits die zu große Verschärfung der Gegensätze, andererseits ihre zu große Abstumpfung verhindert werden könnte, um die dauernde Fortsetzung des sinnlichen Erlebens in demselben

Erlebnisfeld zu sichern? Es zeigt sich dann, daß diese Bedingungen nur zu einem verschwindend geringen Teil immanenter Natur sind, d.h. von der Art des Erlebnisses oder von der Beschaffenheit der Relationsglieder selbst abhängen; daß sie vielmehr vorwiegend dem Erlebnisakt transzendent sind, d.h. in dem gesellschaftlichen Feld liegen, in dem sich das sinnliche Erleben vollzieht oder präziser: in den materiellen Produktionskräften, der politischen Organisation, den moralischen, religiösen etc. Ideologien der Gesellschaft. Man wird z.B. unschwer nachweisen können, daß der Grundrhythmus der kapitalistischen Produktion in das intimste persönliche Erleben eingedrungen ist und es vollständig durchsetzt hat: der plötzliche Wechsel zwischen einer stark dynamisierten Evolution und einem krisenartigen Sprung, der durch Entwertung des Alten eine neue Basis sucht. Wo noch vor zwei Generationen der gesellschaftliche, moralische oder konventionelle Zwang bestand, die physische Existenz eines Erlebnisfeldes (z.B. die Ehe) unter allen Umständen aufrecht zu erhalten, um innerhalb ihrer zu neuen Schichten geistigen Erlebens zu kommen, herrscht heute (mit der Wollust, die nur Vorurteilen eigen ist), die Überzeugung, daß der Wert dieser Existenz gleich Null, ja negativ ist. Man vermag kaum mehr einzusehen, daß ihre Vernichtung die Erweiterung des seelischen Erlebens nicht nur nicht herbeiführt, sondern geradezu unmöglich macht. Denn die Begründung physisch neuer Erlebnisfelder absorbiert die Kräfte, die zur Vertiefung bei der Reproduktion der Erlebnisse nötig sind. Es gibt also kein abstraktes Verarbeiten des Erlebens; auch der Schaffenstheoretiker muß die konkreten geschichtlichen Bedingungen berücksichtigen, unter denen es sich in Wirklichkeit vollzieht.

2 Wege, um der Dialektik des Erlebens auszuweichen.

Eine neue Variante des sinnlichen Erlebens resp. seines Verarbeitungsprozesses entsteht nun auf folgende Weise: Da alles sinnliche Erleben in zwei Richtungen verläuft: von der Außenwelt über die Sinne zu "inneren" Äquivalenten und von dem inneren Sinn (sinnlichem Gesamtleben) durch sinnlich wahrnehmbare Zeichen in die Außenwelt, und da der eine sich vollzieht unter dem Zwang der Objektwelt, der andere unter der relativen Freiheit des Subjektes, so wird unter dem Druck dieser Gegensätze die dialektische Einheit immer seltener, und die immer größere schöpferische Anstrengung, um sie zu erreichen, spiegelt sich im Bewußtsein als immer stärkeres Verlangen, die einmal erlangte Synthese dauernd festzuhalten. Jeder Versuch, die relative Konstanz in eine absolute zu verwandeln, beendet nicht nur einen bestimmten Erlebnisakt zu Gunsten eines anderen Erlebnisfeldes, sondern er drängt aus der Dialektik des Erlebens überhaupt hinaus. Diesem Ziel kann man auf zwei ganz verschiedenen Wegen zustreben: der eine sucht zwar das Erleben als Erkenntnisvermögen festzuhalten, ihm aber seine Dialektik zu nehmen, der andere dagegen sucht die Konstanz durch Ausschaltung des Erlebens zu Gunsten eines neuen Erkenntnisvermögens.

Die Ausschaltung der Dialektik aus dem Visionsweg des Erlebens —:

Der Marxismus macht ohne weiteres verständlich, warum der erste Weg nicht an die Wahrnehmungsrichtung des sinnlichen Erlebens anknüpfen kann, denn man müßte sich dem Zwang der objektiven Dialektik entziehen, ohne das Erleben selbst auszuschalten. Dagegen ist

bb) Das Verarbeiten
*bbb) Das undialektische Verarbeiten (das metaphysische, mechanische,
illusionistische, abstrakte)*

59

ein gewisser Freiheitsgrad, den man willkürlich verwenden kann, für den inneren Sinn vorhanden. Man kann dabei ein doppeltes Verfahren einschlagen:

durch die Metaphysizierung des äußeren Sinnes

I. Die Wahrnehmung (o $\longleftrightarrow$ s) war das Ergebnis der dialektischen Wechselwirkung des Objektes o und des Subjektes (wobei es relativ gleichgültig ist, ob o ein Mensch oder ein Ding ist). Diese Wahrnehmung (o $\longleftrightarrow$ s) hatte ein Äquivalent A. Der in Frage stehende Verarbeitungsprozeß versucht nun, die Wechselwirkung (o $\longleftrightarrow$ s) zum Ding o zu machen, und dieses o wird als Zeugnis, Symbol des Wesens w von o angesehen, wobei meistens das Symbol w und das Äquivalent A ungeschieden durcheinanderfließen. M.a.W.: Die Dialektik des Erlebnisses wird verdinglicht, und diese Verdinglichung als Erscheinung eines "An sich", einer "Substanz" genommen. Ein solches Verfahren (das, wenn o ein Mensch ist, zur Physiognomienlehre führt) ist ein komplizierter metaphysischer Akt, den man als Metaphysik des äußeren Sinnes bezeichnen kann. Sein Mechanismus ist überaus typisch: die Auflösung der Dialektik zwischen Objekt und Subjekt führt zunächst zu einer Isolierung des Objektes, das nun, einer neuen Beziehung bedürftig, die Erfindung seines von aller Relativität befreiten Wesens erzwingt: seine Verabsolutierung in eine andere Realitätsart.

—: durch die Metaphysizierung des inneren Sinnes.

II. Entsprechend gibt es eine Metaphysik des inneren Sinnes. Das Äquivalent A wird von dem Empfindungsvorgang (o $\longleftrightarrow$ s) isoliert, und es wird ihm eine primäre und unabhängige Existenz zugeschrieben. Dann wird es in Beziehung auf den Menschen (s) betrachtet, und zwar nicht auf seinen sinnlichen Gesamtorganismus, sondern auf seine Wesensseele δ, die angeblich das Äquivalent A autonom produziert hat. Der Prozeß der Metaphysierung beginnt hier zwar am anderen Ende — nicht bei der Wahrnehmung, sondern beim Äquivalent; er gehorcht aber demselben Mechanismus: Auflösung eines dialektischen Verhältnisses (zwischen Äquivalent und Wahrnehmung) und Substituierung einer metaphysischen Realität unter die konkrete Wirklichkeit des einen der isolierten Faktoren. Auf diese Weise erhält man in beiden Fällen eine konstante Beziehung zwischen einem konstant gemachten Anfangs- und einem konstant gemachten Endglied.

Diese Art der Verarbeitung zeigt ihren metaphysischen Charakter in dem Anspruch, daß das sinnliche Erleben der Totalität des menschlichen Geistes mit seiner Mannigfaltigkeit der Erkenntnisvermögen ersetzen und allein den ganzen Gehalt eines Dinges und der Welt endgültig erschöpfen will. Aber diese Isolierung und Überbürdung sind nur das subjektive Korrelat für den Austausch der objektiven Dialektik gegen einen Ersatz für den Substanzbegriff. Wir werden später sehen, daß auch der Intellekt sich in analoger Weise isoliert und verabsolutiert (wie übrigens die mechanische Auffassung des gegenständlich-körperlichen Tuns dasselbe Ziel hat). Und wir werden dann die Frage zu erörtern haben, wieweit sich in dieser abwegig metaphysischen Ersatzverarbeitung des sinnlichen Erlebens die spekulative Vernunft geltend macht.

Die Mechanisierung des sinnlichen Erlebens

Der zweite Weg sucht mit ganz anderen Mitteln zum Ziel der Konstanz zu kommen. Der Mensch zieht sich selbst als Anteil und Mitursache der Bildung von Empfindungen zurück, weil das Subjekt sich schon durch den bloßen Akt der Produktion einer Empfindung verändert. Um Konstanz zu erreichen, wird das Resultat der Empfindung auf derselben Basis, anstatt der Akt des Empfindens auf einer erweiterten Basis reproduziert. Aber selbst diese einfache Wiederholung (eine Art Wiederkäuens des Bewußtseins) läßt die Empfindung noch nicht gänzlich unverändert. Um dies zu erreichen, fixiert man den Zweck der Mechanisierung des Erlebens. Der Erkenntnisprozeß des Menschen ist letzten Endes nicht Selbstzweck, sondern er dient seinem Kampf mit der Welt zur Erreichung der nötigen Lebensmittel, zur Befriedigung aller Bedürfnisse (materieller wie geistiger). Dies gilt auch für den einzelnen Akt des einzelnen Erkenntnisvermögens, und speziell für die Umformung des Erlebnisprozesses in Erinnerungsvorstellungen, besonders wenn diese an das erfolgreiche Ende einer Kette von einzelnen Erlebnisakten anknüpft. Dieses Ende wird dann als Erwartung fixiert und durch die absolut mechanische Kopie des ursprünglichen Erlebnisresultates zu erreichen getrachtet. Das Erlebnis ist damit zur konstanten Sache verdinglicht und erhält sich als eine Art Ritual bis sich das reale oder imaginierte Zielobjekt selbst verändert hat — nicht zuletzt auch durch die mechanische Wiederholung selbst.

und ihre Rückwirkung auf die Erlebnisfähigkeit.

Diese undialektischen Erlebnismechanismen wirken selbstverständlich durch ihre Konstanz auf die Erlebensfähigkeit selbst zurück; sie bestärken die Tendenz, die erweiterte Produktion des Erlebnisaktes durch eine einfache Reproduktion des Resultates zu ersetzen und schwächen so schon den dialektischen Charakter der ersten Produktion selbst, auch in bezug auf andere Inhalte.

Die Vernichtung der Fähigkeit und des Willens zum Erleben durch Verabsolutierung der Gegensätze

Nicht immer wird der Übergang vom produktiven zum mechanischen Erleben durch die direkte Vernichtung der Dialektik erkauft. Das Bewußtsein kann auch umgekehrt die gegensätzlichen Momente der Dialektik unterstreichen, indem es sie aus der Gesamtheit der Erlebnisprozesse heraushebt und nach der Isolierung aus relativen zu absoluten dadurch übersteigert, daß es die relative Konstanz, die wiederkehrende Synthese ausschaltet. Die einmal aus der bloßen Festhaltung der unüberbrückbaren Spannweite zwischen den Gegensätzen des dialektischen Verfahrens entstandene Hemmungsempfindung wirkt nun so auf das Erleben zurück, daß sie den Erlebniswillen selbst bedroht. Es wird auf indirektem Wege erreicht, daß der positive Erlebniswille in ein Nichterlebenwollen umschlägt.

Die Illusionierung des Erlebens.

Die eben mit einer sekundären Funktion erwähnte Erwartungsempfindung erfüllt nun eine andere, scheinbar entgegengesetzte Aufgabe. Die Erwartung nimmt das praktische Endziel des sinnlichen Erlebens im Bewußtsein vorweg. Liegt die Ursache eines solchen Vorwegnehmens in der Ahnung, daß das Ziel unerreichbar oder mindestens sehr unsicher ist, dann drängt es das Erleben dahin, das Ziel ohne die Mittel zu produzieren, das Ende ohne den Weg, der zu ihm führt. Die Erwartungsempfindungen verdrängen die Wirklichkeit des Weges und begeistern sich an der Unwirklichkeit des Zieles. Daher hat die Willkür an ihnen einen großen Anteil, und sie erreichen das

Maximum ihrer Entfaltung dort, wo sie an den Prozeß des "inneren" Sinnes anknüpfen. Hat dieser verschiedene Male die konkrete Realisation vergeblich versucht, so bekommt das Ziel, losgelöst vom Weg, wegen seiner Unerreichbarkeit eine Bedeutung und eine selbständige Realitätsart. Das Erleben wird eine Illusion, in der nicht nur das Ziel, sondern darüber hinaus auch die Erwartung, ja selbst die eingebildeten Mittel, die von der Erwartung zum Ziel führen sollen, konstant werden. Und dies letztere ist sogar das Wesentliche.

Die starke Rückwirkung der Illusionserlebnisse.

Man sieht aus diesen wenigen Andeutungen, die im Verhältnis zur Wichtigkeit des Phänomens ganz ungenügend sind, wie sehr jede Religion und utopische Philosophie mit den Erwartungsempfindungen zusammenhängt. Deshalb ist auch ihre Rückwirkung auf das Erleben ungeheuer groß. Sie wirken selektierend und hemmend, und diese Hemmungen wiederum schaffen Überwertigkeitskomplexe (Stolz, Eitelkeit, Cäsarenwahnsinn etc.), die, namentlich in Verbindung mit religiösen Momenten, die wirkliche Welt mehr als einmal erschüttert und an den Rand der Vernichtung gebracht haben, obwohl oder gerade weil sie selbst nur aus Illusionen und Halluzinationen geboren waren. Daß das Unwirklichste die größte Wirksamkeit hat, ist nur scheinbar ein Paradoxon; es ist die genaue Ergänzung zu der Tatsache, daß die härtesten Wirklichkeiten so wenig Wirksamkeit entfalten. Beides hat ein und dieselbe letzte (nicht einzige) Ursache: das dialektische Verhältnis von Materie und Geist.

Die abstrakten Empfindungsvorstellungen —

Mechanisierung und Illusionierung des Erlebens haben das Gemeinsame, daß ein emotionales Moment an ihrer Herausbildung — wenn auch in ganz verschiedener Weise und in ganz anderem Ausmaße — beteiligt ist. Schaltet man dieses aus, beschränkt sich das Subjekt darauf, die Ergebnisse der Empfindungen untereinander zu vergleichen, so entstehen abstrakte, "reine" Empfindungsvorstellungen. In diesem Fall hat also das Subjekt zugleich mit seinem Anteil am Prozeß der Entstehung auch seine inhaltlichen Anteile eliminiert; und es hat darüber hinaus am Objekt selbst das Typische vom Individuellen, das Beharrende vom Veränderlichen getrennt und so die objektive Dialektik beseitigt. Auf Grund dieses ersten Schrittes bringt es die Gemeinsamkeiten in ein stationäres System, das auch die Beziehungen der Dinge untereinander als etwas Endgültiges und Konstantes fixiert.

als vorwissenschaftliche Produktionsschlacke.

Dieser scheinbar theoretische Vorgang hat die größten praktischen Konsequenzen. Zunächst verstärkt er die Selbstauflösung des Erlebens bis zu dessen Vernichtung, indem er den lebendigen sinnlichen Produktionsakt durch "gewußte" lehr- und lernbare, überlieferbare, zur Gewohnheit werdende Vorstellungen ersetzt. Die Summe dieser "abstrakten" Vorstellungen wird zum vorwissenschaftlichen Wissensbereich, dessen soziologische Bedeutung um so größer ist, als er auch das Sammelbecken für alles wird, was sich vom Vollzugsprozeß des verstandesmäßigen Denkens als nachwissenschaftliches Resultat abgelöst hat. Er ist gleichsam die träge Masse des Wissensgutes, die sich an die Produktionsakte des Erkennens hängt, um deren lebendige Kraft zu hemmen. Er ist die Produktionsschlacke, und als solche der einzige Faktor, den man benützen kann, ohne selbst geistig zu pro-

Die Rückwirkung der Tradition auf den (geistigen) Produktionsprozeß variiert mit den gesamthistorischen Bedingungen.

duzieren, und daher die traditionell gegebene Waffe der Unproduktiven gegen die Produktiven, geschaffen von einer Mittelschicht zwischen den geistigen Produzenten und Konsumenten.

Die Rückwirkung dieser trägen Gütermasse auf den Erkenntnisprozeß ist nicht immer dieselbe. Die Verschiedenheiten hängen nicht nur von der eigenen Größe dieser trägen Gütermasse ab, sondern vor allem von ihrer Funktion im materiellen Produktionsprozeß der Gesellschaft. Es ist u.a. entscheidend, welcher Teil von ihr im Interesse der herrschenden Klasse direkt in den materiellen Produktionsprozeß mit einbezogen und darum schnell verändert wird (wie z.B. im Kapitalismus die auf den Naturwissenschaften beruhende Technik), und welcher Teil mit allen Machtmitteln konstant gehalten wird, weil seine schnellere Veränderung die Nutznießer der materiellen Produktion enteignen und die herrschende Wirtschaftsform selbst sprengen würde. Ferner ist wesentlich das Vorhandensein einer Gesellschaftsschicht, in der sich das Festhalten der Tradition oder deren nur geringfügige Variation gleichsam auf natürliche Weise verankern läßt. Eine Wirtschaftsweise, die selbst nicht dynamisch ist, kann diese Regulierungen vielleicht durch eine Institution besorgen lassen, obwohl sich zeigen läßt, daß der Feudalismus seine Ideologie zwar nur langsam ausbilden, aber sehr schnell zerstören konnte — trotz der Kirche. Eine dynamische Wirtschaftsformation, wie der Kapitalismus, gebraucht die am materiellen Produktionsprozeß nicht direkt beteiligte Schicht des mittleren Bürgertums und der Rentner für eine solche Regulierung, da weder der Kapitalist noch der "freie" Arbeiter imstande und gewillt sind, die nötige Entwicklung des einen, die nötige Beharrung des anderen Teiles zu sichern. In der mit Kolonisation verbundenen Sklavenwirtschaft des alten Griechenland, wo weder eine der Kirche analoge Institution, noch eine dem Mittelstand entsprechende Gesellschaftsshicht als wirksamer Regulator vorhanden war, geschah der Umbruch fixierter Vorstellungen, ihre Rückführung in den geistigen Produktionsprozeß nicht nur viel schneller, sondern auch viel gründlicher. Denn schneller als die Inhalte änderten sich die Methoden des geistigen Produktionsprozesses, so daß am Ende nicht eine träge Masse von Dogmen, sondern der Leerlauf der Methodik (als Sophistik, Skepsis und Philologie) übrigblieb. Es zeigt sich also, daß das Entwicklungstempo der wirtschaftlichen und der geistigen Produktion disproportional sein kann (zumal, wenn man nur den an der materiellen Produktion nicht direkt beteiligten Faktor der Ideologie betrachtet) unbeschadet der Abhängigkeit.

Wir haben hier nur die Frage erörtert, ob und wie in den verschiedenen Wirtschaftsformationen bestimmte soziale Schichten oder Gebilde auf die Erhaltung oder Vernichtung der abstrakten Vorstellungen einwirken. Das schließt natürlich die wesentlichere Frage ein, ob und wieweit sie zur Herausbildung der Vorstellung, zur Bevorzugung undialektischer: metaphysischer, mechanischer illusionistischer oder abstrakter Verfahren beigetragen haben. Aber wir können uns hier nur auf die Andeutung dieser für den Marxismus unumgänglichen Probleme beschränken, weil ihre wissenschaftliche Lösung einem Einzelnen heute gar nicht möglich ist.

Vergleich der Dialektik des körperlichen Tuns mit der des sinnlichen Erlebens.

Kehren wir nach dieser Erörterung der undialektischen Abweichungen zu dem dialektischen Verarbeitungsprozeß des sinnlichen Erlebens selbst zurück. Es ist nun deutlich, daß sich in ihm die Dialektik ganz anders verwirklicht als im körperlichen Tun, was bei der verschiedenen Funktion der beiden Vermögen für die Erkenntnis des Objektes selbstverständlich ist. Im körperlichen Tun handelt es sich um eine Dialektik des Gebens und Nehmens, die zur Erzeugung eines Dritten oder zur Vernichtung eines der Gegensatzglieder führt. Die Erlösung vom Kampf der Gegensätze, welche im Menschen durch die vorübergehende Synthese entstanden ist, erweist sich als wirklich unmittelbar an der Tatsache, daß das Bedürfnis befriedigt ist, um dessentwillen das körperliche Tun entstand. Daher erlaubt dieses keinen dauernden Selbstbetrug, denn das Tempo und die Art, in der das Leben selbst das Bedürfnis wieder reproduziert, ist ein exakter Maßstab für die Echtheit der Befriedigung. Im sinnlichen Erleben kommt dagegen die Synthese des dialektischen Verarbeitungsprozesses dadurch zum Ausdruck, daß ein fixiertes und ein distanziertes Bild entsteht, das man aus der Umwelt als Zeichen für ihre Beherrschung isoliert hat. Dieses Bild nun hebt sich selbst dadurch auf, daß es seine Mächtigkeit nach "innen" entfaltet und so in neuer Gestalt seine Unangemessenheit zur Wirklichkeit der Außenwelt betont. Diese Dialektik des Außen und Innen hat die des Gebens und Nehmens um einen Grad dichter gemacht, die Gegensätze haben sich stärker durchdrungen.

Die Wechselwirkung zwischen körperlichem Tun und sinnlichem Erleben.

Diese engere Verbindung erschöpft ihre Wirkung nicht darin, daß die Selbstauflösung des körperlichen Tuns durch den Prozeß des sinnlichen Erlebens verstärkt wird; denn dieses kann über die Resultate des körperlichen Tuns nur dadurch an die (historisch konkrete) Außenwelt herankommen, daß es auch die Form der körperlichen Existenzart negiert. Darüber hinaus durchdringen sich beide Vermögen. Der Bildcharakter des sinnlichen Erlebens macht sich im körperlichen Tun als Antrieb zur Distanzierung, als Erhaltung des bedürfnisbefriedigenden Gegenstandes geltend, und umgekehrt tritt das körperliche Tun im sinnlichen Erleben als motorische Verkörperlichung des sensorischen Aufnehmens als "Entäußern" auf.

Das Entäußern führt als motorischer Akt aus dem Bewußtsein heraus.

c) Das Entäußern.

Die undialektisch entstehenden Empfindungen und Vorstellungen boten Gelegenheit zu dem Hinweis, daß der bis in seine Einzelheiten ökonomisch und gesellschaftlich bedingte Verarbeitungsprozeß nicht ohne Unterbrechung in gerader Linie verläuft, sondern daß sich sehr verschiedene idealistische Abarten an ihn ansetzen können (gleichsam Schmarotzerschichten der geistigen Produktion, die aber deswegen nicht völlig bedeutungslos sind). Aber diese Tatsache verhindert nicht, daß der Erlebnisprozeß über das Verarbeiten hinaus zum Entäußern drängt, um durch einen motorischen Akt von Ausdrucksbewegungen (im Gegensatz zu dem sensorischen Akt des Aufnehmens) etwas Neues in die Sphäre außerhalb des Bewußtseins hineinzutragen.

Die Ausdrucksbewegungen und ihr Zusammenhang.

Solche Ausdrucksbewegungen sind Gebärde, Gesichtsmimik, Schrift. Sie bilden untereinander höchstwahrscheinlich eine Entwicklungsreihe, deren Tendenz dahin geht, das Ausgedrückte zunächst von dem Akt des Ausdrückens, dann aber von der ausdrückenden Person immer unabhängiger zu machen. Der Anfang liegt wohl in den Linienzügen, die das Leben während und wegen der Auseinandersetzung des Körpers und der Sinne mit der Welt produziert (z.B. Handlinien, Gesichtsrunzeln etc., Wechsel der Augenfarbe etc.) Sie bezeichnen das Maximum an Passivität in der wesentlich aktiven Etappe des Entäußerns. Diese Aktivität findet sich dann in der Gebärde, die das Innere nach außen setzt. Passivität und Aktivität haben für das Gebiet des Sichtbaren ihre Einheit in der Mimik, die einen nicht unbeträchtlichen Widerstand des Körpers zu überwinden hat. Im Gebiet des Hörbaren scheinen Passivität und Aktivität sich niemals getrennt realisiert, sondern in der Sprache eine gemeinsame Verwirklichung gefunden zu haben, wobei der aktive Faktor ständig zugenommen haben dürfte. In der Schrift setzt sich die Ausdrucksbewegung selbst einen äußeren Widerstand und sichert sich dadurch zugleich die größte Verbreitungsmöglichkeit unabhängig vom Subjekt. Da die Schrift außerdem gelesen und gesprochen, gesehen und gehört werden kann, vereinigt sie die Wirkungen von Gebärde und Sprache, sie ist die vermitteltste, aber auch vollkommenste Ausdrucksbewegung, denn alle anderen sind in ihr "aufgehoben", ohne daß sie sie zu ersetzen vermag.

Wieweit drücken die Ausdrucksbewegungen das Verarbeiten aus?

Die gegen den Widerstand des eigenen Körpers sich ausbildenden Ausdrucksbewegungen haben den Zweck, die aus Reizen herausgebildeten Empfindungen (und Vorstellungen) für andere wahrnehmbar zu machen. Es ist allerdings wenig wahrscheinlich, daß Verarbeiten und Entäußern immer den gleichen Umfang und die gleiche Beschaffenheit haben. Das gilt nicht nur für die Zeit, in der sich die Ausdrucksbewegungen erst allmählich herausgebildet haben, sondern auch für die Zeit, in der sie durch dauernde Übung und Gewohnheit so geläufig geworden sind, daß sie sich in verhältnismäßig wenigen Formen mechanisch wiederholen und den verarbeiteten Inhalt nur sehr ungefähr ausdrücken. Das betrifft Gebärde, Mimik, Sprache, Schrift der meisten Menschen, die ja auch die Welt nicht in der Fülle ihrer objektiven Reize aufnehmen.

Verbergen durch Ausdrucksbewegungen.

Aber die Ausdrucksbewegungen — die aus den Erlebnisinhalten unmittelbar geschaffenen oder die aus dem Schatz der Überlieferung mechanisch übernommenen und wiederholten — können nicht nur zur Gestaltung und Mitteilung, sondern gerade umgekehrt auch zur Verbergung der wirklichen Inhalte benutzt werden. Dieses negative Moment (dessen moralische Verurteilung natürlich zu nichts führt) war die treibende Kraft, die das Entäußern gegen die voraufgehenden Etappen des Aufnehmens und Verarbeitens distanzierte. Diese relative Selbständigkeit wiederum gestattete, die einzelnen Erscheinungsweisen der Ausdrucksbewegungen ins Bewußtsein zu ziehen und über ihre Funktion zu reflektieren. Dadurch wurde dann das Verständnis der Ausdrucksbewegungen anderer Menschen erhöht, und die Produktion auf erweiterter Basis gesichert, indem diese Aufgabe durch Arbeitsteilung einer (oder mehreren) besonderen Berufsgruppen zufiel.

Die Rückwirkung der
Ausdrucksbewegun-
gen auf das Erleben.

Je mehr die Ausdrucksbewegungen ein relativ selbständiges Gebiet werden, das zwischen dem erlebenden Menschen und dem Gegenstand des Erlebnisses resp. den Mitmenschen, denen es übermittelt oder verborgen werden soll, liegt, um so mannigfaltiger und stärker wird ihre Rückwirkung auf das Aufnehmen und Verarbeiten. So kann z.B. die Tatsache des Sich-Mitteilen-Könnens das Tempo des Erlebens beschleunigen, seine Intensität stärken oder schwächen. Das Wichtigste aber ist, daß das Vorhandensein fixierter Ausdrucksmittel die Inhalte des Erlebens um die individuelle Nuance bringt und in generelle Bahnen lenkt. Selbst gesellschaftlich entstanden, machen sie die individuellen Erlebnisse publik und fordern von ihnen eine soziale Bewährung. Aber viele von ihnen, deren individuelle Nuance nicht den geringsten Grad von Verallgemeinerung verträgt, werden allein durch die Aussprache im Wort getötet (selbst durch das Wort unter den zwei Erlebenden) im Gegensatz zu denjenigen, die nur vage in der Phantasie eines Einzelnen bestehen und erst durch Worte und Entäußerungsbewegungen konkrete Existenz erhalten. Daran wird sehr deutlich, daß die Entäußerung nicht nur eine Gestaltung, sondern auch zugleich eine Negierung der beiden vorangehenden Etappen ist. Darum muß durch immer erneute schöpferische Akte versucht werden, die Verfestigung der Ausdrucksmittel aufzuheben, indem man sie aus den praktisch bedingten Grenzen ihrer gesellschaftlichen Entstehung ins Geistige und Bildliche hineinhebt.

Das Schweigen als
Ausdrucksbewegung.

Daneben besteht auch die Tendenz zur Verabsolutierung des negativen Momentes, das an der Bildung der Ausdrucksbewegungen beteiligt ist. Sie richtet sich gegen den Akt des Negierens selbst und bezweckt, durch das Schweigen jede Ausdrucksbewegung zu unterbinden und das verarbeitete Erlebnis direkt ins Metaphysische zu übertragen. Anstatt das Schweigen zu einem immanenten Bestandteil des Ausdrucks zu machen und diesem dadurch die Unbestimmtheit in der Bestimmtheit, eine Unendlichkeit in der Endlichkeit zu sichern, verzichtet man auf die Entäußerung, d.h. auf die Gestaltung des Erlebnisses, um der Relativität der Ausdrucksmittel zu entgehen.

Die Wertdifferenzen
der einzelnen Erleb-
nisse.

Wir sehen hier noch einmal, daß der Mensch einen gewissen Freiheitsgrad hat, die Dialektik zu erfüllen oder ihr auszuweichen. Wir können hier nicht im einzelnen auf die ökonomischen, politischen etc. Bedingungen eingehen, die den Einzelnen oder bestimmte gesellschaftliche Klassen jeweils in die Richtung der geschichtlichen Notwendigkeit oder der Weltflucht und Selbstentfremdung drängen. Bildet sich der Mensch ein, daß in diesen Ausweichungen allein seine volle Freiheit zum Ausdruck kommt, so ist er bereits in die "Ideologie" hineingeraten, die der geistigen Produktion einseitige Schranken setzt (durch Skepsis, Dogmatik, Relativismus etc.). Bleibt er sich aber seiner Abhängigkeit von den gesamtgeschichtlichen Bedingungen als der ersten, wenn auch nicht einzigen Bedingung seiner Erkenntnis bewußt und sichert er sich die praktische Verwirklichung seiner graduellen Freiheit ihnen gegenüber, so wird er dem (dialektischen) Erkenntnisprozeß die unendliche Annäherung an die objektive Wirklichkeit offen halten. Und dann wird er für das sinnliche Erleben selbst feststellen, daß seine einzelnen Akte nicht immer die gleiche Breite,

Fülle und Vollendung haben, d.h. das gleiche Verhältnis von relativen und absoluten Faktoren in der Wahrheit, oder m.a. Worten den gleichen Wert.

Der einzelne Erlebnisakt ist in einem fließenden Übergang von der psychologischen zur logischen Seite.

Diese Tatsache ist von der größten Bedeutung, weil sie zeigt, warum für eine materialistisch-dialektische Erkenntnistheorie das innerhalb des Idealismus so oft diskutierte Problem: Psychologismus (völlige Relativität) oder Logismus (völlige Absolutheit) nicht existieren kann. Schon das sinnliche Erleben allein ist nicht bloß ein psychologischer Akt, sondern in diesem steckt ein logischer Anteil. Die psychologischen Akte können sich dank ihrer immanenten Dialektik so entwickeln, daß sie diesen logischen Anteil immer vergrößern. Es gibt also keine absolute Trennung, sondern ein Ineinander, ein stetes Übergehen von einem zum andern. Ebenso wie zwischen der Geschichte des menschlichen Denkens und dem einzelnen Erkenntnisakt keine scharfe Grenze, kein vollkommener Dualismus, sondern eine ständige Wechselwirkung besteht, so auch im einzelnen Erkenntnisakt zwischen der psycho-physischen und der logischen Seite, die beide geschichtlich-gesellschaftlich bedingt sind und ihrerseits auf die geschichtliche Entwicklung zurückwirken.

Ausdrucksbewegungen und Kulturgebiete

Diese Zusammenhänge begründen die Möglichkeit einer zugleich absoluten und relativen Wahrheit, worauf hier nur mit einer vorläufigen kurzen Bemerkung hingewiesen sei. Ihre Verwirklichung vollzieht sich selbst innerhalb der engen Grenzen des sinnlichen Erlebens nicht durch die bloße Vervollkommnung seines Verarbeitungsprozesses, sondern im engsten Zusammenhange mit dem Entäußern, d.h. derart, daß sich die Ausdrucksbewegungen durch Arbeitsteilung zu einzelnen Kulturgebieten, z.B. den verschiedenen Gebieten der Kunst, auswachsen. Aber damit ist natürlich noch nicht gesagt, daß ein solches Gebiet schon "der" Wert der Kultur ist, wie die Idealisten wollen; es ist nur eine aus geschaffenen Werten entstandene Tatsache, welche die Verwirklichung weiterer und höherer Werte möglich macht. Das Kulturgebiet kann einen gesellschaftlichen Wert haben, die geschaffenen und geformten Erlebnisse allein sind Werte. Das Verhältnis von Wert-Sein und Wert-Haben bleibt durchaus in Bewegung begriffen, die dialektisch ist und disproportional sein kann.

Zusammenfassung

Fassen wir jetzt die Ergebnisse unserer Analyse des Erlebnisprozesses zusammen, um uns das Wesentliche seiner Struktur zu vergegenwärtigen:

I. Die allgemeine Selbstbewegung des Erkennens, bedingt durch die Mächtigkeitsdifferenz zwischen Sein und Bewußtsein, war im Erleben speziell gesichert:

1) durch die Spannung zwischen der Unbestimmtheit und der konkreten Bestimmtheit des Erlebens, oder subjektiv ausgedrückt: durch die Spannung zwischen der ungeschiedenen Einheit des sinnlichen Gesamtorganismus und den spezifischen Qualitäten der einzelnen Sinne;

2) durch die Spannung zwischen der überwiegenden Passivität des Aufnehmens (gegenüber einer bedingenden Außenwelt) und der überwiegenden Aktivität des Entäußerns (in eine bewußtseinsunabhängige Außenwelt);

3) durch die Spannung zwischen den objektiven Inhalten der Außenwelt und der subjektiven "Form" des sinnlichen Erlebens einerseits, und der objektiven Gestalt der Dinge und den subjektiven Inhalten des sinnlich erlebenden Menschen andererseits;

4) durch die Spannung zwischen der möglichen Unendlichkeit und der wirklichen Endlichkeit des sinnlichen Erlebens.

II. Der spezielle Prozeß des sinnlichen Erlebens zeigt sowohl in jeder einzelnen Etappe wie im Zusammenhang der Etappen der typischen Bewegungsformen der Dialektik:

1) Doppelreihigkeit des Bewegungszuges: von innen nach außen, von außen nach innen;

2) Negation und Negation der Negation;

3) vermittelter Übergang und Wechselwirkung der Etappen, oder m.a.W. die fehlende Einreihigkeit und Geradlinigkeit der Bewegung;

4) erweiterte Reproduktion, die zu sprunghaften Auflösungen des Erlebnisaktes zugunsten eines neuen Erlebnisfeldes, des Erlebnisfeldes zugunsten eines neuen Erkenntnisvermögens führt.

III. Der schöpferische Charakter dieser dialektischen Selbstbewegung zeigt sich:

1) in der doppelten Möglichkeit: entweder den dialektischen Prozeß zu erfüllen und so das sinnliche Erleben durch Selbstauflösung in ein neues Erkenntnisvermögen hineinzudrängen; oder durch willkürlichen Gebrauch des Freiheitsgrades verschiedene Ersatzmethoden zu schaffen, welche eine Konstanz zum Ziel haben;

2) in der verschiedenen Vollständigkeit, mit der der dialektische Prozeß durchgeführt wird, so daß die Ergebnisse der einzelnen dialektischen Akte nicht gleichwertig sind. Das Verhältnis des relativen zum absoluten Faktor hat einen gewissen Spielraum, je nach dem Umfang der zur Verarbeitung aufgenommenen Welt, je nach der Aufmerksamkeitsspannung beim Aufnehmen, je nach dem Anteil des Individuellen an der ungeschiedenen Einheit, und umgekehrt je nach Art und Grad der Verbindung beider im Verarbeiten, je nach der Größe der Anpassung und Durchdringung von Subjekt und Objekt, je nach der Adäquatheit der Ausdrucksbewegungen zum verarbeiteten Gehalt, je nach der Größe der Einheit in der Mannigfaltigkeit und umgekehrt, je nach der Produktivfähigkeit (Originalität) des Subjektes;

3) in der Erstellung einer "entäußerten" Empfindung oder Vision, die von der Außenwelt bedingt und von der Form des sinnlichen Erlebens mitbestimmt ist, aber gegenüber diesen beiden sich durchdringenden Quellen eine eigene, relativ selbständige Gestalt angenommen hat;

4) in dem Zusammenhang mit allen übrigen Erkenntnisvermögen, insbesondere mit dem vorangehenden des gegenständlich-körperlichen Tuns und dem folgenden des verstandesmäßigen Denkens, das durch die dialektische Selbstauflösung des sinnlichen Erlebens vorbereitet wird.

III. Das verstandesmäßige Denken

Funktion des verstandesmäßigen Denkens.

Das verstandesmäßige Denken als Synthese des körperlichen Tuns und sinnlichen Erlebens.

Das verstandesmäßige Denken sucht das abstrakt Allgemeine, die alle individuellen Fälle umfassende quantitative Gesetzmäßigkeit, welche die Beziehungen und Vorgänge der Außenwelt beherrscht und durch den Menschen beherrschbar macht.

Das körperliche Tun mußte sich damit begnügen, die von Bedürfnissen getriebene, ohnmächtige Mächtigkeit des Menschen und der Menschenhorde gegen die Übermächtigkeit des Lebens in ihm und der Natur außer ihm zu behaupten und zu entwickeln. Sein und Bewußtsein, Welt und Erkenntnis existieren als Kampf zweier Körper um ihre Bedürfnisbefriedigung unter der Form der Dialektik des Gebens und Nehmens, des Vernichtens und Aufbewahrens. Das sinnliche Erleben setzte den isolierten Körper als etwas Bestimmbares in das Ganze einer vagen und unbestimmten Welt. Diese Erweiterung beruhte auf der Heraushebung der Qualität — ein Prozeß, der sich als Gegensatz zwischen ungeschiedener Einheit und konkretem Teil als doppelter Weg von außen nach innen und von innen nach außen verwirklicht, so daß schließlich ein distanziertes und bestimmtes Empfindungsbild inmitten einer ungeklärt bleibenden Empfindungsumgebung fixiert war. Das verstandesmäßige Denken überwindet diese Grenze des Erlebens, indem es die Qualität als vorherrschende Kategorie aufgibt und auf der Basis der Quantität das sucht, was allen einzelnen Bildern gemeinsam ist als die Kraft, welche der Wirklichkeit als solcher innewohnt und die Beziehung aller ihrer Teile zueinander regelt, m.a.W. als das Allgemeine, welches das Einzelne beherrscht. Der Verstand knüpft also an die Empfindungen an, indem er alle einzelnen Bestimmtheiten umfassen will; aber diese äußere Beziehung zwischen der gegebenen Qualität und der gesuchten Quantität hebt sich selbst auf, schlägt in ihr Gegenteil um, indem die Quantität zur Basis wird, und die Qualität in der Quantität ihren Ausdruck findet. So geht das Denken über die Sinne hinaus, negiert ihre Eigenart und hebt sie trotzdem in sich auf.

Aber weiter. Das Gesetz, das nicht mehr an das einzelne Subjekt gebunden ist, variiert nicht mehr von Individuum zu Individuum; es ist für alle Subjektive das gleiche, es gilt für die objektive Welt, innerhalb der es alle Beziehungen zwischen allen Dingen beherrscht. Obwohl es also als Phänomen des Bewußtseins abstrakter ist als das sinnliche Empfindungsbild, ist es doch zugleich konkreter: eine alle Körper betreffende Macht der Außenwelt. Insofern enthält das Denken das gegenständlich körperliche Tun, und zwar auf einer höheren, erweiterten Stufe, weil es nicht mehr die konkrete Mächtigkeit zweier isolierter Körper zum Ausgangspunkt hat, sondern die objektiven Größenverhältnisse der Kräfte aller Körper. So hebt der Verstand sowohl die Sinne wie das körperliche Tun auf, und zwar in einer durch Negationen fortschreitenden Reihe (Negation der Einzelgröße durch die Einzelqualität in der ungeschiedenen Einheit, Negation der Einzelqualität durch die allgemeine Quantität etc.). Er ist also die Synthese beider.

Kann das verstandes-
mäßige Denken
(Naturwissenschaft)
dialektisch sein?

Dieses Ergebnis, nach dem das verstandesmäßige Denken die erste Synthese innerhalb der schöpferischen Fähigkeiten des menschlichen Geistes ist, stellt nun ein sehr wesentliches Problem heraus: wenn der Verstand es mit dem Allgemeinen, d.h. Konstanten zu tun hat, kann er dann selbst noch dialektisch arbeiten? Ist also der Versuch von Engels, die Dialektik in der Naturwissenschaft — die doch auf dem Verstandesdenken beruht — zu suchen, von vornherein unsinnig und sogar in Widerspruch zur marxistischen Theorie, die behauptet, daß die Identitätslogik (genauer die Relationslogik) gilt, solange man die Konstanz eines isolierten Dinges untersucht (genauer: die konstante Beziehung zwischen Vorgängen)? Wären umgekehrt die bürgerlichen Gelehrten im Recht, welche die Dialektik aus den Naturwissenschaften verbannen, und bestünde ihr Unrecht nur darin, daß sie den Verstand (und die Wissenschaft) nicht in genügenden und richtigen Zusammenhang mit allen anderen Erkenntnisvermögen bringen?

Der Hinweis auf den
Klassencharakter der
Gelehrten genügt nicht
zur Beantwortung der
Frage;

Dem ersten Anschein nach herrscht ein völliger Mangel an Dialektik in den exakten Naturwissenschaften. Um ihn zu erklären, genügt es nicht, auf den Klassencharakter der Gelehrten hinzuweisen, obwohl es sicher ist, daß unter dem Kapitalismus die Dialektik aus den bürgerlichen Ideologien in dem Maße verschwinden mußte, wie ihre Herrschaft über die materielle Produktion immer stärker anwuchs, weil sonst die Ideologien die herrschende Klasse nicht mehr stützen, sondern stürzen helfen würden. Dieser Vorgang vollzog sich zwangsläufig und blieb den einzelnen Gelehrten unbewußt, weil schon die kapitalistische Wirtschaftsformation als ungeprüft übernommene Grundlage aller Ideologien die Totalität ausschließt, die ein wesentlicher Bestandteil der Dialektik ist, und weil der Mittelstand, dem die meisten bürgerlichen Gelehrten entstammen, an der materiellen Produktion und ihrer Dialektik nicht aktiv beteiligt ist. Aber die Dialektik, die in dem einzelnen Denkakt (Theorie) keinen Platz zu finden scheint, tritt in der Geschichte der Wissenschaft wieder auf, und dieser Zwiespalt ist für die kapitalistische Epoche typisch, da er sich auch in anderen Kulturgebieten (z.B. Kunst) nachweisen läßt. Man kann bei dieser Feststellung nicht stehen bleiben, gerade weil die auf dem verstandesmäßigen Denken beruhende exakte Wissenschaft die bevorzugte Ideologie des Kapitalismus ist und die mit ihr aufs engste zusammenhängende Technik eine so entscheidende Rolle in der materiellen Produktion spielt; sondern man muß außerdem fragen, ob im Wesen des verstandesmäßigen Denkens selbst, in seiner Funktion innerhalb des gesamten Erkenntnisprozesses Gründe liegen, die den scheinbaren Mangel an Dialektik in den exakten Wissenschaften erklären.

es ist die Analyse des
Prozesses des verstan-
desmäßigen Denkens
nötig,

Die Antwort kann natürlich nur die Analyse des gesamten Verstandesaktes geben. Immerhin kann man von vornherein sagen, daß der Verstand — mag er auch Synthese des körperlichen Tuns und des sinnlichen Erlebens sein — als ein Moment im Ablauf eines dialektischen Prozesses nicht schlechthin, sondern nur relativ konstant und undialektisch sein könnte, denn auch die Synthese ist nichts Endgültiges und Unumstößliches. Das wird z.B. durch die offensichtlichen Grenzen des Verstandesdenkens bewiesen: es stellt die ursächliche Kraft in ihren Wirkungen fest, ohne über ihr Wesen etwas aussagen zu können und zu wollen (Newtons "hypotheses non fingo"); es ist eine Methode, welche sich über sich selbst nicht Rechenschaft geben kann etc. Man wird daher vermuten dürfen, daß man die Dialektik an falschen Stellen gesucht hat, z.B. in einzelnen Theorien anstatt in der Geschichte der Theorien, in den Resultaten anstatt in dem Prozeß, der zu ihnen geführt hat.

Die 3 Hauptetappen dieses Prozesses

Der Prozeß des verstandesmäßigen Denkens läßt sich in die drei Etappen des Aufnehmens, Verarbeitens, und Entäußerns zerlegen, die wir bereits für das sinnliche Erleben festgestellt haben.

Farbe im sinnlichen Erleben und im verstandesmäßigen Denken

a) Das Aufnehmen.

Gehen wir von einem konkreten Beispiel aus: was ist nötig, damit eine bestimmte Farbe, z.B. Blau, von dem Verstand als so und soviel μ von Wellenschwingungen (Frequenz) des Lichtes aufgefaßt werden kann?

1) Daß die Farbe nicht mehr in Beziehung auf meine Sinne, sondern in Beziehung auf alle anderen Farben betrachtet wird;

2) daß die Vielheit der Farben in ihrer Einheit als Licht begriffen wird;

3) daß alle Verhaltungsweisen des Lichtes, die wahrnehmbaren und die nicht mit bloßem Auge wahrnehmbaren (Beugung, Brechung, Reflexion etc.) untersucht werden;

4) daß es eine Theorie gibt, die gestattet, die quantitativen Gesetzmäßigkeiten aller verschiedenen Äußerungen des Lichtes zu erklären (z.B. Wellen- oder Korpuskulartheorie);

5) daß es Meßinstrumente gibt, die erlauben, die einzelnen Farben etc. exakt als bestimmte Größen des allgemeinen Elementes (Welle oder Korpuskel) anzugeben;

6) daß allgemeine Rechenmethoden existieren, welche die Beziehung zwischen Theorie und Erfahrung herstellen.

Das Wahrnehmen vermittelt nur die Erfassung des Denkobjektes

Aus diesem Beispiel folgt, daß das Denken zwar von den Resultaten der sinnlichen Wahrnehmung ausgeht; daß diese aber nicht der eigentliche und endgültige Gegenstand des Denkens sind, sondern ihn nur vermitteln. Dieser Vermittlungsprozeß hat folgende drei Etappen:

Die 3 Etappen des Vermittlungsprozesses: 1) die Zersetzung der Wahrnehmung

A. Die Zersetzung der sinnlichen Erscheinung (ihrer Qualität, ihrer Beziehung zum Ich etc.). Es wird negiert:

a) daß die Kategorien der Qualität und der Individualität der einzigen sind, die das Verhältnis von Sein und Bewußtsein beherrschen;

b) daß das, was unseren Sinnen einfach und unzerlegbar erscheint, wirklich einfach ist;

c) daß die Verschiedenheiten unserer Wahrnehmungen (z.B. blau und rot, Farbe und Ton) keine höhere Einheit haben als die sinnliche;

d) daß die Beziehungen, die unsere Sinne — sei es zur Wirklichkeit, sei es zwischen den einzelnen Empfindungen — herstellen, die Inhalte der Welt erschöpfen.

Kurz, es wird negiert, daß das, was unseren Sinnen "erscheint", alles ist, was wirklich vorhanden ist. Diese Negation bezieht sich nur auf das eine Gegensatzglied der dialektischen Einheit des sinnlichen Erlebens, aber auf das vorwiegende: das individuelle, konkrete, bestimmte. So wird das andere Glied in Freiheit gesetzt, d.h. es kann eine höhere konkrete Bestimmtheit erhalten und dadurch seine Position im Erkenntnisprozeß ändern.

2. Etappe: das Zurückgehen auf die "Dinge an sich".

B. Das Zurückgehen auf die "Dinge an sich".

Die Behauptung eines solchen Zurückgehens will besagen, daß das verstandesmäßige Denken nicht nur den objektiven Faktor des sinnlichen Erlebens negiert, um sich mit einer bewußseinsimmanenten Dialektik zu begnügen, sondern darüber hinaus das sinnliche Bewußtsein überhaupt. In dem Maße, in dem es von den Inhalten des Erlebens zu den ihm zugrunde liegenden Dingen zurückgeht, um neue Merkmale an diesen zu suchen, geht es von dem sinnlichen Bewußtsein zum Bewußtsein überhaupt, um eine andere Bewußtseinsfunktion zu finden. "Ding an sich" und "Bewußtsein an sich" sind gleichsam Grenzbegriffe im Sinne der Infinitesimalrechnung, an die sich der schöpferische Prozeß des Geistes annähert — nicht um die Grenze selbst zu erreichen, sondern um auf dem Wege zu ihr eine neue Subjekt-Objekt-Beziehung zu finden. Damit wird der Gegensatz zwischen Sein und Bewußtsein auf eine höhere Stufe gehoben. Der Beweis für ein solches Zurückgehen auf die "Dinge an sich" (im Sinne einer unendlichen Annäherung) läßt sich wohl am besten indirekt führen, indem wir die beiden noch verbleibenden Möglichkeiten ausschließen.

Der 1. indirekte Beweis für dieses Zurückgehen: die abstrakten Empfindungsvorstellungen liefern nicht den Gegenstand des Denkens.

a) Wir hatten gezeigt, daß neben der Selbstauflösung des Erlebnisprozesses die Möglichkeit besteht, durch Vergleichung seiner Ergebnisse zu abstrakten Vorstellungen zu kommen. Man könnte nun meinen, daß das verstandesmäßige Denken zwar die einzelnen Wahrnehmungen und Empfindungen negiert, aber an die abstrakten Vorstellungen anknüpft, so daß das Vorhandensein dieses "vorwissenschaftlichen" Bereiches ein Zurückgreifen auf die Außenwelt unnötig macht. Es läßt sich aber zeigen, daß dieses Verfahren, das die durch Vergleichung entstandenen Vorstellungen "ökonomisch" ordnet und verknüpft, niemals die Elemente liefert, die zum Aufbau des wissenschaftlich gedachten Gegenstandes nötig sind.

Durch Vergleichung kann man Allgemeines nur finden, indem man die individuellen Unterschiede der Empfindungen eliminiert. Dadurch vernichtet man das spezifisch Wesentliche des sinnlichen Erlebens, anstatt es aufzuheben, ohne die Sphäre der Empfindungen selbst zu verlassen. Die Vorstellungen umfassen zwar in abstracto alle möglichen Empfindungen (oder Wahrnehmungen), in concreto aber haben sie gar keinen bestimmten Inhalt in bezug auf ihre eigenen Quellen. "Die" Farbe z.B. ist weder Rot noch Blau noch Grün etc., "der" Baum ist weder Tanne noch Eiche noch Birke etc. Ein Inhalt besteht nur in bezug auf andere Vorstellungen, die aus anderen Sinnesempfindungen gewonnen sind. Die Farbe z.B. hat Inhalt im Gegensatz zu dem Baum. Der wissenschaftliche Begriff aber enthält ganz konkrete Aussagen, z.B. über jede einzelne Farbe, und zwar in einer quantitativen Form ($\chi\mu$ im Gegensatz zu $y\mu$). Nun fällt aber unter das, was durch den verallgemeinernden Vergleich der Empfindungen, d.h. bei der Erstellung von Vorstellungen eliminiert wird, vor allem die Quantität, weil sie für das Allgemeine der Empfindung nicht wesentlich ist. Die Verallgemeinerung betrifft nur die Qualitäten selbst. Damit ist in den Vorstellungen zwar alles für die Sinneswahrnehmung Charakteristische eliminiert, aber nichts für die Denkaussagen Wesentliches erreicht. Dies bleibt auch dann der Fall, wenn man von den sinnlich wahrnehmbaren Größenbeziehungen ausgeht. Denn die von der Wissenschaft gemeinten Quantitäten (z.B. χ oder $y\mu$) sind etwas prinzipiell anderes als z.B. der sichtbare Umfang (1 cm^2) oder der Intensitätsgrad einer Farbe. Sie sind aus diesen beiden gänzlich unableitbar. Die Negation der Empfindungen durch die Vorstellung ist derart, daß eine zweite Negation der Vorstellung durch das verstandesmäßige Denken nicht mehr möglich wird: die erste Negation war undialektisch. Umgekehrt dagegen ist die Negation, die der Intellekt am sinnlichen Erleben vornimmt, dialektisch; denn in der quantitativen Bestimmung des Intellektes ist die qualitative des sinnlichen Erlebens (z.B. blau und rot) mitausgedrückt, sie ist also im Quantitativen aufbewahrt und nicht vernichtet. Die Vorstellungen zeigen nur, wie weit das verstandesmäßige Denken kommt, wenn es die Sphäre des sinnlichen Erlebens als Grundlage anerkennt anstatt sie aufzulösen.

Auch die "ökonomische" Ordnung der Vorstellungen hat nichts gemeinsam mit den Beziehungen, welche das verstandesmäßige Denken herstellt. Denn sie ist begrenzt durch das, was sich entweder für einen einzelnen Sinn oder für mehrere von ihnen als verwandt ausweist. Die Wissenschaft dagegen stellt Zusammenhänge zwischen Tatsachen her, die im sinnlichen Erleben keine Beziehung miteinander haben (z.B. Licht und Elektrizität), und gründet diese Zusammenhänge auf Begriffe, die aus den Vorstellungen niemals abgeleitet werden können, weil ihr Inhalt im sinnlichen Erleben gar nicht enthalten war (z.B. Welle oder Korpuskel).

Der 2. indirekte Beweis: das Denken setzt nicht seine Inhalte selbst.

b) Es bleibt nun noch die ganz anders geartete Möglichkeit: daß das verstandesmäßige Denken als ein völlig spontanes Vermögen seine Gegenstände selbst setzt. Und man könnte dann sogar versuchen, die auch von uns behauptete Selbstauflösung des sinnlichen Erlebens als hinreichende Grundlage für die Autonomie des Denkens auszugeben. Aber diese Selbstauflösung betrifft ja nur die Grenzen des Vermögens gegenüber der Außenwelt und nicht sein Verhältnis zu den ihr entstammenden Inhalten. Sie ist daher zwar eine notwendige Bedingung für das Auftreten eines neuen Vermögens, aber weder eine notwendige noch gar hinreichende Ursache für seine Spontaneität. Gerade das Entgegengesetzte ist der Fall. Dieselben objektiven Tatsachen, die das sinnliche Erleben dialektisch auflösen, bedingen auch die Entstehung, das Funktionieren und die Ausbildung des neuen Vermögens.

Wäre dem nicht so, dann blieben zwei Möglichkeiten: entweder der Intellekt würde von sich aus, ohne jede Abhängigkeit von einer Außenwirklichkeit, mag diese nun existieren oder nicht, Gegenstände setzen. Dies ist in gewissen Grenzen durchaus möglich, wie die höhere Mathematik beweist, die sich nur der einen Regel zu fügen hat, daß die zur Grundlage genommenen Axiome sich nicht widersprechen und die aus ihnen gezogenen Folgerungen keine formal logischen Fehler enthalten. Dieser Bereich ist aber begrenzt und geht letzten Endes auf die Konkretheit von Dingen und von räumlichen und quantitativen Beziehungen zurück. Außerhalb seiner fällt ein absolut spontanes Denken der vollständigen Willkür und einem gänzlichen Relativismus anheim. Die zweite Möglichkeit bestünde darin, daß eine höhere Einheit (prästabilierte Harmonie, Gott etc.) die Übereinstimmung zwischen Denken und Sein sichert, wodurch man zu den verschiedenartigsten Hypothesen und Fiktionen der Metaphysik kommen würde, die wir schon wegen ihrer Vielfältigkeit und ihrer Widersprüche untereinander ablehnen müssen.

Es gibt keinen dem Bewußtsein immanenten Übergang von der Sinnlichkeit zum Denken.

Damit ist bewiesen, daß keines der beiden im Erkennen selbst bleibenden Verfahren, d.h. daß keine idealistische Theorie den Übergang von der Sinnlichkeit zum Denken oder das Verhältnis des Denkens zur Welt zu erklären vermag. Die Inhalte des Denkens können nur dadurch gewonnen werden, daß diese in der Etappe des Aufnehmens die Selbstzersetzung des Empfindens von sich aus verstärkt, um sich den Weg zur Außenwelt frei zu machen. Dadurch wird die Dialektik zwischen den Vermögen wieder zu der umfassenderen Dialektik zwischen Sein und Bewußtsein, diesmal unter der konkreten Form der Dialektik zwischen Wirklichkeit und Verstand.

Die Rolle der (historisch entstandenen) Kategorien.

C. Der Aufbau des Gegenstandes.

Die Welt wirkt also auf das verstandesmäßige Denken zunächst nicht unmittelbar, sondern vermittelt durch die Sinne und den Körper; das Denken wirkt auf die Welt zurück — nicht als ein die Welt ganz erschöpfendes, sondern als ein begrenztes Vermögen, d.h. auf eine spezifische und endliche Weise, unter einer bestimmten Perspektive. Diese Struktur des Verstandes hat sich geschichtlich im Kampf mit der Außenwelt entwickelt. Sie hat dann allmählich eine relative Konstanz erreicht, die heute für den einzelnen Erkenntnisakt den Anschein einer apriorischen Gegebenheit erweckt. In Wirklichkeit aber ist — wie gerade die neueste Geschichte der Naturwissenschaften zeigt — der geschichtliche Entwicklungsprozeß des verstandesmäßigen Denkens durchaus noch nicht abgeschlossen; denn seine Ablösung von den Sinnen wie von der Vernunft macht noch ganz entschiedene Fortschritte. Trotzdem läßt sich eine gewisse Verfestigung der Struktur dieses Vermögens nicht leugnen, so daß wir scheinbar beharrende Formen finden, die wir Kategorien nennen, mögen sie sich nun auf das Aufnehmen, Verarbeiten oder Entäußern beziehen.

Einheit und Verschiedenheit der Kategorien der einzelnen Erkenntnisvermögen.

Diese kategorielle Struktur des Verstandes ist nichts Isoliertes, nichts was nur dem verstandesmäßigen Denken zukommt. In jedem Erkenntnisvermögen gibt es Kategorien in dem Sinne relativ konstant bleibender Formen, die — obwohl selbst historisch im Kampf mit der Wirklichkeit entstanden — gegenüber stärker variablen Inhalten die Rolle einer (scheinbar apriori) bestimmenden Form spielen. Man wird also zwei Dinge nie außer acht lassen dürfen:
1. daß es immer dieselbe Welt ist, die sich "abbildet";
2. daß sie sich in jedem Erkenntnisvermögen anders "abbildet".

Daraus folgt zunächst, daß sich in allen Vermögen dieselben Kategorien in anderen Erscheinungsformen finden, d.h. die entsprechenden Kategorien der einzelnen Vermögen sind auf die entsprechenden objektiven Tatbestände gerichtet, diese aber gemäß der neuen subjektiven Abbildungsbasis völlig anders darstellen. Das gilt z.B. für Raum und Zeit, welche Kategorien aller Vermögen sind (weil sie objektive Kategorien von umfassendster Bedeutung sind), obwohl jedes einzelne Vermögen eine ganz andere Erscheinungsweise der Kategorie hervorbringt, so daß Körperraum, Sinnesraum und Denkraum zugleich weitgehend verschieden und doch auf das gleiche Substrat gerichtet sind. Es folgt ferner, daß eine bestimmte Kategorie in den einzelnen Vermögen eine verschiedene Bedeutung haben kann, oder m.a.W.: die Ordnung der Kategorien kann in den einzelnen Vermögen eine verschiedene sein, weil diese den Gegenstand anders "abbilden". Die erste Aufgabe wäre also, die Inhaltswandlung jeder einzelnen Kategorie beim Übergang von dem einen zum anderen Vermögen zu beschreiben. Wir begnügen uns damit, die Verschiedenheit der kategoriellen Grundstrukturen des sinnlichen Erlebens und des verstandesmäßigen Denkens zu vergleichen.

Vergleich zwischen der kategoriellen Grundstruktur des sinnlichen Erlebens und des verstandesmäßigen Denkens.

Die kategorielle Struktur des sinnlichen Erlebens besteht aus: (ungeschiedene) Einheit – Einzelheit – Qualität) die des verstandesmäßigen Denkens aus: Quantität-Relation-Allgemeinheit. Einheit und Einzelheit sind Gegensätze als Thesis und Antithesis, die Qualität ist die Synthese. Analog sind Quantität und Relation Gegensätze als Thesis und Antithesis, und die Allgemeinheit ist ihre dialektische Synthese.

Vergleicht man nun die Gruppe rein formal, so ergibt sich folgendes:

a) Stellt man Thesis gegen Thesis (Einheit gegen Quantität), dann hat die ungeschiedene Einheit eine unbestimmte Grenze, sie ist also Einheit im Sinne einer ungeformten Totalität; Quantität dagegen ist bestimmte und geformte Einheit, ist das Eins, das Element. Nun kann aber die bestimmte Eins aus der unbestimmten Einheit nur gebildet werden mit Hilfe der Einzelheit, d.h. das Denken setzt das sinnliche Erleben voraus. Der Vergleich der beiden Antithesen (Einzelheit und Relation) ergibt etwas Analoges, denn die Relation setzt Einzelheiten voraus, aber die Einzelheit enthält nicht die Relation, sie muß vom Subjekt des sinnlichen Erlebens erst erarbeitet werden.

b) In der ungeschiedenen Einheit (der Thesis der Sinnlichkeit) stekken Relationen, aber nicht konkret und explizit. Im Verstand ist ihre Exteriorisierung vollzogen, und zwar in der Antithesis. Ferner steckt in der Einzelheit (Antithesis der Sinnlichkeit) eine Grenze, ein Quantum, aber dieses ist zu einer geformten Eins erst in der Thesis des Denkens geworden. Was also in der Thesis der Sinnlichkeit implizit ist, ist in der Antithesis des Denkens explizit; und ebenso ist das, was in der Antithesis der Sinnlichkeit implizit ist, in der Thesis des Denkens explizit. Der Weg vom Impliziten zum Expliziten ist mit einem Stellungswechsel von Thesis und Antithesis verbunden.

c) Wir können ferner die Thesis der ersten mit der Synthese der zweiten Reihe vergleichen. Einheit und Allgemeinheit stehen in der

Beziehung, daß Einheit die Allgemeinheit vor aller Differenzierung ist, die Allgemeinheit dagegen die Einheit nach der Differenzierung. In der Allgemeinheit ist explizit gesagt, was in der Einheit latent enthalten ist, sie ist die Einheit auf höherer Stufe. Um dies zu erreichen, mußte — wenn wir das Problem nur formal betrachten — aus der Thesis der ersten Reihe die Antithesis der zweiten werden. Vergleicht man nun aber die Thesis des Denkens (Quantität) mit der Synthesis des Erlebens (Qualität), so tritt nicht mehr die Kontinuität des Prozesses, sondern der Sprung ins absolute Gegenteil hervor: das Denken liegt nicht auf der gleichen Ebene wie die Sinnlichkeit, sondern auf einer anderen. Aber indem beides: Kontinuität wie Diskontinuität hervortritt, kann keines eine absolute Rolle annehmen, d.h. weder das sinnliche Erleben allein noch das Denken allein, sondern nur ihr sprunghafter Zusammenhang kann Erkenntnis liefern.

d) Diese dreifachen Beziehungen finden ihren vollkommensten Ausdruck in den beiden Systemen. Zunächst scheint es, als ob Qualität und Allgemeinheit absolute Gegensätze sind, denn das Quale eines Erlebnisses beansprucht Individualität, Einmaligkeit, Unwiederholbarkeit, während das Allgemeine ja gerade das sich stets wiederholende Gesetz aller Einzelfälle ist. Dieser Sprung kann nicht geleugnet werden; aber gleichzeitig ist doch die Kontinuität zwischen den beiden Prozessen zur Erscheinung gekommen, und dies drückt sich darin aus, daß das Allgemeine zwar nicht das Quale der Wahrnehmung oder Empfindung enthält, aber — in einem quantitativen Ausdruck — das Quale der Objekte. Man hat die Dialektik dieser Entwicklung zu verwischen gesucht, indem man sie als einseitig ins Abstrakte gerichtet charakterisierte. Das ist aber nicht genügend. Denn dies Allgemeine bezieht sich auf die Relation der Dinge als Dinge, und das ist — gegenüber der Beziehung der Dinge auf das menschliche Sensorium — eine Entwicklung ins Konkrete. Die größere Abstraktheit liegt nur in der größeren Distanz zum Menschen, gilt also nur relativ zu ihm. Aber je größer die Abstraktheit in Beziehung zum Menschen, um so konkreter die Beziehung der Dinge zueinander.

Zusammenfassung der Analyse des Aufnehmens.

Fassen wir zusammen, was wir über den Akt des verstandesmäßigen Aufnehmens gesagt haben. Er besteht aus drei Etappen: Zersetzung des sinnlichen Erlebens, Rückwendung zur Wirklichkeit selbst und Ansatz zum Aufbau eines eigenen Gegenstandes. Sie hängen in einem Entwicklungsprozeß zusammen, der aus vielfachen Gründen dialektisch ist: einmal weil die Zersetzung — als Verstärkung der Selbstauflösung der Empfindung — eine Negation und nicht eine Vernichtung der letzteren ist; dann weil die Kategorien, die für die Aufnahme des Gegenstandes durch das Denken entscheidend sind, sich dialektisch aus denen des sinnlichen Erlebens entwickelt haben. Diese Entwicklung kann nun in keiner Weise idealistisch gedeutet werden, etwa als direkte Deduktion der Kategorien auseinander; die so stark hervortretende Diskontinuität spricht dagegen und macht die Kontinuität überhaupt nur möglich auf Grund einer Rückwendung zur Wirklichkeit der Dinge. Innerhalb dieser entscheidenden Bedingung, daß sich die spezifische Natur des Denkens unter dem Zwang der Notwendigkeiten der Außenwelt herausgebildet hat, und zwar im engsten Zusammenhang mit dem Kampf des gegenständlich-körperlichen Tuns wie der bildschaffenden Distanzierung des sinnlichen Erlebens — nur innerhalb dieser Grenze ist es richtig, daß der Verstand mehr Spontaneität zeigt als die beiden anderen Vermögen, und zwar eben gerade deswegen, weil die Außenwelt nicht direkt, sondern nur vermittelt auf ihn einwirkt. Macht man aus dieser relativen Spontaneität eine absolute Autonomie, so gerät man in die Schwierigkeiten der verschiedenen Idealismen, die sich nur durch Erfindung metaphysischer Fiktionen lösen lassen; und umgekehrt: unterdrückt man die relative Spontaneität, so kommt man zu einem mechanischen Materialismus, dessen Dogmatismus die Mehrheit der Vermögen überflüssig, ihren Zusammenhang unbegreiflich und die ganze geschichtliche Entwicklung und Differenzierung des Denkens selbst unmöglich macht. In Wirklichkeit ist die von Erkenntnisvermögen zu Erkenntnisvermögen zunehmende Spontaneität nichts anderes, als der erkenntnistheoretische Ausdruck für die geschichtliche Tatsache, daß zugleich mit der Beherrschung der Welt die Freiheit des Menschen wächst.

Die drei Etappen des Verarbeitens.

b) Das Verarbeiten.

Diese relative Spontaneität des verstandesmäßigen Denkens hat zur Folge, daß zwischen Aufnehmen und Verarbeiten keine scharfen Grenzen bestehen, daß das eine in das andere übergeht.

Rein formal kann man den Prozeß des Verarbeitens in drei Etappen zerlegen:

A. Abgrenzung des Gegenstandsgebietes (Differenzierungsakt).

B. Die Methode der gegenseitigen Durchdringung des Seins und des verstandesmäßigen Denkens.

C. Die Integrierung der Theorien und Gebiete.

Wir werden nach der Erörterung der einzelnen Etappen zu untersuchen haben, ob und wieweit dialektische Momente in jeder einzelnen von ihnen und in ihrer Beziehung zueinander vorhanden sind.

1. Etappe: Abgrenzung der Gegenstandsgebiete — ihre Bedeutung für die wissenschaftliche Begriffsbildung.

ad A. Die Bedeutung dieses ersten Schrittes zeigt sich z.B. darin, daß ohne ihn die Bildung wissenschaftlicher Begriffe ganz unmöglich ist. Man kann zwar "den" Baum definieren, aber eine solche Definition in Ober- und Unterbegriffe betrifft nur die abstrakten Vorstellungen und enthält nicht diejenigen Merkmale, die den Gegenstand konstituieren. Diese konstitutiven Merkmale wechseln aber mit dem Gebiet, dem das Objekt eingereiht wird. So ergeben sich verschiedene Konstituierungen des Menschen, je nachdem wir ihn betrachten als biologisches oder psychologisches oder gesellschaftlich-geschichtliches Wesen etc. Gebietsdifferenzierungen finden bereits in den beiden vorangehenden Erkenntnisvermögen statt, aber sie sind vorwiegend bestimmt durch das Subjekt — im körperlichen Tun durch seine Bedürfnisse und die Fähigkeit der Objekte, diese zu befriedigen, im Erleben durch die spezifischen Qualitäten der Sinne, welche ganz Verschiedenes als Gesehenes, Gehörtes etc. zusammenordnen. Im verstandesmäßigen Denken aber werden die Gebiete nach Gemeinsamkeiten getrennt, die objektiv sind — aber objektiv doch nur vom Gesichtspunkt des Verstandes aus, da sie für die Sinne z.B. nicht einmal ohne Hilfsmittel wahrnehmbar sind. Aber deswegen handelt es sich doch nicht um ein System apriori, das der Verstand den Dingen aufzwingt, sondern um eine Ordnung, die er — unter wechselnden historischen Bedingungen — allmählich aus ihr entwickelt.

Der eigentümliche Zusammenhang von Subjekt und Objekt im verstandesmäßigen Denken erläutert an der Kategorie der Relation.

Das Eigentümliche dieses Ineinandergreifens von Objekt und Subjekt kann verdeutlicht werden durch die Betrachtung der Rolle, welche die Kategorie der Relation in den 3 verschiedenen Erkenntnisvermögen spielt. Sie war bereits im gegenständlich-körperlichen Tun und im sinnlichen Erleben vorhanden, aber sie entwickelt sich erst im Denken aus impliziter zu expliziter Bedeutung. Das beruht darauf, daß sich die Gründe, welche die Verwirklichung, die Konkretisierung dieser Kategorie bestimmen, wesentlich geändert haben. Im körperlichen Tun war der Bestimmungsgrad das vom ganzen (natürlichen und geschichtlichen) Leben im einzelnen Körper produzierte Bedürfnis. Er trat daher zwangsläufig in Tätigkeit, aber der weitere Verlauf, Dauer, Art, Stärke dieses Tuns war abhängig von der Tatsache, ob das Leben außerhalb des einzelnen Körpers am Ort und im Zeitpunkt der eintretenden Bedürfnisse einen Gegenstand der Befriedigung hervorgebracht hatte, resp. von der Proportion oder Disproportion zwischen Bedürfnis und Befriedigungsgegenstand. Die zwischen zwei Körpern hergestellte Beziehung war wenig differenziert. Im sinnlichen Erleben wirken sowohl das ununterbrochene Vorhandensein von Dingen wie die allgemeine Affizierbarkeit der menschlichen Sinne bestimmend. So wurde die Kluft zwischen objektiver Notwendigkeit und subjektiver Zwangsläufigkeit zwar äußerlich beseitigt, aber es wurde gerade dadurch der innere Gegensatz zwischen der konkreten Situation der affizierenden Welt und des affizierten Subjektes unterstrichen. Die Erhöhung der Notwendigkeit führte also zugleich eine Vertiefung des Zufalls herbei, so daß nur ein dialektischer Akt der Verarbeitung das Innen und das Außen (die ungeschiedene Einheit und die bestimmte Einzelheit) zur Synthese bringen konnte. Dem verstandesmäßigen Denken erscheinen alle bisherigen Beziehungen zwischen dem Subjekt und dem Objekt, und damit erst recht die zwischen den Dingen selbst zufällig; und er sieht seine wesentliche Aufgabe darin, ihre sachliche Notwendigkeit allmählich zu entdecken, sein Denken in Einklang mit den Dingen zu bringen. Dies ist möglich, weil die Stellung des Subjektes zum Objekt eine andere ist: sie ist weniger unmittelbar und hat gerade darum einen höheren Grad von relativer Spontaneität.

Zufall und Notwendigkeit der Subjekt-Objekt-Relation im gegenständlichen Tun, im sinnlichen Erleben und im verstandesmäßigen Denken.

Im Kampf der Körper gegeneinander hatte der Mensch das Andere als Einheit sich gegenüber und er hatte diejenige Einzelheit und Bestimmtheit zu suchen, welche den Gegner überwindbar, d.h. die konstante Relation seiner Teile in der Ganzheit des Körpers veränderlich und auflösbar machte. Den Sinnen scheint zunächst alles mit allem in Beziehung stehen zu können; aber gerade darum drängt sich ihnen in sehr vielen und ineinander übergehenden Graden der Unterschied zwischen vorübergehenden und konstanten Beziehungen auf: die ersten scheinen nur einen äußerlichen und zufälligen, die letzten einen inneren und notwendigen Zusammenhang zu haben. Der Verstand macht das Resultat dieser beiden Vermögen zu seinem Ausgangspunkt. Die vom Körper und den Sinnen bestätigte (relative) Identität des Gegenstandes mit sich selbst, resp. die Konstanz der Beziehung seiner

Teile zueinander sind für das Denken der erste Bestimmungsgrund, um nach der Ursache des Zusammenhanges der Teile, nach der Notwendigkeit ihrer Relation zu fragen.

Im Denken sucht der Mensch die Ursache der Notwendigkeit außer sich.

Aber neben dem regelmäßigen Zusammenhang des einzelnen oder mehrerer Gegenstände kann auch das genaue Gegenteil Bestimmungsgrund werden: der völlig unerwartete Effekt aus der zufälligen Zusammenstellung zweier Gegenstände (z.B. angeblich bei der Entdeckung der tierischen Elektrizität). Dann führt das Denken dieselben oder ähnliche Effekte durch die Zusammenstellung anderer Gegenstände willkürlich herbei und schließt dann aus den verschiedenen Beziehungen auf dieselbe Kraft, die sich in ihnen äußert. In beiden Fällen sucht der Mensch die Ursache für die Notwendigkeit außer sich als objektive, und zwar durch einen Schluß von der Wirkung auf die Ursache.

Versuch einer Gebietseinteilung —:

Man müßte nun zeigen, wie der Verstand in engster Abhängigkeit vom körperlichen Tun und sinnlichen Erleben durch die Frage nach der Ursache des Entstehens oder des Auseinanderfallens von Beziehungen immer neue Kräfte entdeckt und diese dann in einzelne Gebiete gruppiert hat. Wir werden versuchen, die Hauptlinien dieses Prozesses, bei dem sich natürlich die Differenzierung niemals scharf von der Integrierung trennen läßt, aus dem heutigen Stand der Entwicklung abzulesen. Zu diesem Zweck genügt es, etwa folgende Gebiete aufzuzählen:

Geisteswissenschaften (Psychologie, Soziologie) — Naturwissenschaften; Beziehungswissenschaften (Physik, Psychologie) — Geschichtswissenschaften. Und innerhalb der Naturwissenschaften behandelt die Physik die Energetik der Körper, die Chemie ihre Materialität, die Mathematik ihre Ausdehnung.

dingliche und geschichtliche Tendenzen kreuzen sich

Man erkennt aus dieser gänzlich unvollständigen Übersicht immerhin gewisse Tendenzen, nach denen sich der geschichtliche Prozeß vollzogen hat. Die eine betrifft die Struktur der Materie selbst: man trennt die geistigere von der materielleren Seite. Selbstverständlich handelt es sich nicht um zwei Pole, sondern um eine Reihe, die von toten über lebende zu seelischen und geistigen Kräften läuft, wobei die Glieder bald als getrennte Wesenheiten, bald als miteinander zusammenhängende, ineinander überfließende Einheit behandelt werden. Keines der beiden Gebiete ist für das Denken einfach; jeder Gegenstand in jedem Gebiet stellt sich mindestens unter 3 verschiedenen Kategorien dar: der Energie, der Materie und der Ausdehnung (Physik, Chemie, Mathematik als die entsprechenden typischsten Wissenschaftsgebiete). Wie schon früher für die 3 Kategorien des Seins, der Relation und der Bewegung, so läßt sich auch für die der Energie, der Materie und der Ausdehnung dartun, daß zwischen ihnen eine dialektische Einheit besteht. Denn wenn die Dialektik Selbstbewegung ist, dann ist notwendig die Energie, weil sie die Bewegung sichert, die Thesis, die Materie, welche die Energie hemmt, die Antithesis, und die Ausdehnung die Synthesis. Aus dieser Auffassung folgen einige der konkretesten Resultate der modernen Naturwissenschaft von selbst: die relative Identität von Physik und Chemie und die Abhän-

mit den subjektiven
des Denkens.

gigkeit des Raumes von Energie und Materie (die übrigens Hegel lange vor Einstein behauptet hatte).

Die zweite Tendenz der Differenzierung geht nicht von den Gegenständen der Außenwelt aus, sondern von den Einstellungsmöglichkeiten des denkenden Subjektes. Wir haben oben von Seins-, Relations- und Bewegungslogik gesprochen. Diese Unterscheidung begründet auch Gebiete der Wissenschaft. Es besteht dabei der Unterschied, daß die völlige Isolierung eines seienden Gegenstandes auf sein Beharren keine konkrete Wissenschaft ergibt, sondern nur ihren Idealtyp, der immer da überbetont und metaphysiziert wird, wo eine konkrete Wissenschaft noch nicht möglich ist. Alle wirkliche Wissenschaft betrifft die Beziehung zwischen beharrend gedachten Grundfaktoren oder eine Abfolge solcher Beziehungen. Es handelt sich dabei nicht um absolute Gegensätze, denn die Relation ist erstarrte Bewegung, wie die Bewegung fließende Relation ist, noch viel weniger um eine ewige Unterscheidung, sondern um eine geschichtlich bedingte Trennung, die ihre methodische Ausgangseinheit in dem Idealtyp der Seinswissenschaft, ihre konkrete Endeinheit in einer totalen Geschichtswissenschaft hat. Ich habe den dialektischen Charakter dieses Zusammenhanges bereits erörtert.

Die Rolle der Geschichte in der Differenzierung der Gebiete —

Selbstverständlich hat sich Trennung und Verbindung dieser Gesichtspunkte allmählich entwickelt. Es war z.B. ein ungeheurer Schritt, als man die Merkmale der Ausdehnung selbständig zu einer Wissenschaft entwickeln konnte, aber er war durch den Bau und die Bedürfnisse unseres Körpers ebenso wie durch das sinnliche Erleben mit seinem Unterschied von Sinnes- und Gestaltqualitäten vorbereitet. Ebenso die Trennung der Energie von der Materie, da der menschliche Körper an sich selbst das An- und Abschwellen der Kraft in demselben Leibe feststellt, oder an seinem Gegner das Vorhandensein von Kraft während des Kampfes, das Nichtvorhandensein nach dem Kampfe. Ähnlich ist auch jede einzelne Kategorie nicht ohne geschichtlichen Ursprung, sondern Zusammenfassung vieler einzelner körperlicher und sinnlicher Feststellungen. Aber je klarer und allgemeiner sich die Unterscheidungen herausstellten, um so energischer drängte man auf der erweiterten Ebene der Wissenschaftsgebiete zu einer höheren Einheit. War die ursprüngliche Einheit, die das menschliche Bewußtsein im einzelnen Gegenstande vor sich hatte, eine unerkannte Erscheinung, so ist jetzt das Ganze der Welt mit Hilfe dieser Kategorien bewußt erkennbar geworden.

— und in ihrer jeweiligen Bewertung.

Es bleibt durch langwierige Untersuchungen zu beweisen, daß die Bevorzugung verschiedener Kategorien, Wissenschaftsgebiete und Ordnungsverhältnisse zwischen ihnen, welche die einzelnen historischen Epochen verwirklicht haben, von der jeweiligen Wirtschafts- und der mit ihr zusammenhängenden Gesellschaftsform abhängen. In den verschiedenen Epochen der Geschichte freilich wird selten die Einheit (als Geist oder Materie), häufiger die Mannigfaltigkeit betont — am häufigsten eine Teilung, sei es die Dreiteilung, sei es die Zweiteilung. Aus denselben (ökonomischen, sozialen und ideologischen) Gründen, die diese Teilungen bestimmen, wird dann auch eine Bedeutungsordnung zwischen den Gliedern, d.h. eine Überbetonung des einen gegenüber den anderen geschaffen. So kommt z.B. in der heute geltenden Einteilung die Wertunterscheidung klar zum Ausdruck, die für den Kapitalismus besteht zwischen Wissenschaften, welche die Wirtschaft direkt fördern, und solchen, welche die zugeordnete Gesellschaftsform indirekt erhalten. Im Mittelalter wurde z.B. die Trinität der Religion, die ihrerseits tiefere geistesgeschichtliche Voraussetzungen und wirtschaftliche Bedingungen hatte, auf empirische Probleme übertragen. Nach einer Folge solcher historisch bestimmten Einseitigkeiten hat man sich schließlich zu dem Standpunkt durchgerungen, daß alle Mannigfaltigkeiten in einer dialektisch angelegten und wirksamen Materie zusammenhängen.

Eine apriorische Konstruktion des Systems der Wissenschaften ist unmöglich.

Die Auffassung des Idealismus, die Gebietseinteilung sei ein apriori deduzierbares, rein formales System, ist also unhaltbar. Die Schwierigkeit eines exakten Beweises liegt für den historischen Materialismus darin, daß er die Wirksamkeit der Arbeitsteilung und des Klassenkampfes durch die gesamte Geschichte aller Wissenschaften hindurch verfolgen müßte. Daß aber diese Schwierigkeiten nur empirisch-praktischer, nicht prinzipiell-theoretischer Art sind, dürfte durch unsere vorausgehenden methodischen Erörterungen bewiesen sein. Denn sie haben gezeigt:

1) daß die Gebietsbildung von dem ausgeht, was körperliches Tun und sinnliches Erleben angelegt haben, und daß man über diese hinaus nur in engster Abhängigkeit von der (jeweilig konkreten, historisch gegebenen) Außenwelt fortschreiten kann;

2) daß die geschichtliche Entwicklung der Gebiete (namentlich die disproportionale) wie ihre jeweilige formale Ordnung immer letzten Endes ökonomisch bedingt gewesen sind, weil Wirtschaften und körperliches Tun, Geschichte der Wirtschaft und Geschichte des körperlichen Tuns geradezu identisch sind;

3) daß die geschichtliche Entwicklung der Gebietseinteilung — welches auch immer ihre Etappen gewesen sein mögen — bestimmt gewesen ist

a) durch die Dialektik der Materie;

b) durch die Dialektik des Verstandesdenkens;

c) durch die in Zusammenhang miteinander wirksamen Gegensätze von Differenzierung und Integrierung, d.h. durch die dialektische Einheit der Mannigfaltigkeit oder gegensätzliche Mannigfaltigkeit in der Einheit.

Wir folgern hieraus, daß sich die sogenannte Systemfrage nur darum am Ende des Verarbeitens stellen kann, weil die Gebietsscheidung und -verbindung als Erkenntnismittel an seinem Anfang steht, und daß es einen absoluten Unterschied zwischen Geschichte und System der Wissenschaften nicht gibt.

2. Etappe: Die Durchdringung von Denken und Sein — dargestellt an der Methode der exakten Naturwissenschaften.

ad B. Die Methode in den exakten Naturwissenschaften.

Die einzelnen Wissenschaften haben verschiedene Methoden herausgearbeitet, die zunächst nicht vom Denken in seiner Einheit, sondern von dem jeweils vorherrschenden Gebiet, von den Verschiedenheiten der Gegenstände und der jeweiligen Erkenntnisstufe ihrer Beziehungen abhängen. Die idealistische Erkenntnistheorie, welche die konkreten geschichtlichen Bedingungen leugnet, führt notwendig zu der

B. 2. Etappe: Durchdringung von Denken und Sein (dargestellt an den exakten Naturwissenschaften)
aa) Aufbau des Idealgegenstandes

81

Paradoxie, einerseits die Systemfrage apriori zu behandeln, andererseits gewisse vorläufige Unterschiede (wie z.B. den zwischen Natur- und Geisteswissenschaften) zu verabsolutieren. Sie macht sich dadurch zum vollkommenen Sklaven der an der Quelle vernachlässigten Wirklichkeit, und ist gezwungen, das zu leugnen, was ihr grundlegendes Postulat sein sollte: die Einheit der wissenschaftlichen Methode. Umgekehrt kann die materialistische Erkenntnistheorie zeigen, wie das verstandesmäßige Denken — dank seiner immer größer werdenden Rückwirkung auf das Sein — die Verschiedenheiten der Gebiete auf den sie alle umfassenden Generalnenner der wissenschaftlichen Methode zu bringen sucht. Da diese Einheit heute noch weit von ihrer Verwirklichung entfernt ist, und wegen der Gegensätzlichkeit von Bewegung (Geschichte) und Ausdehnung (Mathematik) nur in einem unendlichen Prozeß realisierbar sein wird, so wählen wir von den verschiedenen Methoden diejenige der exakten Naturwissenschaften (in ihrem heutigen Zustand und ohne jede Berücksichtigung der geschichtlichen Fragen). Wir wollen untersuchen, ob sie dialektisch ist, resp. in welcher Erscheinungsform die Dialektik in ihr auftritt.

Die 4 Stufen:

Aufbau des Idealgegenstandes: die Fortschaffung aller beeinträchtigenden Umstände

Der Verarbeitungsprozeß der naturwissenschaftlichen Methode besteht aus folgenden Etappen:

a) Abgrenzung und Aufbau eines "Ideal"gegenstandes. — Jeder Vorgang in der Natur ist aus sehr verschiedenen Faktoren zusammengesetzt. Man grenzt aus diesem Komplex die für ein Gebiet zusammengehörigen Merkmale ab, z.B. beim Fall eines Körpers die Gravitation ohne Rücksicht auf alle Wärmevorgänge, oder beim Temperaturwechsel den thermodynamischen Prozeß ohne Rücksicht auf alle Schwereerscheinungen (was nicht ausschließt, daß man später wieder die Beziehungen zwischen ihnen betrachtet). Man isoliert den Gegenstand aus den vielfältig und unabhängig vom Denken variierenden Bedingungen seiner Umgebung, indem man diese konstant, d.h. ihre Einwirkung auf den Vorgang selbst = 0 hält. So schaltet man z.B. beim freien Fall nicht nur den Widerstand der Luft aus, sondern auch alle anderen Massen, die die Bahn des fallenden Körpers beeinflussen könnten. M.a.W. man reduziert die Mannigfaltigkeit der "Kräfte", die an einem konkreten Vorgang der Wirklichkeit beteiligt sind, auf eine einzige, und diese auf ihre von der Umgebung unabhängige Veränderung.

—: die Konstituierung aus den Komponenten (in rein wissenschaftlichen Begriffen).

Diese Abgrenzung ist nur die äußere und negative Seite eines Prozesses, der sich durch eine positive vervollständigt: durch den Aufbau des Idealgegenstandes aus seinen Komponenten. Schon die Isolierung eines Vorganges aus der komplexen und variablen Wirklichkeit auf eine einzige und unabhängige Kraft beruht auf der Kenntnis oder wenigstens der Ahnung derjenigen Faktoren, ohne deren Vorhandensein der Vorgang sich nicht mehr vollziehen könnte. Die Feststellung der Faktoren, welche zur Wirksamkeit des Vorganges, d.h. zur wirklichen Existenz des Idealgegenstandes unerläßlich sind, ist das Ergebnis langer Erfahrungen; m.a.W. das verstandesmäßige Verarbeiten findet eine scharf umrissene Grenze an dem realen Inhalt des Gegenstandes (Vorganges). Das Denken hat diese bedingende Struktur explizit zu setzen, d.h. die Komponenten begrifflich zu fixieren, die das Wesentliche des Vorganges ausmachen. Hierbei erfaßt man die Sachkomponenten zunächst in der sinnlichen Erscheinungsform, in der sie dem Denken unmittelbar entgegentreten, z.B. den thermodynamischen Vorgang als Druck, Volumen und Temperatur, um ihnen dann im Verlauf des weiteren verstandesmäßigen Verarbeitens eine eigene, dem Denken adäquate Ausdrucksform zu geben. Die Herausstellung eines Idealgegenstandes in Begriffen, die den Gegenstand konstituieren, sichert einerseits die Möglichkeit einer Erkenntnis gegenüber den dauernden Veränderungen der Natur und bereitet andererseits umfassendere Fragestellungen des Denkens vor.

Induktion des Gesetzes

b) Das Induktive Gesetz über den Zusammenhang der Komponenten untereinander. – Hat man den "Ideal"gegenstand auf diese Weise gebildet, so experimentiert man unter vollkommener Kontrolle des Bewußtseins, um festzustellen, ob die Veränderung einer Komponente die Veränderung der anderen und damit die des Gesamtresultates zur Folge hat oder nicht. Beim freien Fall z.B. kam man (in der voreinstein'schen Physik) zu dem Resultat, daß Umfang, Materialbeschaffenheit etc. des fallenden Körpers nichts an dem Resultat einer geradlinigen und gleichmäßig beschleunigten Bewegung ändern; beim thermodynamischen Vorgang stellte man fest, daß die Veränderung der einen Komponente (z.B. des Druckes) die der anderen und damit des Endresultates nach sich zog. Diese Veränderungen ließen eine Regelmäßigkeit in der Abhängigkeit der Komponenten voneinander erkennen, welche man auf Grund wiederholter Erfahrungen, also Induktion, durch ein empirisches Gesetz in allgemeinen Größen ausdrückte. Damit ist man von der Konstanz des "Ideal"gegenstandes zur Konstanz des "Ideal"vorganges fortgeschritten, und zwar durch sog. vollständige Induktion, d.h. indem man aus einer Reihe von bewußt kontrollierten Erfahrungen den Schluß auf *alle* Erfahrungen gezogen hat.

Abbildung auf eine Theorie.

c) Die "Abbildung" des empirischen Gesetzes auf eine Theorie. – Bisher hatte man sich damit begnügt, den wesenhaften, reinen, "idealen" Gegenstand und Vorgang als einen klaren, bestimmten und bewußt kontrollierten aus der unübersichtlichen Fülle und Veränderlichkeit der Natur herauszuschälen. Aber das Prinzip der vollständigen Induktion, das man nötig hatte, um die festgestellten Regelmäßigkeiten in ein "Gesetz" verwandeln zu können, machte deutlich, daß man beide: Regelmäßigkeit und Gesetz nicht verstanden und erklärt, d.h. für ihre Existenz keinen zureichenden Grund angegeben hatte. Gab es eine Ursache, welche die Regelmäßigkeit unabhängig machte von der Anzahl der festgestellten Einzelfälle, ihre Allgemeinheit garantierte und so den Sprung rechtfertigte, den man beim Übergang von einigen empirischen Feststellungen zum Axiom der vollständigen Induktion gemacht hatte? Um diese entscheidende Frage zu beantworten, mußte der Verstand durch die sinnliche Anschauung hindurch gleichsam den inneren Mechanismus bloßlegen, nach dem sich das Geschehen vollzieht. Man mußte eine Theorie finden, die auf einer anderen Ebene lag, nämlich im Denken statt in der Wahrnehmung, das sichtbare "Was" durch das denkbare "Wie" ersetzte und darum das "Warum" beantworten konnte, welches das treibende Moment des konkreten natürlichen Geschehens ist.

Dieser Übergang betrifft natürlich alle Einzelheiten. Die aus der Wahrnehmung stammenden Begriffe werden aufgegeben und durch Denkbegriffe ersetzt, z.B. der Druck etc. eines Gases durch Anziehung und Abstoßung von Molekülen bei mittlerer Weglänge und Geschwindigkeit.

Die Theorien haben gemeinsame Grundbegriffe.

Die Grundbegriffe der Theorien sind die folgenden:

a) Element-Begriffe (z.B. Atom, Zelle, Punkt etc.);

b) Beziehungsbegriffe (z.B. Anziehung und Abstoßung, Assoziation und Dissoziation, mittlere Weglänge etc. oder deren mathematische Äquivalente wie Differentialrechnung, Wahrscheinlichkeitsrechnung, euklidische oder nicht euklidische Geometrie);

c) Totalitätsbegriffe (z.B. Continuum, Satz von der Erhaltung der Energie).

Man sieht sofort, daß es zur Bildung einer Theorie nicht genügt, ganz allgemein diese drei Begriffe zu fordern oder beliebig zu erfinden, sondern, daß sie allein aus der konkreten Natur des Vorganges gewonnen werden können. Dies geschieht im geschichtlichen Prozeß nicht immer so, daß die konkreten Inhalte der drei verschiedenen Kategorien gleichzeitig und im Zusammenhang miteinander gefunden werden; aber es besteht zwischen ihnen eine innere Abhängigkeit, welche zur Ausmerzung der fehlenden Eindeutigkeit ihrer Beziehungen drängt.

Die Deduktion aus der Theorie.

d) Deduktion der Wirklichkeit aus der Theorie. — Die Theorie stellt das gedankliche Wie des Idealgegenstandes oder -vorganges dar, und diese sind ihrerseits nur eine reduzierte Wesens"abbildung" einer viel komplizierteren Wirklichkeit. Daher gilt die Theorie unmittelbar nur für den Idealvorgang, mittelbar aber für die Wirklichkeit selbst. Sie ist also zuerst nur eine Hypothese, sie muß verifiziert werden und zwar ohne Hilfshypothesen, d.h. man darf nur die allgemeinen Größen durch die konkreten Zahlen für alle beliebigen Stoffe und Energiemengen ersetzen. Entsteht dabei ein Widerspruch zwischen den Ableitungen aus der Theorie und der beobachteten Erfahrung, so bezeugt dies entweder, daß in den Idealvorgang unbemerkt noch variable Momente miteingegangen waren, oder daß die Theorie selbst Voraussetzungen enthält, die den Dingen nicht entsprechen. Im ersten Fall kann man den Idealgegenstand, das Gesetz und die Theorie schärfer fassen (z.B. vom Gay-Lussac-schen zum van der Waalschen Gesetz); im zweiten Fall muß man die Theorie durch eine andere ersetzen, indem man die falsche Voraussetzung, z.B. die Kontinuität des Vorganges eliminiert (wie Planck mit der Quantentheorie). In beiden Fällen erhält man eine bessere Annäherung der Theorie an die Wirklichkeit.

Die sogenannte Deduktion wird dadurch möglich, daß sich der Idealprozeß immer noch an einer konkreten Materie vollzieht, wenn auch an derjenigen, die seine Reinheit so wenig wie möglich in Frage stellt (z.B. am Wasserstoff für den thermodynamischen Prozeß). Man muß für diejenige Seite, mit der diese "Ideal"materie am Vorgang beteiligt ist, ihre Beziehung zu allen anderen Materien aus experimenteller Erfahrung kennen. Dann kann man die "Ideal"materie selbst mit einem Proportionalitätsfaktor in das Gesetz einführen und hat nachher nur nötig, ihn durch die erwähnten Beziehungsgrößen zu ersetzen, wenn man die Gültigkeit des Gesetzes und seiner Theorie prüfen will. Diese muß sich also auf das ganze Gebiet beziehen. Das erweist sich nicht immer ohne weiteres als möglich. Aus der mathematisch formulierten Theorie ergeben sich auch auf rein mathematischem Wege Folgerungen, die mit den experimentell festgestellten Tatsachen nicht in Einklang zu stehen brauchen. Es spricht das meistens gegen die Theorie, zuweilen aber auch gegen das Experiment, das ja seinerseits nicht eine mechanisch getreue, sondern eine in mancher Hinsicht einseitige und vieldeutige Abbildung der Wirklichkeit ist.

Erwächst aus der Analyse der 4 Stufen ein Einwand gegen den (dialektischen) Materialismus?

Unsere Analyse der 4 Etappen der methodischen Verarbeitung des Verstandes hat nichts gegen den Materialismus ergeben. Denn die auf Reduktion beruhende "Konstituierung" eines "Ideal"gegenstandes kann das Denken nur vornehmen, wenn ihm eine objektive Außenwelt gegeben ist, von der es in allerengster Abhängigkeit steht. Die Induktion ferner verlöre jeden Wert, wenn sie nichts weiter wäre, als eine einfache Reproduktion des "Ideal"vorganges; ihr Sinn besteht vielmehr gerade darin, daß sie eine (quantitativ) erweiterte Reproduktion ist, und eben diese Erweiterung ist nur möglich, wenn die konkreten Zahlen des ersten Falles mit den konkreten Zahlen weiterer Fälle verglichen und durch eine ihnen gemeinsame allgemeine Größe ersetzt werden können. Man kann nicht einwerfen, daß die Mathematik allein diese Aufgabe leistet. Denn abgesehen davon, daß die Mathematik selbst nicht ohne bedingende Einwirkungen der Außenwelt entstanden ist, müssen sich ja die neuen Fälle experimentell darstellen lassen, wenn sie innerhalb der Induktion einen Wert haben sollen, und das ist nur möglich, wenn die mathematischen Zahlen ein Äquivalent in der Außenwelt haben.

Im erheblichsten Maße zeigt die Transposition in die Theorie kategoriale Momente; man könnte um so geneigter sein, sie der Struktur des Denkens zuzuschreiben, als die Denkbegriffe in sehr vielen Fällen früher vorhanden waren als der experimentelle Nachweis ihres außenweltlichen Korrelates (z.B. das Atom). Aber selbst wenn man an dieser einzelnen Stelle die idealistische Interpretation zulassen wollte: daß es sich um subjektive Kategorien handelt, die apriori den Gegenstand des Denkens bestimmen, so sagt das nichts gegen die materialistische Auffassung des Erkenntnisprozesses. Denn erstens bleibt die Bildung der Theorie letzten Endes durch die Wirklichkeit bestimmt, wenn auch die Abhängigkeit durch Zwischenstufen vermittelt wird; und zweitens ergeben die subjektiven Kategorien allein überhaupt keine wissenschaftliche Theorie. Dazu müssen sie eine konkrete Gestalt annehmen, die sie — bei der möglichen Mannigfaltigkeit solcher Konkretisierungen — niemals aus sich selbst, ja nicht einmal aus den Sinnen, sondern nur aus einer unabhängig vom Bewußtsein existierenden Außenwelt finden können. Ohne eine solche wäre auch der Deduktionsprozeß vollständig unmöglich. Denn seine einzige Aufgabe, die konkrete Wirklichkeit aus der abstrakten Theorie aufzubauen, würde sich dem Denken gar nicht stellen, wenn die Außenwelt nicht unabhängig vom Bewußtsein existierte, um die Theorie zu bestätigen oder zu widerlegen; es könnte dann nichts anderes geben als die Widerspruchslosigkeit der Theorie in sich selbst.

Es folgt also aus der Analyse nichts weiter, als daß für den Verstand die Kette der Vermittlungen zwischen Sein und Bewußtsein, und damit der relative Freiheitsgrad dieses Vermögens größer geworden ist.

Erwächst aus den 4 Stufen der Analyse ein Einwand gegen die (materialistische) Dialektik?

Schwieriger ist die Beantwortung der Frage, ob die 4 Etappen dieser Methode des verstandesmäßigen Verarbeitens einen dialektischen Prozeß bilden?

Reihen wir die 4 Etappen schematisch aneinander, um die nähere Untersuchung dieses Problems zu erleichtern:

1. Sinnlich basierte Wirklichkeit — Reduktion — Idealgegenstand;
2. Idealverlauf — Induktion — Regelmäßigkeit;
3. Gesetz — Transposition — Hypothese;
4. Theorie — Deduktion — (außenweltliche) Wirklichkeit.

Es existiert Selbstbewegung zu höherer Entwicklungsstufe.

Der Ablauf zwischen diesen 4 Etappen ist eine Bewegung zu einer höheren Entwicklungsstufe, und diese Bewegung folgt aus dem Mächtigkeitsunterschied zwischen dem Sein und dem Bewußtsein, welch letzteres hier zunächst in der Spannung zwischen Verstand und sinnlichem Erleben auftritt. Es handelt sich also um eine Selbstbewegung. Diese vollzieht mit jeder Etappe eine Höherentwicklung, insofern als der Idealgegenstand in seine Komponenten auseinandergelegt, d.h. in den Idealvorgang zusammengefaßt wird; insofern als die Regelmäßigkeit mit Hilfe des Axioms der vollständigen Induktion als Gesetz genommen und dieser Übergang durch eine Hypothese erklärt wird, die ihrerseits die Geltung einer allgemeinen Theorie beansprucht. Das Gesamtresultat stellt eine höhere Stufe dar, insofern es einen größeren Umfang der Welt umfaßt, und als es sie tiefer erfaßt. Es fragt sich also nur, ob es sich um eine evolutionäre Entwicklung oder um einen dialektischen Prozeß handelt? und ob diese Dialektik in jeder einzelnen Etappe oder nur im Ganzen der 4 Etappen sich verwirklicht (falls eine solche Trennung überhaupt möglich ist)?

Die Dialektik der 1. Reihe.

Die erste Reihe enthält zunächst die aus der Auflösung der Empfindung wiedergewonnene Dingwelt — ein Prozeß, dessen Dialektik wir bei der Analyse des verstandesmäßigen Aufnehmens beschrieben haben. Diese Dingwelt wird zunächst durch einen Akt der Negation in einen variablen und einen konkreten Anteil gesondert. Sie treten sich als Thesis und Antithesis gegenüber, wobei durch den Proportionalitätsfaktor zum Ausdruck gebracht wird, daß die 2 Sphären ineinander greifen. Die zweite Negation schaltet dann den variablen Faktor aus, indem sie den konkreten positiv als Inbegriff von Komponenten konstituiert — aber als Idealgegenstand, d.h. als ein auf Grund der Außenwelt im Denkbewußtsein gezeichnetes Bild. Das Ziel dieser Entwicklung zur ersten Synthesis ist die Isolierung und Fixierung des einzelnen Gegenstandes in seiner größtmöglichen Konstanz.

Die Dialektik der 2. Reihe.

Die zweite Reihe verneint zunächst die einfache Beharrung des Gesamtgegenstandes. Dieser und seine Komponenten treten jetzt antithetisch auseinander, d.h. sie zerlegen den Gesamtgegenstand und streben zu ihm zurück, derart, daß sich eine Wechselwirkung, ein Vorgang zwischen ihnen bildet. Die Wiederholung dieses Vorganges bei anderen Gegenständen ist nur eine quantitative Erweiterung, die aber für das Subjekt zur Folge hat, daß das sachabhängige Denkbild in einen Idealtypus umzuschlagen beginnt. Da sich nun die Quantität in der realen Außenwelt nicht vollenden kann, d.h. da der Übergang von "viele" auf "alle" nicht vollzogen werden kann, solange sich das Denken in unmittelbarer Abhängigkeit von der Außenwelt befindet, verneint der Intellekt diese Grenze. Er ändert damit den quantitativen Unterschied: einzeln — viel in einen qualitativen; aus der regelmäßigen Wiederholung wird ein allgemeines Gesetz. In diesem sind Idealität und Realität zur Koinzidenz gekommen. Das Ziel der Entwicklung dieser Reihe ist die Konstanz des Vorganges, seine Allgemeingültigkeit. Die Synthese im Gesetz ist die (relative) Konstanz des Idealgegenstandes auf der höheren Stufe des Idealvorganges.

Die Dialektik der 3. Reihe.

Das Gesetz gilt für die Außenwelt wie für das Bewußtsein, aber dies ist nur eine äußere Identität, die der Gleichzeitigkeit. Denn auf Grund der regelmäßigen Wiederholungen und des Induktionsschlusses stellt das Bewußtsein zwar etwas fest, aber es versteht die Feststellung nicht. Die äußere Identität wird daher negiert, d.h. die Realitätsart der Außenwelt ausgeschaltet, aber alle bisherigen Inhalte derselben: die des Gegenstandes wie die des Vorganges in die neue Idealität hineingenommen. Es entsteht so eine "Erscheinung", die erstens in doppelter Weise von der Außenwelt abhängig ist, und zweitens als Bild auf einer höheren Ebene liegt als der Idealgegenstand. Das Ziel der Entwicklung der dritten Reihe ist also eine Konstanz, die dem Denken als Denken adäquater ist, d.h. ihren zureichenden Grund enthält, und die zugleich in der objektiven Wirklichkeit selbst tiefer verankert ist, nämlich alle Faktoren miteinschließt, aus denen die früheren Konstanzen aufgebaut wurden.

Die Grundkategorien dieser neuen Reihe sind: Element, Totalität und die (mathematische) Relation zwischen ihnen. Es ist offenbar, daß Element und Totalität Gegensätze innerhalb einer Einheit sind. Die Geschichte der Wissenschaft hat gezeigt, daß es nicht nur äußere Gegensätze sind, insofern man ja fast alle Elemente als eine unauflösbare Ganzheit vielfacher Komponenten (anstelle einfacher Punkte) begreifen gelernt hat. Die Dialektik der dritten Reihe hängt also hauptsächlich davon ab, ob die Mathematik, die jeweils Element und Totalität verbindet, dies auf eine dialektische Weise tut, ob sie selbst eine dialektische Struktur hat. Zur Beantwortung dieser Frage genügt nicht der Hinweis auf die Tatsache der positiven und negativen Zahlen, der Umkehrbarkeit fast aller Operationen und Funktionen, wesentlicher ist schon die Spannung zwischen Kontinuum und Discontinuum, zwischen Endlichkeit und Unendlichkeit, die in den einfachsten Tatsachen, z.B. in der Beziehung von Punkt und Linie, zum Ausdruck kommt. Aber auch damit ist dieses wichtige Problem keineswegs erledigt. Besonders für die Wahrscheinlichkeitsrechnung ist wegen ihrer dauernd wachsenden Bedeutung eine eingehende Untersuchung durchzuführen.

Die Dialektik der 4. Reihe.

Die 4. Reihe verneint das Übergewicht der Idealität, sie macht aus der Theorie mit der doppelten Abhängigkeit von der Außenwelt eine Außenwirklichkeit, die auf Grund der Theorie experimentell und industriell realisierbar ist. Dies geschieht zunächst dadurch, daß die in der Theorie liegende Einzigkeit des Allgemeinen negiert und so das in ihm enthaltene "alle" explizit gesetzt wird; dann dadurch, daß das unbestimmte "alle" negiert wird, um die Mannigfaltigkeit der Relationen und so die volle Konkretheit und Individualität zu erreichen, in denen jedes Einzelne dieser Vielen auftreten kann. Die Deduktion negiert also die Theorie zu Gunsten der Wirklichkeit, sie müßte also besser Realisierungs- oder Konkretisierungsprozeß genannt werden. Wenn das Wort "Deduktion" betont, daß diese Konkretisierung unmittelbar von der Theorie ausgeht und ohne diese nicht möglich ist, so darf man nicht vergessen, daß die Deduktion Umkehrung der Induktion und nur möglich ist, weil diese letzte vorausgegangen ist.

Dies bleibt selbst dann richtig, wenn aus der Deduktion sich Folgerungen ergeben, die über die bisherigen Erfahrungen hinausgehen. In diesem letzten Fall wirkt die Deduktion auf die Induktion zurück.

Die Wechselwirkung zwischen beiden ist ein unendlicher Prozeß, so daß nicht nur die Theorienbildung sich immer erneuert, sondern auch die Verifikation der Theorie durch die außenweltliche Wirklichkeit niemals vollständig ist, weil der der "vollständigen Induktion" analoge Schritt ebenfalls ein axiomatischer "Sprung" ist. Aber darüber hinaus ist die Deduktion nur der erste, noch in der Theorie bleibende Schritt, der zur Wirklichkeit führt. Die zweite Negation werden wir später im Entäußern des Verstandes kennenlernen.

Das Eigentümliche in der Dialektik des Denkens: die Konstanz der Synthesen —

Wir kommen zu dem Ergebnis, daß die vier Reihen durch einen dialektischen Prozeß zu einer Einheit verbunden sind, dessen Eigentümlichkeit darin besteht, daß drei seiner Synthesen in einem solchen Ausmaß die Konstanz betonen, daß die Dialektik nur durch die jeweilig andere Spannung zwischen Sein und Bewußtsein, aber nicht in der Struktur der Synthese selbst erkennbar ist — oder erkennbar zu sein scheint.

Wir haben das nur für die subjektive Seite der Methode nachgewiesen. Aber für die objektive Seite gilt nichts anderes. Im Idealgegenstand erkennt man nicht, ob jede der Komponenten oder ihre Beziehung zueinander dialektisch strukturiert ist; im Gesetz erkennt man nicht mehr die Gegensätzlichkeit der Kraftvorgänge, und die Theorie scheint endgültig zwischen entgegengesetzten objektiven Kategorien (z.B. Kontinuität oder Diskontinuität) wählen zu müssen.

Dieser scheinbar absoluten Konstanz der Synthesen entspricht dann die Forderung der absoluten Spontaneität des Denkenden. Denn es scheint, als ob anders der Prozeß des Denkens nicht weiter getrieben werden könnte. Aber es folgt aus unserer bisherigen Analyse nur, daß das Denken einen höheren Grad von Freiheit und Bewußtheit des menschlichen Willens besitzt als das körperliche Tun und das sinnliche Erleben, und wir werden später zeigen, daß dies genügt, um seinen Prozeß weiterzutreiben.

— ist vorläufig und geschichtlich bedingt.

Eine ganze Reihe von Tatsachen der neuesten Physik läßt die Frage aufwerfen, ob die Konstanz der Synthesen wirklich so absolut ist, wie man sie ausgegeben hat, oder ob wir in dieser Absolutheit nur ein bestimmtes Stadium einer geschichtlichen Entwicklung zu sehen haben, das eben überwunden wird. Die Heisenbergsche Unbestimmtheitsrelation dürfte die absolute Konstanz des Idealgegenstandes aufheben und uns gleichzeitig eine Spannung zwischen Orts- und Zeitbestimmung enthüllen. Die Wahrscheinlichkeitsrechnung, die für immer weitere Tatbestände an die Stelle der Differential- und Integralrechnung getreten ist, zeigt die erkenntnistheoretische Bedenklichkeit der absoluten Konstanzen, sowohl des "Ideal"gegenstandes wie vor allem des Gesetzes. Damit ist weder die Existenz des Gesetzes selbst in Frage gestellt noch die der Kausalität, wohl aber die strenge und einseitige Kausalität, die mit der Wechselwirkung der materialistischen Dialektik keineswegs identisch ist. Schließlich sehen wir, daß ein und derselbe Sachbestand, etwa die Rotverschiebung, durch zwei in ihren Voraussetzungen entgegengesetzte Theorien (z.B. durch die auf Kontinuität beruhende Einsteinsche Gravitationstheorie und die auf Diskontinuität beruhende Planck'sche Quantentheorie) gleich gut erklärt werden kann. Alle diese Tatsachen unterstreichen gleichmäßig die Relativität der Synthesen und könnten daher zu einer dialektischen Methode in den Naturwissenschaften überleiten (ohne deswegen selbst schon dialektisch zu sein).

Die Bedeutung der äquivalenten Theorien. Aus der alten Auffassung, als handle es sich in der Naturwissenschaft um Beziehungen zwischen Elementen, die in sich selbst ebenso konstant sind wie das Gesetz der Relation zwischen ihnen, folgt von selbst das Grundprinzip der einen Theorie für ein Gegenstandsgebiet (z.B. Optik). Es gilt heute zwar noch als methodische Richtlinie, kann aber praktisch nicht mehr durchgeführt werden. Immer häufiger tritt die Behauptung von der Äquivalenz mehrerer Theorien auf und zwingt zur Frage, ob sie eine Entwicklung im Sinne zunehmender Dialektik oder nur die Zersetzung der bürgerlichen Gesellschaft bezeugt. Sehen wir uns einige der Äquivalenztheorien näher an.

Das Einstein'sche Äquivalenzprinzip; Das Einstein'sche Äquivalenzprinzip gilt in der allgemeinen Gravitationstheorie, d.h. für alle in Rotation befindlichen Gravitationsfelder. Es beruht auf der lange vor ihm experimentell festgestellten zahlenmäßigen Gleichheit von Schwere und Trägheit. Die ältere Physik, die in ihnen zwei völlig verschiedenartige Kräfte sah, konnte daher die quantitative Gleichheit überhaupt nicht in die Theorie einbauen. Einstein hat diesen qualitativen Dualismus ausgeschaltet. Man könnte darin ein dialektisches Moment sehen, insofern die beiden Kräfte, die immer gemeinsam wirken, nicht mehr auseinander, sondern ineinander liegen, die Einheit der Gegensätze also vergrößert wird. Einstein ging aber darüber hinaus und zog einen relationalen Schluß: es sei gleichbedeutend, ob man von zwei Körpern A und B A als träge und B als schwer ansehe und umgekehrt, so daß z.B. für die Entscheidung der Frage, ob sich die Sonne um die Erde oder die Erde um die Sonne drehe, die antike und die kopernikanische Weltanschauung die gleiche wissenschaftliche Bedeutung bekämen. Einstein schloß also aus der gleichen Größe der beiden Relationsglieder, daß auch ihre Rolle als Einwirkung und Rückwirkung gleichwertig sei, womit letzten Endes die immer noch irgendwie substantiell gebundene Kausalität durch die rein relationale Funktion ersetzt war.

seine erkenntnistheo-
retischen Vorausset-
zungen sind ideali-
stisch.

Die erkenntnistheoretischen Voraussetzungen eines solchen Schlus-
ses sind: die vollständige Isolierung des Verstandes von allen anderen
Vermögen (Körper und Sinne) und die Identifizierung eines einzelnen Vermögens mit der Wirklichkeit, d.h. Idealismus. Dieser Idealismus schaltet zwar nicht das Kausalitätsprinzip überhaupt aus, aber er
verwandelt es in eine umkehrbare Funktion. Diese Aufhebung der
eindeutigen Entscheidbarkeit, was Ursache und was Wirkung ist, ist
natürlich wesentlich verschieden von der marxistischen Wechselwirkung, die über die Einseitigkeit der Beziehung von der Ursache zur
Wirkung zwar hinausgeht, die Eindeutigkeit der ursprünglichen Abhängigkeit aber festhält. Es ist hier nicht der Ort, auf die physikalische Seite der Theorie einzugehen und zu fragen, ob das Äquivalenzprinzip nicht eine Verabsolutierung des alten Prinzips actio-reactio
ist, also eine neue Relationsmetaphysik enthält. Hier ist wesentlich:
daß die Entwicklung des Idealismus zunächst die subjektive Seite des
Erkennens auf den Verstand allein beschränkt, und dann zugleich
mit der Dialektik zwischen den einzelnen Erkenntnisvermögen auch
die zwischen Objekt und Subjekt, Außenwelt und Bewußtsein ausschaltet.

Verallgemeinerung auf
das Erkenntnisproblem
ist unzulässig.

Positiv ist an diesem idealistischen Relationismus, daß der Aufbau
eines speziellen Wissenschaftsgebietes allein durch den Verstand erfolgt. Aber je mehr man geneigt ist, in dieser geschichtlich notwendigen Isolierung einen Fortschritt zu sehen, um so weniger darf man
vergessen, daß diese Beschränkung für umfassendere Probleme, z.B.
die der Erkenntnistheorie keine Geltung hat, weil sie eine bestimmte
Lösung dieser letzteren schon vorwegnimmt. Es wäre also ein gänzlich unerlaubter Zirkel und eine unzulässige Verallgemeinerung, wenn
man aus dem Einsteinschen Äquivalenzprinzip schließen wollte: Idealismus und Materialismus seien äquivalent – ein Schluß, den höchstens Einstein selbst zulassen sollte, anstatt sich einseitig auf den
Machismus zu versteifen.

Die Äquivalenz hetero-
gener Theorien ist ein
geschichtlich beding-
ter Relativismus.

Weiter geht die Behauptung, daß die Schroedinger'sche Wellen-
und die Heisenberg'sche Quantenmechanik äquivalent seien. Hier liegen für dieselben Tatbestände zwei Theorien vor, die sowohl in ihren
Elementen (Welle-Korpuskel), wie in ihren Relationsprinzipien (Inte-
gral- und Wahrscheinlichkeitsrechnung) und in vielen nur theoretischen Konsequenzen verschieden sind, und trotzdem gleich gute Lösungen des Problems liefern. Einen Augenblick sah es so aus, als ob
Schroedinger Welle und Korpuskel als Thesis und Antithesis betrachten und die Bedingungen ihrer Vereinigung und ihrer Entzweiung angeben, d.h. eine wirkliche Synthese dieser beiden verschiedenen Theorien schaffen wollte. Er hat aber diesen Versuch in der Richtung auf
eine Dialektik sofort wieder aufgegeben. Die gegenwärtige Situation
der Naturwissenschaften legt daher die Frage nahe, ob der Verstand
nicht in dem Maße, als man ihn von den Sinnen isoliert, mehrere
Möglichkeiten gewinnt, um ein und denselben Tatbestand auf (entgegengesetzte) Theorien abzubilden, was natürlich auf einen Relativismus der Theorien hinauslaufen würde.

Aber ein solcher Relativismus würde, wenn man ihn nicht als eine
historische Erscheinung, sondern als einen erkenntnistheoretischen

Wert ansehen wollte, nur dafür zeugen, daß der Verstand gewisse Freiheitsgrade der Außenwelt gegenüber hat, weil er nicht direkt, sondern nur durch Vermittlung von sinnlichem Erleben und gegenständlich-körperlichem Tun mit ihr zusammenhängt; und diese Freiheitsgrade kann er dadurch auf ihre höchsten Maße steigern, daß er sich soweit wie irgend möglich von diesen vermittelnden Funktionen ablöst. Eine Mehrheit von Theorien, die in ihren Resultaten gleichwertig, in ihrer Struktur entgegengesetzt sind, spricht also nicht für eine ursprüngliche Priorität und absolute Spontaneität des Verstandes gegenüber der Außenwelt (also auch nicht gegen den Marxismus). Dies zeigt sich am deutlichsten in den Grenzen, die der vollkommene Relationismus gerade dort findet, wo eine Vielheit verschiedener äquivalenter Theorien zuerst entwickelt wurde: in dem allgemeinsten Teil der Mathematik, in der Zahlentheorie.

Die äquivalenten Zahlentheorien

Die Begründung der natürlichen ganzen Zahlen ist logisch hinreichend geliefert worden:

a) von der 1 her durch die Peanoschen Axiome, die im Axiom der vollständigen Induktion gipfeln;

b) von der Menge her (die Zahl ist eine wohlgeordnete offene Menge: Cantor);

c) von den Grundgesetzen des Rechnens her: Hilbert.

Diese Theorien sind als Theorien verschieden. Denn a) und b) sind substantielle Theorien, insofern sie die Zahl oder die Menge zur Grundlage haben im Gegensatz zu c), das — allein die Grundoperationen voraussetzend — nur funktional und formal ist. a) und b) unterscheiden sich untereinander, weil a) vom Element und Einzelnen ausgeht, um mit Hilfe des Induktionsaxioms das Ganze zu erfassen, während b) umgekehrt vom Ungeschiedenen, Einheitlichen ausgeht, um durch differenzierende und spezifizierende Begriffe zum Besonderen und Einzelnen zu kommen. Keine dieser Theorien widerspricht inhaltlich der anderen, ihre formalen Verschiedenheiten ergänzen sich, so daß jede die Begründung leistet und sie in bezug auf diesen Endzweck äquivalent sind.

Die Mehrheit der Theorien der irrationalen Zahl.

Eine andere Mehrheit von Theorien findet sich bei der Begründung der irrationalen Zahlen (z.B. $\sqrt{2}$ = 1,41421 ....). Es sind dies:

a) die Dedekindsche: Schnitt in der Menge und Stetigkeitsaxiom;

b) die Cantorsche: Fundamentalreihe und Konvergenzprinzip;

c) die der Intervallschachtelung: zwei Fundamentalreihen, deren Differenz eine Nullfolge ist.

Die erste dieser Theorien ist statisch, die zweite dynamisch, die dritte eine Kombination der beiden ersten, und insofern ist diese Theorienvielheit von der vorigen verschieden. Im übrigen leistet jede die Begründung, und sie sind daher für diesen Zweck äquivalent.

Die Äquivalenz dieser Theorien kann die materialistische Dialektik nicht betreffen —: nicht die materialistische

Das Entscheidende aber ist, daß keine der verschiedenen Theorien weder die Entstehung noch die Anwendung der Zahlen begründet, sondern nur die innere Logik des Zahlenbereichs selbst, also nur den Ausschnitt, der sich rein idealistisch behandeln läßt, weil er nur die schon geschaffenen Begriffe und ihre Beziehungen untereinander betrifft. Daher ist die Ausdehnung des Prinzips mehrerer äquivalenter Theorien auf das Erkenntnisproblem ganz unmöglich, weil der Hauptgegenstand der Erkenntnistheorie gerade das ist, was in der Zahlentheorie ausgeschaltet war. Die äquivalenten Theorien können also nichts gegen den Materialismus aussagen; und für den Idealismus besagen sie folgendes: wenn einmal das Gebiet konstituiert, d.h. aus der konkreten und historischen Außenwelt heraus zu einer relativen Selbständigkeit entwickelt ist, und wenn man die innerhalb dieser Grenzen vorhandenen Tatsachen und Vorgänge begründen will, so kann man die zu jeder Theorie gehörigen Faktoren (Element, Totalität und Relation) verschieden kombinieren und dementsprechend realisieren. Denn die genauere Analyse ergibt, daß sich dieselben 3 Grundkategorien unter den verschiedenen Ausdrucksweisen verbergen, und daß der Unterschied allein dadurch entsteht, daß man jeweils eine andere zum methodischen Ausgangspunkt nimmt. Formal gesprochen reduziert sich die Freiheit auf die mathematische Regel, daß

$$\frac{1 \times 2 \times 3}{1 \times 2} = \frac{3 \times 2 \times 1}{2 \times 1} = \frac{2 \times 1 \times 3}{1 \times 2} = \frac{2 \times 3 \times 1}{2 \times 1}$$

ist, d.h. daß das Produkt gegen die Umstellung der Faktoren invariant ist. Inhaltlich muß man natürlich je nach dem Ausgangspunkt andere Begriffe einführen, weil die Glieder einen verschiedenen Charakter haben (Substanz-Funktion), oder die methodische Richtung eine andere ist (Induktion-Deduktion).

und nicht die dialektische Seite.

Widerspricht nun eine solche Äquivalenz der Dialektik? Gewiß nicht! Denn es zeigt sich gerade, daß in jeder Theorie die drei Grundkategorien zwar entgegengesetzt sind, aber zugleich eine unzertrennliche Einheit bilden. Nur die Bestimmung, was als Thesis, was als Antithesis zu gelten hat, ist auf Grund der oben angegebenen Begrenzung auf das Ideelle variabel geworden. Wenn also die Äquivalenz der Zahlentheorien — und nur hier handelt es sich um die vollkommene Ausbildung äquivalenter Theorien — auch nichts gegen das dialektische Verfahren beweist, so ist sie deswegen keineswegs selbst Dialektik. Der Relativismus der Theorien läßt zwar zunächst im dunkeln, ob jede einzelne von ihnen in sich selbst dialektisch ist oder nicht. Das Auseinandertreten in antithetische Gruppen kann eine Stufe zur Vervollkommnung der Dialektik in den Methoden der exakten Wissenschaften werden, wenn jede einzelne Theorie in sich selbst und in ihr Zusammenhang mit der ganzen methodischen Entwicklung dialektischer wird. In der heutigen relativistischen Auffassung ist die Äquivalenz der Theorien ein Produkt der bürgerlichen Gesellschaft, welche auf diese Weise die Widersprüche der ökonomischen Produktion abbildet und diese nicht einmal im rein Ideellen zu "versöhnen" vermag.

Dies wird noch deutlicher, wenn wir zur 3. Etappe des verstandesmäßigen Verarbeitens übergehen, zur Integrierung der Theorien und Gebiete. Denn dann bedeutet das Nebeneinander äquivalenter Theorien den Verzicht auf die Integrierung, und dieser ist die Folge der Unfähigkeit der kapitalistischen Gesellschaft, die Totalität zu umfassen, während die Gegensätze immer schärfer auseinander treten. Diese letzte Behauptung bedarf aber einer Ergänzung und Präzisierung, wenn sie den Tatsachen nicht widersprechen soll.

Die Integrierung innerhalb der Naturwissenschaften.

ad C. Die Integrierung der Gebiete und Theorien.

Der Verarbeitungsprozeß des Verstandesdenkens beginnt mit der Abgrenzung von Gebieten. Aber sie nähern sich einander wieder in dem Maße, in dem die Verarbeitung in jedem einzelnen Gebiet fortschreitet, und die Grade dieser Fortschritte einander entsprechen. Dieser Verlauf beweist die ursprüngliche Abhängigkeit des Denkens vom Sein, wie den sekundären und relativen Charakter der Selbständigkeit der einzelnen Gebiete. So wurde z.B. eine den Dingen entsprechende Integrierung in der Physik lange behindert durch die große Disproportionalität, die zwischen der Mechanik und den anderen Gebieten bestand, weil man deren nicht hinreichend bekannte Vorgänge mit einer fertigen Mechanik vergewaltigen wollte. Allmählich aber hat man die Eigenheiten dieser anderen Gebiete so weit kennengelernt, daß die gedanklichen Mittel zu ihrer Erfassung (z.B. die Wahrscheinlichkeitsrechnung in der Wärmelehre) auf die Mechanik selbst zurückwirken (z.B. statistische Mechanik). So konnte man nicht nur einzelne Teilgebiete innerhalb derselben Wissenschaft (z.B. Optik und Elektrizität, Elektrizität und Gravitation etc.) integrieren, sondern auch verschiedene Wissenschaften (z.B. Physik und Chemie). Es entstehen Verbindungsglieder, an denen beide teilhaben; und darüber hinaus erzielen die Methoden der einen Wissenschaft wichtige Resultate für die andere.

Integrierung der Gebiete und Differenzierung der Methoden.

Die ständig beschleunigte Integrierung der Gebiete ist nicht ohne weiteres identisch mit der Entwicklung der Methoden. Gewiß hat die Integrierung der Gebiete eine solche der Methoden zur Folge. Aber außerdem trat — gleichzeitig mit der wachsenden Vereinheitlichung der Gebiete — innerhalb des einzelnen Gebietes eine immer stärkere Differenzierung der Methoden ein. In der Optik z.B. kann heute ein Teil der Probleme nur durch eine Wellentheorie, der andere nur durch eine Korpuskulartheorie gelöst werden (und ein Teil durch beide), ohne daß man bisher für die entgegengesetzten Theorien eine Synthese zu finden vermocht hat. Diese geschichtliche Situation innerhalb der Wissenschaften ist völlig analog der in der materiellen Produktion. Dieselbe Technik der Maschinen und dieselbe industrielle Methode beherrscht die verschiedenartigsten Produktionszweige auf die gleiche Weise; aber innerhalb der gesamten Produktion treten die ökonomischen und sozialen Gegensätze immer schärfer auseinander. Sich in einer Wissenschaft mit verschiedenartigen Methoden behelfen, ohne ihre Einheit aufzeigen zu können, ist das Eingeständnis einer erkenntnistheoretischen Hilflosigkeit, die den gegenwärtigen Zuständen der materiellen Produktion völlig entspricht.

Die Auseinanderreißung von Natur- und Geisteswissenschaften —

Während die Integration der naturwissenschaftlichen Gebiete im Zeitalter der kapitalistischen Wirtschaft große Fortschritte gemacht hat (z.B. durch das Eindringen der Chemie in die Biologie), sind Natur- und Geisteswissenschaften, exakte und geschichtliche Wissenschaften immer stärker auseinandergetreten, derart daß man Geistes- und Geschichtswissenschaft identifizierte, Natur- und Geschichtswissenschaft dagegen absolut trennte. Solche Theorien drücken aber nichts anderes aus als die verschiedene Rolle, welche die einzelnen Wissenschaften innerhalb der kapitalistischen Wirtschaft und Gesellschaft spielen: die mittelbare oder die unmittelbare, die proportionale oder disproportionale Beziehung, in der sie zur materiellen Produktion stehen.

— ist vom Marxismus aufzuheben.

Der Marxismus hat den geschichtlichen Charakter aller Systembildungen zu betonen und zu erklären. Aus der heutigen Situation ergibt sich die Aufgabe, die unter der Herrschaft des Kapitalismus überbetonte Gegensätzlichkeit von Natur- und Geisteswissenschaft, resp. von Seins- und Geschichtswissenschaft aufzuheben; dann die weitere, dem Dualismus der Methoden in ein und demselben Gebiet eine dialektische Einheit zu schaffen. Beide Aufgaben hängen miteinander zusammen. Wie sich ihre Lösung vollziehen wird, ist natürlich eine empirisch-historische Frage, aber es lassen sich einige allgemeine Bemerkungen machen.

Die Geschichtswissenschaft als Synthese aller Wissenschaften —

Die Geisteswissenschaft ist ein Teil der Naturwissenschaft. Das berechtigt aber nicht dazu, eine bestehende Methode der Naturwissenschaft auf das Gebiet des Seelischen, Gesellschaftlichen etc. mechanisch zu übertragen. Sondern da alles Geistige eine besondere Organisation der Materie ist, muß man gemäß dieser Besonderheit eine eigene Methode entwickeln. Dies geschieht allerdings nicht in absoluter Isolierung, sondern in steter Kontrolle an den Methoden der Naturwissenschaften, was umgekehrt zugleich auch eine Kontrolle der Natur- an den Geisteswissenschaften bedeutet. Auf diese Weise wird das Gemeinsame beider und das Streben nach der vollkommenen Synthese: der Einheit der Methode aufrechterhalten. Nachdem wir früher gezeigt haben, daß die Entwicklung vom Sein zur Bewegung hinläuft, können wir jetzt sagen, daß die Geschichtswissenschaft die Synthese aller Wissenschaften ist.

in dem Maße, in dem Geschichte und Mathematik sich einander annähern.

Aber das schließt immer mit ein, daß alle Wissenschaften Wissenschaften von der Materie sind, oder m.a.W. daß im verstandesmäßigen Denken die Ausdehnung, d.h. die Mathematik die synthetische Form ist, unter der ein Objekt dargestellt werden muß. Diese beiden Aussagen scheinen den Tatsachen zu widersprechen. Denn bisher entzog sich alle Geschichte der Mathematik, und alle Mathematik hatte ihren Sinn in der Übergeschichtlichkeit ihrer Resultate. Dieser Widerspruch ist trotzdem nur ein geschichtlich bedingter und ein relativer. Gerade die Geschichte der Mathematik zeigt, daß diese Wissenschaft sich immer mehr der Bewegung, dem Übergang angepaßt hat und damit auch der Erfassung des Individuellen, während umgekehrt die Geschichtswissenschaft ohne Spannung zur Mathematik dem Historismus, dem Relativismus verfällt. Eine immer größere Annäherung zwischen Geschichte und Mathematik dürfte also die Form sein, unter der sich die Dialektik des verstandesmäßigen Denkens innerhalb der Verarbeitung realisieren wird.

Die verschiedenen Möglichkeiten des verstandesmäßigen Denkens, sich von der Dialektik zu "befreien".

Die Hauptaufgabe des Intellekts besteht darin, das nicht explizite Zusammen von unbestimmter Einheit und bestimmter Einzelheit, welches das sinnliche Erleben in seiner Auseinandersetzung mit der Außenwelt erstellt, in eine klar ausgedrückte Beziehung von Allgemeinem und Besonderem zu verwandeln. Wir haben zuletzt gezeigt, wie zu diesem Zweck das Verarbeiten des Verstandes zwischen den Polen der Gebietsabgrenzung und der Gebiets- und Methodenintegrierung seine Dialektik gegen die Konstanz und Identität des Idealgegenstandes, des Gesetzes und der Theorie zu entfalten strebt. Wir waren dabei auf einen relativ großen Freiheitsgrad des Denkens gestoßen, der dadurch bedingt ist, daß die Außenwelt durch zwei Funktionen des menschlichen Erkennens an den Verstand vermittelt wird. Das Bewußtsein kann diesen im Laufe der Geschichte allmählich entwickelten Freiheitsgrad im einzelnen Denkakt dazu gebrauchen, um sich so weit wie möglich von der Dialektik des Seins unabhängig zu machen. Wir haben früher nachgewiesen, daß bereits die Sinne hierzu mehrere Möglichkeiten besitzen, z.B. eine metaphysische und eine abstrakte. Im Denken ist etwas ganz Analoges zu finden.

Die erste Möglichkeit beschränkt die Einwirkung der Welt allein auf den Verstand und schreibt diesem ihr gegenüber die Fähigkeit zu, allein das zu leisten, was nur der Inbegriff aller Fähigkeiten leisten kann. Das geschieht dann entweder auf eine eklektische Weise, indem man die Resultate aller Gebiete ganz äußerlich vereinigt; man eliminiert durch Fiktionen die krassesten Widersprüche: man hebt die Disproportion der Entwicklungsstufen auf, indem man das unbekanntere Gebiet nach Analogie eines weiter ausgebauten behandelt; man ersetzt die noch nicht gefundenen inneren Zusammenhänge durch äußere Ordnungen etc. Oder aber es geschieht auf eine utopische Weise, indem man eine erdachte Formel als Generalnenner wählt und die einzelnen Gebietsresultate mehr oder weniger gewaltsam ein- oder unterordnet. Selbstverständlich gibt es eine Fülle von Zwischenstufen, und letzten Endes sind Eklektik und Utopie, Generalformel und Kleinkramfülle nie gänzlich voneinander getrennt.

Die zweite Möglichkeit betrachtet das verstandesmäßige Denken in seiner stärksten Isolierung sowohl von der Welt wie von den übrigen Erkenntnisvermögen (den Sinnen und der Vernunft), um die reinen Denkbegriffe zu schaffen, einen Logismus, der dann das formale oder gar inhaltliche Wesensgewebe der Welt enthalten soll. Wir können hier nicht die vielen Spielarten dieser angeblich metaphysiklosen, reinen Wissenschaft (Husserl, Carnap etc.) untersuchen und kritisieren. Es genügt die Feststellung, daß ihr wesentlich undialektischer Charakter auf der Isolierung beruht, und daß eben diese auch verhindert, daß der Logismus eine brauchbare Erkenntnistheorie schaffen kann.

Das Experiment und seine erkenntnistheoretische Funktion.

c) Das Entäußern.

Wir hatten bereits gezeigt, wie die Verarbeitung sich in der Deduktion aus der Theorie zur Wirklichkeit wendet. Dieser erste Schritt ist noch theoretisch, aber es folgt ihm ein zweiter, der aus den Grenzen des reinen Bewußtseins heraustritt und praktisch wird. Das Gedachte verkörpert sich in einer vom Denkakt und vom Denkenden überhaupt unabhängig gegebenen Materie, die den Gedanken gemäß umgeformt wird. Der Mensch begnügt sich also nicht damit, daß die bestehende Welt die Resultate des Gedachten bestätigt. Er schafft sich aus den außerhalb seines Bewußtseins vorhandenen Materien neue Körper nach dem Ebenbild seiner Gedanken, um zu zeigen, daß der von ihm hervorgebrachte Körper leistungsfähig ist und durch diese Wirksamkeit nicht nur funktioniert, sondern die Welt zu verändern imstande ist. Das wissenschaftliche Experiment (und die Technik der Industrie) ist die Einheit von Denken und Sein. Es beweist die Richtigkeit des Gesetzes und der Theorie, d.h. daß der Mensch das Verfahren verstanden hat, nach dem in den Dingen das Gesetz zustande kommt.

Daß die Mathematik eine Bestätigung durch Experiment nicht nötig hat, beweist nichts gegen ihren Ursprung im Materiellen.

Ein solches Experiment könnte der Mensch niemals machen, wäre nicht eine Welt außerhalb seines Bewußtseins vorhanden. Dann müßte er sich darauf beschränken, die Widerspruchslosigkeit seiner Gedanken untereinander zu beweisen. Dies letztere genügt ihm höchstens in der Theorie der Mathematik, wo überdies einem so eingeschränkten Beweis Widerstände entgegenstehen, die bis jetzt niemand überwunden hat. Die Ursache liegt darin, daß die Nichtexistenz des Widerspruches nur dann bewiesen werden kann, wenn die mathematischen Axiome ein endliches und geschlossenes System von Folgerungen haben. Ist aber, wie es tatsächlich der Fall ist, die Zahl der Folgeaussagen unendlich, dann können die Axiome nicht allein aus dem menschlichen Bewußtsein stammen, da dieses aus endlich vielen Voraussetzungen nicht unendlich viele Folgerungen ziehen kann (wie sich aus den Regeln der Kombinatorik ergibt). So spricht also die Tatsache, daß der Beweis der Widerspruchslosigkeit nicht zu führen ist, gegen die reine Idealität der Mathematik, d.h. für ihren Ursprung in einer vom Bewußtsein unabhängigen Außenwelt. Im übrigen gibt es eine experimentelle Bestätigung auch für die Mathematik, sobald diese auf eine konkrete Theorie anwendbar wird und vermittelst dieser Theorie auf die Wirklichkeit selbst. Hier zeigt allerdings die dialektische Freiheit des Menschen einen ihrer Höhepunkte, denn eine ganze Reihe neuer mathematischer Theorien wurden aus rein gedanklichen Überlegungen konstruiert, und erst später — oft lange Zeit später — fand man das physikalische (astronomische) Anwendungsgebiet. Dies kann zweierlei beweisen: entweder daß der Verstand des Menschen sich entwicklungsgeschichtlich in so enger Abhängigkeit von der wirklichen Welt außer ihm entwickelt hat, daß auch seine kühnsten Überlegungen nicht aus ihr herauszuspringen vermögen; oder aber daß der Verstand bei der Entdeckung neuer Probleme (z.B. in der Welt des unendlich Kleinen), sich noch so wenig der Wirklichkeit angepaßt hat, daß er Mathematiken verwenden kann, die nur in Annäherung die Objekte zu erfassen vermögen. Aber in beiden Fällen kommt doch das dialektische Verhältnis von Sein und Denken zum Ausdruck.

Die erkenntniskritischen Grenzen des Experimentes.

Alle anderen Wissenschaften begnügen sich nicht mit der Widerspruchslosigkeit ihrer Gedanken untereinander, sondern beweisen darüber hinaus ihre Übereinstimmung mit der Welt. Und hier zeigt sich eine eigentümliche Schwierigkeit. Muß man den Beweis durch die bestehende Wirklichkeit erwarten, wie z.B. die Astronomie, so ist er relativ mit Rücksicht auf die Gedanken. Denn bewiesen ist dann nur, daß man auf diesem Weg zur Übereinstimmung mit der Wirklichkeit kommen kann, nicht daß man *nur* auf ihm dazu gelangen muß. Sucht man dagegen den Beweis durch ein nach den Gedanken konstruiertes Experiment, so ist er relativ mit Bezug auf die Wirklichkeit. Denn man zeigt nur, daß der von uns geschaffene

Körper nach unseren Gedanken funktioniert, woraus folgt, daß die von der Natur geschaffene Körperwelt ebenso funktionieren kann, nicht aber, daß sie ebenso funktionieren muß. Die Tatsache des Experiments schlechthin beweist, daß es eine das Denken bedingende Welt außerhalb des Bewußtseins geben muß, aber nicht, daß das Sein das Denken eindeutig bedingt, – noch viel weniger allerdings, daß das Denken allein sich in eindeutige Übereinstimmung mit dem Sein setzen kann. Für sich allein genommen ist das Experiment für die materialistische Erkenntnistheorie ein relativer und kein absoluter Beweis. Aber gerade wegen dieser Tatsache, daß Sein und Denken konkordieren können, aber nicht konkordieren müssen, weil die Konkordanz sich erst im Laufe der Geschichte des Denkens und im Verlaufe des einzelnen Denkaktes allmählich herstellt, schließt das Experiment jeden mechanischen und metaphysischen Zusammenhang aus, und ist darum mindestens ein indirekter Beweis für das dialektische Verhältnis zwischen Sein und Denken.

Das Experiment ist der erste Schritt zu einer neuen Art von Dingen, welche als Synthese der Außenwelt und des menschlichen Verstandes wie natürliche Dingen existiere. Sie entsprechen den Ausdrucksbewegungen des sinnlichen Erlebens, die zwar mit Hilfe des menschlichen Körpers existieren, aber Empfindungen und Gefühle darstellen. Und ebenso wie die Ausdrucksbewegungen macht diese neue Art von Körpern, die auf Grund bewußter Gedanken hervorgebracht sind, eine lange Entwicklung durch, bis die heutige Technik erreicht ist. Es ist hier nicht möglich, die Geschichte dieser Entwicklung zu geben, die übrigens von der des Instruments kaum zu trennen ist.

Die Rückwirkung der geschaffenen Experimente auf den Schöpfer.

Nur auf einen Punkt soll kurz hingewiesen werden. Je mehr sich das Instrument zur Maschine, das Experiment zur Technik und Industrie entwickelt, um so größer wird die Rückwirkung der vom Menschen geschaffenen Dinge auf das Schaffen des Menschen, nicht nur auf sein Denken, sondern auch auf sein sinnliches Erleben und besonders auf sein gegenständlich-körperliches Tun, d.h. auf seine gesamte Auseinandersetzung mit der Welt. Die Maschinen und die Industrie, geschaffen, um die Welt zu beherrschen, unterwerfen sich ihren Schöpfer, d.h. machen die menschliche Gesellschaft zum Knecht ihrer eigenen Produkte, und das in dem Maße, in dem sie aufhört, Knecht der Natur zu sein. Durch dieselben Gedanken und Taten, mit denen der Mensch den unbeherrschten Sektor der Natur ständig verkleinert hat, schafft er sich selbst einen neuen unbeherrschten Sektor von Produkten, den er nunmehr aus seinem Herrn in seinen Diener zu verwandeln hat. Die Dialektik von Sein und Beweußtsein hat sich auf eine höhere und erweiterte Stufe verschoben, auf der die Widersprüche für die menschliche Gesellschaft um so drängender werden, als sie die in ihnen verwurzelte Klassenherrschaft verfestigen und den Klassenkampf bis zu ihrer Umwandlung oder Auflösung verschärfen.

Diese neue Entwicklungsstufe: daß sich der Mensch als Produkt seiner Produkte erkennt in dem Augenblick, wo sein Bewußtsein ihm die Quelle dieses Widerspruches aufzeigt, hat die entscheidend-

sten Folgen für das nächste Erkenntnisvermögen, die Vernunft, das
dadurch seine Rolle im Erkenntnisprozeß grundlegend verändert.

Zusammenfassung   Überblicken wir nun das Ganze des verstandesmäßigen Denkens
vom Aufnehmen bis zum Entäußern. Der Prozeß besteht gleichsam
aus zwei Ästen einer rückläufigen Kurve, aber derart daß der Endpunkt über dem Anfangspunkt zu liegen kommt. Das Wesen des einen Astes besteht darin, daß die einwirkende Außenwelt so vollständig und so treu wie möglich im Erkenntnisvermögen abgebildet, d.h.
aus ihrer konkreten Materialität in eine immaterielle Realität trans-
poniert wird. Umgekehrt stellt der zweite Ast das Verfahren dar,
nach welchem das Resultat des ersten, die Theorie, in die Außenwelt zurückgeführt, d.h. realisiert wird. Der Immaterialisierungs- und
der Realisierungsprozeß sind aber nicht zwei Akte, die nur zeitlich,
d.h. äußerlich aufeinander folgen (eine Annahme, zu der das mathematische Bild verleiten könnte). Da die Immaterialisierung ins Geistige
auf Grund der Außenwelt, und die Realisierung ins Materielle auf
Grund des Gedankens erfolgt, so ist in jedem Augenblick das eine
im anderen enthalten. Die Immaterialisierung hat nur soweit Existenz
im Denken, als sie die Realisierung nicht unmöglich macht, sonst ist
sie eine Halluzination des Verstandes; und umgekehrt hat die Realisierung nur soweit materielle Existenz, als sie die Theorie in sich enthält, sonst wird sie toter Stoff. Sie stehen also in einem dialektischen
Verhältnis.

Die Werthierarchie der   Daraus folgt aber nun ohne weiteres, daß verschiedene Akte des
Denkakte.   verstandesmäßigen Denkens nicht immer gleichwertig sind. Das Wertniveau ist bedingt:

1) durch den Umfang der Außenwelt, der in die Denkakte einge-
treten ist;

2) durch den Grad der Durchdringung von Außenwelt und Verstand, resp. durch die Notwendigkeit ihrer Einheit in der Theorie;

3) durch den Grad der inneren Logik und damit der selbstgenüg-
samen Funktionsfähigkeit des Experimentes. — Während diese Merkmale unmittelbar im einzelnen Erkenntnisakt liegen, ergibt sich das
folgende aus seinem notwendigen geschichtlichen Zusammenhang:

4) durch den Grad der Originalität, d.h. ob es sich um produktive
oder um reproduktive Akte handelt.

Die Rolle der verschie-   Hier ergeben sich dann wesentliche Unterschiede in Abhängigkeit
denen Klassen.   von der Klasse, welche diese Akte hervorbringt. Da die herrschende
Klasse ihre eigenen Inhalte evolutionär entwickelt, so besteht die
Hauptaufgabe darin, für die Grundelemente des Inhaltes eine neue
Form zu finden. Die geistige Leistung beschränkt sich daher auf die
Explizierung der Inhalte oder auf die Schaffung einer neuen Formen-
sprache, sie ist für jede neue Etappe in *formaler* Hinsicht ein produk-
tiver Akt, oder genauer: ein erweiternder Produktivakt. Demgegenüber hat die beherrschte Klasse die Inhalte in ihren Fundamenten
selbst zu verändern, also gänzlich neue Inhalte zu schaffen. Dieser
produktive Akt greift also tiefer in die Wirklichkeit ein und kann daher naturgemäß nicht immer oder sogar nur selten dieselbe formale
Vollendung haben wie ein reproduktiver Akt auf erweiterter Stufe.
Die Originalität tritt also in Disproportion zu den 3 ersten der er-

wähnten Merkmale: dem Umfang, der Intensität (der Einheit in der Mannigfaltigkeit) und der Logik der relativ autonomen Entäußerung. Dies gilt z.B. besonders für die Kunst. Aber der Unterschied der Klassen und ihre verschiedene Beziehung zu den verschiedenen Gebieten erklärt auch, warum z.B. die herrschende Klasse der kapitalistischen Gesellschaft in den Naturwissenschaften ihre Produktivität länger entfaltet als in den Geistes- und Sozialwissenschaften, resp. warum die unterdrückte Klasse in den Wirtschafts- und Gesellschaftswissenschaften eine Produktivität entfalten konnte, die auch nur zu verstehen die herrschende Klasse aus dem Trieb zur Selbsterhaltung gänzlich unfähig ist.

Den äußersten Gegensatz zu den produktiven Akten bilden die einfachen Reproduktionen, welche die Inhalte sowohl der herrschenden wie der beherrschten Klasse betreffen können. Solche einfachen Reproduktionen senken aber das Wertniveau.

Die Hierarchie von Werten

Diese flüchtigen Andeutungen mögen genügen, um unsere früher ausgesprochene allgemeine Behauptung zu beweisen: daß die psychophysische und die logische Seite des Erkenntnisprozesses sich nicht wesentlich, sondern nur graduell unterscheiden wie Teil und Ganzes, wenn man dieses mathematische Bild nicht nur quantitativ, sondern auch intensiv versteht, d.h. im Sinne immer größerer Vervollkommnung des Einzelaktes in sich selbst, im Zusammenhang mit den Einzelakten aller übrigen Erkenntnisvermögen und in Abhängigkeit von der geschichtlichen Totalität. Es ergeben sich dann innerhalb des verstandesmäßigen Denkens Stufen der Vollkommenheit; und die zugleich relative und absolute Wahrheit gliedert sich in eine wohlgeordnete Hierarchie von Wahrheitswerten.

in der zugleich absoluten und relativen Wahrheit.

Warum das Ergebnis eine zugleich relative und absolute Wahrheit ist, braucht nach dem Vorangegangenen kaum noch ausdrücklich gesagt zu werden. Sie ist absolut wegen der ursprünglichen Einwirkung des Seins und der im Verlauf der Geschichte immer wachsenden Annäherung des rückwirkenden Denkens an das Sein; sie ist relativ wegen der geschichtlichen Bedingtheit des Denkens und der wirklichen (nicht eingebildeten) Klassenlage des Denkenden. Da außerdem im Verstandesdenken die beiden anderen Erkenntnisvermögen mit enthalten sind, so werden durch sie beide Anteile betroffen: der relative durch ihre speziellen Bedingungen, z.B. durch das Individuelle; der relative Faktor wächst, weil jeder Mensch nicht als allgemeiner, sondern auch als besonderer denkt. Der absolute Anteil wird dadurch betroffen, daß das nur implizite Enthaltensein explizit gemacht, und das dialektische Verhältnis zwischen den verschiedenen Erkenntnisvermögen und den Perspektiven, unter denen sie die Außenwelt sehen, zum Austrag gebracht wird. Je mehr sie sich um das Ding, auf das sie sich alle beziehen, zu einer wirklichen Einheit zusammenschließen, etwa wie ein Kreis um seinen Mittelpunkt, um so größer wird der absolute Faktor der Wahrheit. Nicht ein einzelnes Erkenntnisvermögen, sondern der Inbegriff aller sichert die größtmögliche Annäherung zwischen Sein und Denken, die vollkommenste und konkreteste Wahrheit (oder allgemein gesprochen: Wert).

Welchen Anteil hat nun an der Erreichung des Zieles das vierte Vermögen: die Vernunft?

IV. Die spekulative Vernunft

Die Vernunft im
Gegensatz zu den
3 anderen Vermögen.

1. a) Die drei Erkenntnisvermögen des Körpers, der Sinne und des Verstandes bilden einen dialektischen Zusammenhang. Dieser ist unter dem Druck der Außenwelt geschichtlich so entstanden, daß sich diese Vermögen auseinander und in steter Wechselwirkung miteinander zu einer höheren Einheit entwickelt haben, um mit verschiedenen Mitteln die gleiche Aufgabe zu erfüllen: die einwirkende Außenwelt theoretisch zu bewältigen und praktisch zu beherrschen. Daraus würde schon folgen, daß die Vernunft sich nicht dem Verstande allein entgegenstellt, sondern der gemeinsamen Richtung der drei ersten Erkenntnisvermögen, d.h. ihrer Aufgabe, die einwirkende Welt in jedem einzelnen Fall durch praktische und theoretische Erkenntnis konkret zu beherrschen.

Die Ursache der Entwicklung der spekulativen Vernunft —:

Warum aber konnte und mußte sich ein solches Vermögen mit entgegengesetzter Tendenz ausbilden? Gehen wir noch einmal auf das gegenständlich-körperliche Tun zurück. Unsere Analyse hat gezeigt, daß es (unter dem Druck der vom gesamten Leben im Einzelkörper ausgebildeten Bedürfnisse) ein Kampf des erkennenden Körpers mit einem Körper der Außenwelt ist. Eine solche Behauptung birgt offensichtlich eine sehr weitgehende Abstraktion, die wir früher nur angedeutet hatten durch die Hinzufügung, daß die Außenwelt überhaupt einen Gegenstand der Bedürfnisbefriedigung enthalten und ihn aus eigenen, d.h. naturwüchsigen Kräften reproduzieren müsse. Diese naturwüchsigen Kräfte treten dem Menschen mit großer Übermacht entgegen. Zunächst in seinem eigenen Körper, wo sie eine Mannigfaltigkeit verschiedenster Bedürfnisse hervorrufen; jedes von ihnen reicht über die einzelne Befriedigung hinaus und reproduziert sich darum auf erweiterter Stufe immer von neuem, so daß sie selbst mit der Entfaltung der menschlichen Körperkräfte nicht abnehmen, sondern wachsen. Noch größer ist diese Übermacht der Außenwelt, wo die vom Menschen zur Befriedigung seiner Bedürfnisse vernichteten Gegenstände sich — wenn überhaupt — auf eine Weise neu schaffen, die dem Menschen unbekannt oder seinem Einfluß entzogen ist, z.B. wenn Kräfte von solcher Mächtigkeit sich entfalten, daß sie der Einwirkung des menschlichen Körpers gänzlich unzulänglich bleiben (wie z.B. Sonne, Regen, Gewitter etc.)

die Existenz eines unbeherrschten Sektors der Welt.

Jede einzelne Kampfhandlung des menschlichen Körpers gegen einen einzelnen Körper der Außenwelt bleibt eingebettet und abhängig von diesen Kräften; eine Abstraktion von ihnen unterdrückt die entscheidendste Gegensätzlichkeit und den wirksamsten Ansporn zur Entwicklung einer höheren dialektischen Einheit. Die Welt ist also für den Menschen in zwei Teile geteilt; in einen solchen, der seinem Körper prinzipiell zugänglich, und in einen anderen, der es nicht ist; in einen solchen, dessen ursprüngliche Übermächtigkeit in eine Gleich- oder Untermächtigkeit verwandelt werden kann, und in einen anderen, dessen Übermächtigkeit seine starre Gegebenheit nicht verlieren kann, solange sich nicht die gesamte Produktionsbasis prinzipiell ändert, z.B. von der Jagd zum Ackerbau, oder von diesem zum Handel, zur Industrie übergeht.

Was die Existenz eines solchen, für den menschlichen Körper gänzlich unbeherrschbaren Sektors für den Primitiven bedeutete, können wir uns heute aus einigen konkreten Beobachtungen mühsam und notdürftig rekonstruieren. Unsere Wissenschaft hat die Geheimnisse des Tages- und Jahreszeitwechsels, der Wetterbildung, besonders des Gewitters, verstandesmäßig aufgelöst; aber dieser theoretischen Bewältigung ist keine praktische gefolgt, denn wir können z.B. den Regen nach unseren Bedürfnissen weder ablenken noch herbeiführen. Die Tatsache, daß der Bauer schon lange gelernt hat, die naturwüchsigen Kräfte der Erde zu fördern, verringert nicht, sondern erhöht das Gefühl der Ohnmacht gegenüber dem zwar theoretisch erkannten, aber praktisch unbeherrschten Sektor. Und die Folgen sind bei den Bauern des XX. Jahrhunderts noch ähnliche wie bei den Primitiven: sie gipfeln in dem Versuch, den durch den Körper praktisch noch nicht beherrschten Sektor durch die Phantasie und deren Erfindungen zu beeinflussen.

Die seelischen Äquivalente, die vom unbeherrschten Sektor ausgelöst werden.

Die ursprüngliche Einwirkung eines unbeherrschten (und für das Ganze bedeutsamen) Sektors bezog sich aber nicht allein auf die körperliche Bedürfnisbefriedigung, sondern löste die stärksten sinnlich-seelischen Rückwirkungen aus. Diese kamen in dem Maße zur Geltung, wie der Mensch seine Ohnmacht an seinem eigenen Körper erlitt in Formen, für die die Außenwelt nicht unmittelbar Befriedigungen und Erklärungen darbot (z.B. die periodischen Schwankungen seiner Sexualität, der Tod, die Gefahren des unendlich offenen Raumes für die Nomaden etc.). Da er die Ursachen auch nicht in sich feststellen konnte, schloß er auf eine ihm überlegene und seinem Körper unzugängliche Macht. Diese war also für ihn eine Wirklichkeit mit größter Wirksamkeit. Sie löste daher in ihm "innere" Äquivalente aus, deren Stärke vermutlich der Unbegreiflichkeit der Ursachen proportional war, also sehr viel größer als die von den einzelnen Wahrnehmungen ausgelösten Äquivalente. Es ist daher wahrscheinlich, daß das sinnliche Erleben in der geschichtlichen Entwicklung mit einer Disproportion zwischen dem "visionären" und dem wahrnehmungsmäßigen Weg begonnen hat, mit dem Zwang, für die "Visionen" eine Erklärung zu finden. Die Folgen können wir noch heute im verstandesmäßigen Denken beobachten, das einen großen Teil seiner Begriffe (z.B. Atom, Ursache etc.) zunächst aus dem Vermögen übernahm, das als erstes versuchte, den unbeherrschten Sektor in der Phantasie zu beherrschen.

Die Vernunft nimmt mit phantastischen Mitteln die Beherrschung des unbeherrschten Sektors vorweg.

Man sagt kaum zuviel mit der Behauptung, daß das Mißverhältnis zwischen der Mächtigkeitshandlung des menschlichen Körpers gegen Einzelnes und meiner passiven Ohnmacht gegen das Ganze (wobei aber das Einzelne in unbestimmbarer Abhängigkeit vom Ganzen bleibt) die wesentliche Triebkraft für die Entwicklung der Erkenntnis war. Dem entspricht, daß im sinnlichen Erleben das Einzelne sich in Beziehung zur ungeschiedenen Einheit des Ganzen setzt, und daß die sinnliche Beherrschung vieler Einzelner es dem Verstand ermöglicht, die allgemeinen Gesetze des Ganzen zu finden. Aber hier tritt das Mißverhältnis zwischen der Macht des Seins und des Erkennens noch einmal, und zwar auf einer höheren Stufe auf. Denn nun war

das Einzelne zwar durch das theoretisch bewältigte Ganze tiefer erfaßt, aber dieses Ganze konnte praktisch weder hergestellt noch beherrscht werden. Und überdies mußte sich der Mensch ungewollt unter die Herrschaft der von ihm gemachten Gegenstände begeben, da
sich die Totalität ihrer Beziehungen seinem Bewußtsein zunächst entzog und eine objektive Macht bildete, die er (selbst theoretisch) nicht
bewältigen konnte, oder vielmehr durch die jeweils herrschende Klasse
zu bewältigen verhindert wurde. Angesichts der ursprünglichen wie
der von ihm geschaffenen Machtfülle des unbeherrschten Sektors
konnte sich der Mensch mit seinem konkreten Erkennen nicht begnügen; sie löste in ihm das Vermögen aus, in der Phantasie eine Beherrschung vorweg zu nehmen, die praktisch nicht erreicht war: die Vernunft.

**Die Vernunft verän-
dert sich mit der
Entwicklung der
anderen Erkenntnis-
vermögen.**

Der Gegensatz der Vernunft zu den anderen Vermögen ist von
vornherein in vielfacher Hinsicht nur relativ. Denn auch die Vernunft
setzt sich ihren Gegenstand nicht selbst, sondern dieser ist ihr durch
eine unabhängig von ihr existierende Außenwelt gegeben — wenn auch
nicht in einer bestimmten, sondern in einer unbestimmten Weise. Denn
gäbe es keine Außenwelt, so gäbe es keinen unbeherrschten Sektor
und ohne ihn keinen Gegenstand der Vernunft. Diese müßte sich
selbst geschaffen haben und zugleich den Stoff, den sie verarbeitet,
oder aber man müßte ein allmächtiges Wesen erfinden, das den rätsel-
haft bleibenden Willen gehabt hat, Form und Inhalt der Vernunft in
die Welt zu setzen. Die Relativität des Unterschiedes zeigt sich auch
darin, daß die Vernunft sich fast gleichzeitig neben dem körperlichen
Tun ausbildete und in engstem Zusammenhang mit ihm (und den
anderen Erkenntnisvermögen), so daß sie ihre Inhalte und selbst ihre
Methoden in dem Maße änderte, in dem sich das konkrete Erkennen
entwickelte, auf dessen Ablenkung vom empirischen Wege sie umgekehrt stets den größten Einfluß gehabt hat.

**Gegen die Verengung
der Aufgabe der
spekulativen Ver-
nunft.**

Daraus folgt, daß es nicht genügt, mit Engels die Vernunft als das
Vermögen zu bestimmen, das sich mit den Begriffen beschäftigt, mit
denen die wirkliche Erkenntnis arbeitet. Sie hat eine solche Funktion
der Rechenschaftsablegung zwar in gewissen Epochen der Geschichte
des menschlichen Denkens gehabt, z.B. teilweise bei Plato und gänzlich bei Kant, der die Metaphysik durch eine (idealistische) Erkenntnistheorie ersetzte (die sich eine Metaphysik anderswoher: bei der
praktischen Vernunft, borgte). Vorher und nachher aber hat die Vernunft eine viel weitere Aufgabe erfüllt: den unbeherrschten Sektor
in seiner Totalität magisch, religiös oder metaphysisch zu gestalten.
Wenn wir also nicht auf die Übereinstimmung zwischen den Gesetzen
der geschichtlichen Entwicklung und des einzelnen Aktes der Erkenntnis verzichten, und wenn wir nicht dem Idealismus von vornherein
völlig unnötigerweise Angriffswaffen bieten wollen, dürfen wir nicht
eine bestimmte, durch historische Voraussetzungen bedingte Aufgabe
der Vernunft zu deren alleinigem Inhalt verabsolutieren; wir müssen
sie vielmehr in ihrer ganzen geschichtlichen Weite als spekulatives Vermögen einführen und können es um so mehr als wir bereits nachgewiesen haben, daß sie letzten Endes selbst dann weder von der Außenwelt
noch von den Vermögen der konkreten Erkenntnis unabhängig ist.

Definition der Vernunft.

Wir definieren also die Vernunft (auf Grund der gesamtgeschichtlichen Tatsachen) als das Vermögen, das auf das unbeherrschte Ganze der Welt bezogen ist und beansprucht, dieses aus einem einzigen Quellpunkt theoretisch aufzubauen und in der Einbildung zu beherrschen, der die Einheit aller Gegensätze und darum das Absolute ist. Alle Aussagen (und Realisationen) der Vernunft beziehen sich auf die Struktur des Absoluten (Einen) und auf das Verhältnis des Absoluten (Einen) zum Bedingten und umgekehrt.

Der Zusammenhang der Vernunft mit den übrigen Vermögen formal gesehen.

Nach dieser Definition können wir die dialektische Einheit zwischen der Vernunft und den konkreten Vermögen, die wir vorher aus ihrem Zusammenhang im Erkenntnisprozeß erwiesen haben, an den abstraktesten Begriffen aufzeigen.

Der erkennende Körper geht auf das Andere schlechthin, — weil es ein Anderes und so Ergänzung ist. Darin, daß das Andere nötig ist, damit der Körper eine Ergänzung erhält, ist impliziert, daß es als Anderes gegen den erkennenden Körper etwas Besonderes an sich hat, also zugleich mit ihm identisch und von ihm verschieden ist. Der Akt, der das Besondere im Anderen in der Bedürfnisbefriedigung assimiliert, ist das Gemeinsame alles körperlichen Tuns, die Form des Allgemeinen auf dieser Stufe, daß dieser Akt den Körper wirklich befriedigt, daß es einen Augenblick der Sättigung gibt, drückt die Einheit des erkennenden Körpers mit dem anderen aus. Auf diese Weise enthält das Andere, auf welches das körperliche Tun als Erkennen gerichtet ist, das Besondere, das Allgemeine und die Einheit.

Ähnlich läßt sich zeigen, daß alle drei Kategorien in einer spezifischen Weise im Besonderen des sinnlichen Erlebens und im Allgemeinen des verstandesmäßigen Denkens enthalten sind. Die frühere Feststellung, daß der Verstand die Synthese des körperlichen Tuns und des sinnlichen Erlebens ist, drückt sich jetzt in abstrakten Kategorien folgendermaßen aus: das Besondere wird im Anderen aufgehoben, um das Allgemeine zu realisieren, was bei der immer größeren Integration der Gebiete, Theorien und Methoden der Weg des Einen ist. Die Vernunft negiert nun das Allgemeine und realisiert so das Eine — nicht als Einfaches, das alle übrigen Kategorien vernichtet hat, sondern als das Eine im Gegensatz zu allen anderen, die sowohl in ihrer Besonderheit wie in ihrer Allgemeinheit mitumfaßt werden.

Die Geschichte der Vernunft als Beweis für ihr dialektisches Verhältnis zu den übrigen Erkenntnisvermögen.

b) Die Richtigkeit der erkenntnistheoretischen Analyse, welche eine dialektische Einheit zwischen der Vernunft und den übrigen Erkenntnisvermögen ergibt, muß sich in der Geschichte des vernunftgemäßen Denkens selbst ausweisen. Wir können nur die Hauptetappen aufzeigen, in denen diese Entwicklung sich allmählich vollzogen hat.

Auf die Vernunft wirkt das Ganze des unbeherrschten Sektors der Welt ein, und zwar unvermittelt, aber doch bezogen auf den beherrschten Sektor. Denn der jeweils beherrschbare Teil der Welt wird von den übrigen drei Erkenntnisvermögen erkannt, und die Vernunft nimmt den Rest als eine einzige Masse hin, trotz der Unterschiede nach den Gegenständen oder nach den ausgelösten innerseelischen Äquivalenten, nach deren Beschaffenheit, Intensität etc. Diese Form der bezogenen Unmittelbarkeit liefert der Vernunft keine Ursache,

sich zu differenzieren, solange sich nicht der beherrschte Sektor der
Welt selbst, d.h. die ihn beherrschenden Produktionskräfte verändern.
Worauf es zunächst allein ankommt, ist die Befreiung von dem Un-
verständlichen durch den Versuch, das körperlich unzugängliche Ori-
ginal durch eine bewußt hervorgebrachte geistige Macht zu schlagen
und so das Erdrückende zu entäußern.

**Erste Etappe:
Magie.**

Die erste Etappe der Vernunftarbeit läßt sich aus der uns bekannt
gewordenen Geschichte rekonstruieren, wenn wir auch nicht wissen,
wie lange es gedauert hat, bis auf den dumpfen Druck des unbeherrschten Sektors der Welt die erste geistige, spekulative Reaktion folgte.
Der Mensch erfand das völlige Gegenteil seiner eigenen Ohnmacht:
eine Macht, die größer war als diejenige, die ihn von seiten der unbeherrschten Welt her bedrückte, und an der er — nicht als isolierter
Einzelner — aber als gesellschaftliche Gruppe Anteil hatte, in dem
doppelten Sinne, daß er ein Teil ihrer war und diesen Teil gegen andere Teile gebrauchen konnte, sei es um deren Anteil zu erhöhen
oder zu vernichten. Man sieht eine merkwürdige Antinomie: daß etwas vom ohnmächtigen Menschen Gemachtes allmächtig sein sollte.
Es mußte darum eine andere Art von Macht sein als die physische,
sinnliche oder verstandesmäßige des Menschen, eine solche, die trotz
der Unscheinbarkeit ihrer Herkunft den Zusammenhang mit der Totalität sichern konnte: eine magische.

**Wesen und Aufgaben
der Magie.**

Um also der völligen Ohnmacht zu entgehen, die ihn von der un-
vermittelten Einwirkung des unbeherrschten Sektors her bedrohte,
schuf der Mensch die Vorstellung von alles beherrschenden magischen
Kräften als Vermittlung zwischen dem, was er machen (also beherrschen), und dem, was er nicht beherrschen konnte. Indem er aber
alle ihm fehlenden Kräfte diesem überall seienden und wirkenden
"Mana" zuschrieb, machte er es abhängig von dem empirischen Stand
seiner eigenen Mächtigkeit. Dies äußerte sich in vielfältiger Weise. Einmal war die Magie in ihrem Ursprung an eine bestimmte Produktionsweise (Jagd) und Gesellschaftsorganisation geknüpft: darum war sie
auf ganz bestimmte Bedürfnisse beschränkt und gehorchte einem bestimmten Lebensprinzip: dem der Konstanterhaltung der gesellschaftlichen Kräfte. So diente sie vorwiegend dem Jagderfolg und der Wiedergeburt des Toten. Im 1. Falle wurde die Magie durch die Tätigkeit
der Gesellschaftsgruppe selbst gesichert; im 2. Falle war die Sicherung
zwar der Kontrolle entzogen, war aber praktisch vorhanden, solange
die Zahl der Geburten die der Todesfälle ausglich und die politische
Selbständigkeit der Gruppe nicht vernichtet war. Daraus ergibt sich
dann, daß die Magie ursprünglich nicht eine reine Theorie war, sondern eine durch die gesellschaftlichen Kräfte immer besser realisierte
Theorie, denn jeder Fortschritt in den Produktionsmitteln (Steinbear-
beitung, Erfindung der Wurfmaschine, des Bogens etc.) konnte die
Erlangung der Nahrungsmittel nur erleichtern, solange die gesellschaftlichen Kräfte selbst sich nicht durch innere Kämpfe (wie Klassenbil-
dung) zersetzten; dies scheint die Paläolithiker zuerst durch den Ahnenkult, später durch den Totemismus verhindert zu haben. Dies bedeutete dann allerdings, daß die Erweiterung der Produktion in engen
Grenzen gehalten werden mußte.

Innere und äußere
Zersetzung der Magie.

Die ursprüngliche Bezogenheit der beiden Sektoren äußerte sich also darin, daß mit Hilfe der (geistigen und spekulativen) Macht der Magie der beherrschte vervollkommnet und erweitert wurde, während mit Hilfe der realen gesellschaftlichen Macht der Geltungsbereich der Magie bis an seine Grenzen getrieben wurde. Zauberte ursprünglich nur ein Teil, d.h. eine geschlossene menschliche Gruppe gegen andere Teile (z.B. gegen Tiere, gegen den Tod, gegen andere menschliche Gruppen), so stellte sich allmählich das Bedürfnis ein, in dem Teil das Ganze aller magischen Kräfte zu sammeln. Damit erreichte man eine innere Grenze der Magie, weil man sich aus der sozial realisierbaren Sphäre in eine sozial nicht mehr realisierbare begab: die Anmaßung des ganzen Mana mußte sich in der Wirklichkeit als Ohmmacht enthüllen. Diese innere Grenze kam aber erst voll zur Wirksamkeit und zum Bewußtsein, als die der Magie zugrunde liegenden materiellen wie ideologischen Bedingungen sich vollständig geändert hatten, d.h. als die Landwirtschaft an die Stelle der Jagdwirtschaft getreten war. Denn jetzt mußte man — wollte man die Produktion der Lebensmittel sichern — gegen Mächte zaubern, die sich jeder individuellen und sozialen Einwirkung entzogen (Regen, Sonne etc.); ferner hatte man, seitdem sich Eigentumsverhältnisse am Boden herausgebildet hatten, kein Interesse an der Hilfe des Toten, oder man fürchtete zugleich seine Rückkehr und die Rückforderung des Erbes; damit bekam auch der Wiedergeburtszauber ein anderes Ziel: den Toten unendlich weit zu entfernen. Vor allem aber war man nicht mehr an der Erhaltung der Konstanz der Kräfte interessiert, weil jetzt der rhythmische Wechsel der Tages- und Jahreszeiten eine viel engere Verbindung mit der Lebensmittelproduktion eingegangen war, und weil das Säen und Ernten die Möglichkeit der großen Vermehrung der Produkte gezeigt hatte. Diese Lehre, daß aus wenig viel werden konnte, weil der Mensch nicht mehr tötete, sondern pflegte, entkräftete nicht bloß die Wirkung, sondern auch den Glauben, den Willen zum Glauben an die Magie. Je schwächer die Wirkung wurde, um so eher war die Gemeinschaft, die sie nicht mehr garantieren konnte, bereit, das Recht zum Zaubern an einen Einzelnen abzutreten; dieser wiederum benutzte es, um sich die Menschen selbst zu unterwerfen, damit ohne eigene Arbeit viel fremde Arbeit geleistet werde. Damit änderten sich neben den wirtschaftlichen und ideologischen auch die sozialen und politischen Formen des Lebens; Sklaverei und Königtum entstanden und mit ihnen eine neue Ideologie: die der Götter.

Die Entstehung der
2. Etappe: des
Götterglaubens.

Wir sehen also, daß zwar diese 1. Ideologie eine innere Grenze hat und daß deren Wirksamkeit dadurch entgegengetreten wurde, daß alles Absehen der Menschen auf die Erhaltung der Konstanz der magischen wie physischen Kräfte gerichtet war. Trotzdem mußte diese Ideologie weichen, als die ihr zugrunde liegende Wirtschaftsweise unmöglich wurde — und wiederum nicht aus inneren, sondern aus äußeren Gründen: einer plötzlich eingetretenen Temperaturveränderung. M.a.W. die Geschichte der Ideologie: die Entwicklung von der Magie zum Gottesglauben ist nicht eine immanente, sie ist bedingt durch eine Veränderung der Lebensmittelgrundlage, d.h. durch neue körperliche Erkenntnisse, neue Umgebung – kurz durch die Existenz einer Außenwelt und einer neuen Anpassung an sie, wofür die alte Ideologie nicht mehr hinreichend geeignet war. Freilich soll damit nicht geleugnet werden, daß die Magie auch ihre immanente Geschichte hatte, und daß diese z.T. mitbestimmend wurde für das, was sie ablöste. Von dem Augenblick an, wo der einzelne magische Akt nicht mehr auf andere Teilkräfte, sondern auf das Ganze des Mana gerichtet war, wurde nicht nur das Resultat, sondern der Akt selbst einer Sicherung bedürftig. Und diese verschob sich mit der Seßhaftigkeit von der organisierten Gruppe (deren Kräfte der Erlegung großer Tiere adäquat war) zuerst auf die Familie, dann auf das Dorf, auf den Dorf- oder Stadtfürsten und schließlich auf den Landeskönig – ein Prozeß, der sich aus der Bebauung und Besiedlung der Erde ergab. So kam man allmählich zu der Ablösung des Zauberaktes von den produktiv tätigen Menschen, zur Übertragung desselben an den Untätigen und dadurch zur Verabsolutierung des Aktes: man verdrängte das Bewußtsein, daß der Mensch diese magischen Kräfte imaginiert hatte. Andererseits mußte der Akt schlechthin alles leisten, wozu die menschliche Erkenntnis ein durch Tätigkeit nicht zu befriedigendes Bedürfnis hatte, d.h. die Welt selbst in ihrer Gesamtheit, also auch der Mensch mußte das Ergebnis dieses Aktes werden. Seine Träger konnten nur schöpferische Wesen sein. So traten den magischen Kräften die göttlichen Wesen und Personen als Antithese gegenüber – als Produkte und Ebenbilder einer königlich-feudalistisch geschichteten Gesellschaft.

Die Antithetik im Götterglauben. Daß diese Antithese in sich selbst antithetisch war, zeigt die Geschichte der Götter sehr deutlich. Denn ihr absolutes Sein war nach dem Ebenbild des von den erkenntnis- und tatsüchtigen Menschen durch Ackerbau, Viehzucht und Handwerk beherrschten Weltsektors geschaffen. So mußten die Götter notwendig in Abhängigkeit von dieser Grundlage ihre Gestalt ändern, z.B. als in Griechenland die Ackerbauwirtschaft durch die Handelswirtschaft, die Aristokratie durch die Demokratie verdrängt wurde. Ferner: der Mensch hatte sie mit absoluter Kraft begabt, damit der unbewältigte Sektor auf einmal, durch den Akt seiner Schöpfung, einen vollkommenen Sinn erhielt. Damit unterwarf der Mensch nicht nur die Welt, sondern auch sich selbst den Göttern. Aber da nun alles, wenn auch zunächst nur in der Phantasie des Menschen, als sinnvoll garantiert war, konnte das konkrete Erkenntnisvermögen um so sicherer und nachdrücklicher in den unbeherrschten Sektor eindringen, um ihn zu bewältigen. Geschah dies vorwiegend aus eigener Kraft, so wurde die Vernunft mit den Ergebnissen und Methoden der übrigen Erkenntnisvermögen durchdrungen; man suchte die Einheit ihrer verschiedenen Perspektiven. Geschah es vorwiegend aus eigener Schwäche, so ergab sich ein neuer Weg, auf dem die spekulative Vernunft ihre Inhalte sicherte: der Wille, das Wissen und die Offenbarung Gottes.

Gott und die Offenbarung Gottes waren also zur Beherrschung des unbeherrschten Sektors der Welt nach dem Ebenbild des beherrschten entstanden, aber sie wirkten dann auf diesen zurück, indem sie die menschliche Erkenntnis direkt hemmten und erst indirekt förderten. Denn die Offenbarung bot eine solcher Sicherheit der phantastischen Lösung, daß ihre einfache Reproduktion genügte, um die wirkliche Lösung durch die konkreten Erkenntnisvermögen zu erschweren.

Aber die einfache Reproduktion der Offenbarung enthält ihre Antithese in sich selbst. Nachdem der Mensch seinen Akt der Schöpfung Gottes aus seinem Bewußtsein verbannt hatte, stellte sich ihm die Frage, wie denn Gott mit ihm und der Welt zusammenhänge. Und diese Frage zwang die Theologie, schließlich gegen ihren Willen den phantastischen Grund bloßzulegen, auf dem sie beruhte. Denn der ungeklärte Gegensatz zwischen Gott und Welt erzwang eine erweiterte Reproduktion, die dem Menschen die Kraft seines Geistes enthüllte. So schuf er sich allmählich unter der Herrschaft der Theologie eine differenzierte Vernunft voller Kategorien (Ideen), welche die Abbilder des Beharrenden der Wirklichkeit waren, aber als Erzeuger der Wirklichkeit durch Wissen und Willen Gottes gedeutet wurden.

3. Etappe: die Metaphysik

Die auf diesem Umweg gewonnenen eigenen Inhalte der Vernunft (Formen, Kategorien) waren zu allgemein, als daß sie der konkreten Erkenntnis der Welt adäquat sein konnten. Aus diesem Grunde mußte sich die Fruchtbarkeit der Fragestellung erschöpfen, selbst wenn man nichts unterlassen hatte, um den Weg vom Endlichen zum Absoluten als unendlich zu begründen. Aus dem Umstand, daß sich die Vernunft auch auf dieser höheren Stufe nur in Beziehung zu den drei konkreten Erkenntnisvermögen hatte bilden können, folgte mit Notwendigkeit, daß sie sich auch hier von Gott, Offenbarung und Theologie allmählich ablösen mußte. Sie erklärte sich schließlich – in ihrer nunmehr gegliederten Gestalt – für autonom, indem sie behauptete, von sich aus die Welt setzen zu können und selbst vor jeder Beziehung zur Welt (a priori) gegeben zu sein (Rationalismus und Kritizismus).

Der Übergang der spekulativen Vernunft in die empirische Erkenntnis.

Damit trat nun die Vernunft wieder direkt der Außenwelt gegenüber, und es begann ein Prozeß, der die Auflösung der absoluten Autonomie und Apriorität der Vernunft durch die konkreten Erkenntnisvermögen nach sich ziehen mußte, weil er die Vernunft in die drei konkreten Erkenntnisvermögen inkorporierte. Es war unvermeidlich, daß die aus der Beziehung des Absoluten zum Bedingten entstandenen Kategorien sich als zu starr erwiesen gegenüber einer sich dauernd in Bewegung und Veränderung befindenden Welt, die eben nicht nach der Voraussetzung der Ontologie als eine primär seiende existierte. Ebenso unvermeidlich war es, daß die Kategorien die Wirklichkeit nicht eindeutig erfassen konnten, weil sie selbst antinomisch (z.B. Kontinuität-Diskontinuität) und ihre Einheit (Gott, Substanz, Logos, Selbstbewußtsein etc.) für eine von der Außenwelt gestellte Aufgabe rein fiktiv war. Der Kampf, den die Kategorien (des Seins und des Bewußtseins) mit der konkreten Außenwelt führen mußten, verwandelte notwendig ihren apriorischen Charakter in einen historischen. Aber gerade dadurch wurde der bisher äußere Gegensatz und Zusammenhang zwischen den drei konkreten Erkenntnisvermögen und der Vernunft zu einem inneren. Die entscheidende Fragestellung der Vernunft nach der Einheit verlor ihren metaphy-

Einleitung: b) Geschichte als Beweis des dialektischen Verhältnisses
zwischen Vernunft und den anderen Vermögen
Analyse des Prozesses des spekulativen Denkens
a) Das Aufnehmen

107

sischen Charakter, sie wurde konkret, d.h. ein integrierender Bestandteil der empirischen Erkenntnis. Die konkreten Erkenntnisvermögen haben sich nun an der Frage nach der Einheit des Prinzips, der Einheit der Methode und der Einheit zwischen diesen beiden (s. Lenin: Philosophischer Nachlaß, Seite 190) zu orientieren, und diese über die unmittelbare Empirie hinausgehende Frage in voller Übereinstimmung mit der Wirklichkeit zu lösen.

Die zur Auflösung der Metaphysik treibende Antinomie der Vernunft.

Wir haben mehr die immanenten Hauptetappen der Entwicklung der spekulativen Vernunft als die wirklichen Bedingungen der materiellen Welt (Produktionsmittel und Produktionsverhältnisse) angedeutet, durch die der unbeherrschte Sektor der Welt im Prinzip beherrschbar geworden ist. Aber wir haben damit bewiesen, daß die Vernunft prinzipiell der Geschichte unterworfen ist. Daraus folgt eine merkwürdige Antinomie. Die Frage nach dem Einen und Absoluten läßt nur eine, und zwar schlechthin gewisse Antwort zu, weil zwei "Eine" oder "Absolute" ein Widerspruch sind. Da man aber auf allen Etappen der früheren Geschichte nicht feststellen konnte, daß die Vernunft gerade wegen ihrer ursprünglich-unvermittelten Beziehung zur Welt nur willkürlich und zufällig zu funktionieren vermag, so war sie von vornherein zur Selbsttäuschung prädestiniert. Sie war das "ideologische" Vermögen schlechthin, das die Resultate der übrigen zu verdoppeln und ihren Zusammenhang mit der Außenwelt auf den Kopf zu stellen gezwungen war. Man verabsolutierte die jeweils gefundene Antwort zu einem Dogmatismus, der sich selbst auflösen mußte, weil an ihm nicht mehr richtig war als die allmähliche Annäherung an die eine Antwort. Und diese läßt sich erst finden nach dem Verzicht auf alle fiktiven Begründungen eines absoluten oder kritischen Dogmatismus, allein durch die dialektische Synthese zwischen der Vernunft und den drei konkreten Erkenntnisvermögen. Aber diese Synthese wird erst auf einer bestimmten Stufe der geschichtlichen Entwicklung und unter ganz bestimmten gesellschaftlichen und ökonomischen Voraussetzungen vollziehbar: wenn die praktische Beherrschung der Welt durch einen so hohen Grad materieller Produktivkräfte gesichert ist, daß die mehrwertlose und klassenlose Gesellschaft im Bereich des Möglichen liegt.

Die Analyse des Prozesses der spekulativen Vernunft.

2. Nach diesen allgemeinen Vorbemerkungen, die der Erkenntnistheorie (a) und der Geschichte (b) zugehören, dürfte es nicht mehr mißverständlich sein, wenn wir im folgenden — ohne Rücksicht auf alle historischen Differenzierungen — eine allgemeine Analyse des Prozesses der spekulativen Vernunft in den drei Etappen des Aufnehmens, Verarbeitens und Entäußerns geben.

Die 3 Quellen des Aufnehmens.

a) Das Aufnehmen.

Das Aufnehmen der Vernunft zeigt drei Quellen, die in den verschiedenen Epochen verschiedene Wichtigkeit und verschiedene Inhalte haben. Zwei von ihnen liegen außerhalb der Vernunft, aber ihre Transzendenzzeichen weisen in entgegengesetzte Richtung: zur Offenbarung (resp. zum Befehl der Götter) und auf den von den übrigen drei Erkenntnisvermögen nicht beherrschten Sektor der Welt; der dritte liegt in der Vernunft selbst, ist ihr immanent. Prüfen wir nun zunächst jede einzelne dieser Quellen und dann ihr Verhältnis zueinander.

Die Sicherung der Vernunft durch ein absolutes Transzendenzzeichen

aa) Wir hatten gesagt, daß der unbeherrschte Sektor der Welt ohne jede Vermittlung an die Vernunft herankommt, wenn auch die Beziehung zum beherrschten Sektor und zu den sie verarbeitenden Vermögen des Menschen nie gelöst ist. So muß die Vernunft sich zuerst eine Sicherung gegen die eigene Willkür suchen. Und es ist bezeichnend, daß diese in fortschreitendem Maße nicht nur außerhalb der Welt, sondern auch außerhalb des Bewußtseins gefunden wurde. Denn dies bezeugt, daß sich der Mensch nicht nur der Unzulänglichkeit seines eigenen Geistes, sondern auch seines Anteiles an der Schaffung Gottes durchaus bewußt war.

ist bedingt durch die Erfahrung einer vom Bewußtsein unabhängigen Außenwelt.

Die Setzung eines absoluten Transzendenzzeichens ist ein illusionärer Akt, aber dieser hat eine reale Basis. Es ist ganz unwahrscheinlich, daß der Mensch je eine absolute transzendente Welt hätte imaginieren können, wenn er nicht eine relativ transzendente, d.h. eine seinem eigenen Bewußtsein transzendente irdische Welt durch sein körperliches Tun oder sein sinnliches Erleben erfahren hätte. Und es ist gewiß kein Zufall, sondern die Folge aller voraufgegangenen Erfahrungen, wenn sich in der Theologie des hlg. Thomas die absolute und die relative Transzendenz (d.h. die Abhängigkeit der Dinge und des menschlichen Denkens von Gott und die Abhängigkeit des menschlichen Denkens von der dinglichen Außenwelt) zusammenfinden. Also selbst die Fiktion eines absoluten Transzendenzzeichens spricht für die Transzendenz der Welt gegenüber dem menschlichen Bewußtsein (wenn auch nicht in hinreichender Weise).

Die Gottesbeweise.

Darum suchte man auch die Existenz eines Absoluten aus dem Wesen der Welt zu beweisen in dem Maße, in dem man die relative Berechtigung der irdischen Transzendenz zwischen Welt und Bewußtsein gelten lassen mußte, um die Illusion des Absoluten nicht an ihren Widersprüchen zur konkreten Welt zu zerstören. Man hatte begriffen, daß ein Beweis aus dem Begriff Gottes nur dessen begriffliche Existenz beweisen, die außerbegriffliche nur erschleichen konnte. Daher bedeuten die Beweise, die der hlg. Thomas für die Existenz Gottes geliefert hat, das Maximum an metaphysischer Sicherung der Theologie. Alle späteren Versuche, auf den ursprünglichen Existenzbeweis des hlg. Anselm von Canterbury zurückzukommen (Descartes, Hegel), beruhen bereits auf der Auswechslung des absoluten, göttlichen Geistes gegen einen allgemeinen Weltgeist. Und diese Art des Idealismus beweist, daß die allumfassende Realität Gottes gar nicht mehr gesucht wurde, weil bereits nur noch die Sphäre des vom Menschen Geschaffenen jenen Grad des Nichtbeherrschbaren aufwies, der eine Existenz Gottes notwendig erfordert.

Die Widerlegung der Gottesbeweise.

Der Marxismus hat das größte Interesse daran, die thomistische Hypertrophie des Idealismus aufzulösen, da nur so der relative Anteil des Idealismus am Erkenntnisprozeß, d.h. die Art und der Grad der Rückwirkung des Geistes auf die Materie sichergestellt werden kann. Daher ist er zur Widerlegung der Beweise des hlg. Thomas gezwungen. Er kann dies tun, indem er die geschichtlichen Gründe aufzeigt, welche notwendig zur Illusion führen mußten (die Existenz eines unbeherrschten Sektors in der Natur und in der menschlichen Gesellschaft), und indem er die praktische Rückwirkung dieser Illusion auf die konkrete Wirklichkeit erklärt, da beherrschter und unbeherrschter Sektor an tausenden Stellen zusammenhängen und ineinander übergehen. Aber wegen der großen sozialen Bedeutung dieser Ideologien, die sich teils aus dem Fortbestand der Bedingungen reproduzieren, teils durch Institutionen im Interesse der herrschenden Klasse gewaltsam aufrecht erhalten werden, sollte der Marxismus auch zeigen, wie der illusionäre Ursprung sich in der Beweisführung selbst und in deren Folgen auswirkt und sie unhaltbar macht.

Die ontologischen Grundlagen der thomistischen Gottesbeweise.

Das Eigentümliche der thomistischen Gottesbeweise besteht darin, daß man von der unabhängig vom menschlichen Bewußtsein existierenden Außenwelt ausgeht, deren wesenhaftes Sein als Prinzipien einer Ontologie feststellt, um dann von dieser Ontologie zur Theologie überzugehen. Wir halten uns bei unserer Widerlegung an die Darstellung, die Maritain in seinem Buche "Antimodern-Ultramodern" von der Ontologie gibt, und an die Gottesbeweise, wie sie von Thomas in der theologischen Summa formuliert sind.

Die erste Frage lautet also: Welches sind die ontologischen Prinzipien, und welches ist ihr Zusammenhang? Maritain glaubt als die einfachste Tatsache, "die meine für die Welt offenen Augen sehen, und die mein Verstand erkennt", feststellen zu können: es gibt Dinge, die sind. Das Sein enthält die Wesenheit und die Existenz. Da es in allen Dingen das Sein gibt, und doch diese Dinge voneinander verschieden sind, so folgt, "daß der Begriff des Seins ein transzendentaler und analoger ist". Die Idee des Seins zieht mein Verstand aus den von meinen Sinnen erfaßten Objekten. Ist aber diese Idee einmal gebildet, so sieht mein Verstand … unmittelbar (nicht als erfahrungsmäßige Feststellung) einige Axiome ein: das der Identität (jedes Ding ist das, was es ist) und das des Widerspruches (Sein ist nicht Nichtsein). Ferner das Prinzip der Vernunft: "Alles Seiende ist im Sein begründet", das Prinzip der Kausalität und das der Finalität: "Das Seiende ist nicht nur, es wirkt". Für das Verhältnis zwischen Sein und Wirken gilt: "Das Sein geht dem Werden voraus, und es gibt keine Veränderung ohne ein Sein, das veränderlich ist". Daraus folgt: "Alles, was bewegt wird, wird durch ein Anderes bewegt." Es gibt Seinsstufen, die durch folgende 4 Sätze charakterisiert werden:

I. Das Mehr kann nicht aus dem Weniger entspringen.

II. Die Ursache hat mehr Sein und Vollkommenheit als das, dessen Grund sie ist.

III. Was nicht durch sich ist (per se, per suam essentiam), setzt das, was durch sich ist, vor sich voraus.

IV. Alles, was ein Sein oder eine Vollkommenheit durch Teilnahme ist, geht auf dasjenige als auf sein Prinzip und seine Ursache zurück, was diese Vollkommenheit wesenhaft (per essentiam) hat. — Damit hat uns Maritain bis an die Schwelle geleitet, die von der Metaphysik zur Theologie führt, vom begreiflichen zum unbegreiflichen Sein.

Kritik der thomistischen Ontologie: Das Sein ist nicht eine 1. Feststellung, sondern ein Schluß aus einer primären Feststellung.

Dazu ist nun kritisch zu sagen:

I. Maritain hält es für die einfachste feststellbare Tatsache, daß es "Dinge gibt, die sind", — wobei das Sein die Wesenheit und die Existenz enthalten soll. Er muß aber selbst zugestehen, daß diese Feststellung abhängig ist von den Augen, die sehen, und von dem Verstand, der denkt. Also ist die erste direkt feststellbare Tatsache eine Beziehung zwischen Dingen und bestimmten Erkenntnisvermögen des Menschen: und erst aus der Analyse jedes einzelnen Erkenntnisvermögens (körperliches Tun, Sinne, Verstand, Vernunft) und ihres Zusammenhanges untereinander, wird die Behauptung der Existenz (oder des Seins) der Welt, als eine empirisch begründete Wahrheit erschlossen, auch wenn die Tatsache ihrer Existenz (oder ihres Seins) allen Analysen und Zusammenhängen zugrunde liegen sollte.

Die Feststellung der Einheit des Seins ist nicht einfach, sondern ein unendlicher Prozeß.

II. Es ist (mit Lenin) an dem Akt der Beziehung zwischen Sein (Welt, Dingen) und Denken (einzelnen Erkenntnisvermögen) als an dem materialistisch oder idealistisch noch ungeklärten Ausgangspunkt festzuhalten, weil es von allem Anfang an von der größten Wichtigkeit ist, genau zu trennen das, was den Dingen zukommt, von dem, was vom Denken herkommt. Dann aber läßt sich nur beweisen, daß Dinge existieren, nicht, daß sie sind, d.h. daß sie zugleich mit, aber getrennt von ihrer Wesenheit ein Sein haben. Wohl haben sie gewisse Eigenschaften. Diese bilden sich bei unserem körperlichen Tun anders ab als auf unsere Sinne, auf diese anders als in unserem abstrakten Denken, resp. unserer Vernunft. Die Einheit dieser Dinge und die Einheit des menschlichen Geistes zwingen uns auch, die Einheit dieser verschiedenartigen Abbildungen zu fordern, aber die Auffindung dieser Einheit ist ein prinzipiell unendlicher historischer Prozeß und nicht mehr eine einfache Feststellung.

Der Geschichte ist aber nicht nur der Prozeß des Denkens unterworfen, sondern auch die Dinge selbst, die Gegenstand des Denkens sind. Die sogenannte Wesenheit, die im Begriff des Seins steckt, ist keine beharrende (seiende), sondern eine sich verändernde (werdende). Und das Verhältnis von Beharren und Veränderung ist konkret in dem Sinne, daß es selbst in der Zeit nur relativ konstant bleibt.

In der angeblichen Feststellung: "es gibt Dinge, die sind", steckt also bereits ein Faktor, der das Ergebnis eines komplizierten synthetischen Verarbeitungsprozesses einzelner Erkenntnisvermögen und darum einseitig ist. Unterscheidet man aber hinreichend die auf Grund *aller* Erkenntnisvermögen empirisch feststellbare Tatsache: daß Dinge außerhalb des menschlichen Bewußtseins existieren, von der nur von einigen von ihnen geformten Aussage, daß die Dinge eine beharrende Wesenheit haben, so verliert die Einfachheit des Seinsbegriffes die Allgemeingültigkeit.

Es entfallen alle Folgerungen der thomistischen Ontologie.

III. Damit entfallen auch alle Folgerungen, die der Thomismus an seine Ausgangsfeststellung anknüpft. Zunächst die folgenden:

1) daß der Begriff des Seins ein transzendentaler und analoger ist. Die Tatsache der Existenz ist eine objektive Tatsache, und zwar handelt es sich immer um ein und dieselbe Existenz, so lange man von der konkreten Existenz der Dinge spricht. (Der Begriff der Existenz ist also ein empirischer Begriff.) Die Tatsache der Eigenschaft

ist eine objektive Tatsache. (Der Begriff der Eigenschaft ist ein empirischer Begriff.) Die Wesenheit dagegen ist entstanden dadurch, daß man von den empirischen Eigenschaften alles fortgelassen hat, was veränderlich, und alles beibehalten hat, was jeweils – d.h. in einer übersehbaren historischen Spanne konstant ist, und dieses isolierte Moment verabsolutiert hat. Ein solcher Begriff kann nicht einmal transzendental in dem Sinne sein, daß er ein reiner Verstandesbegriff ist, und erst recht nicht in dem Sinne, daß ihm irgendwie objektive Realität in einer anderen Seinsart als in der des menschlichen Geistes zukommt;

2) daß man irgendwelche Axiome rein durch intellektuelle Erkenntnis (d.h. a priori) aus der angeblichen Seinsfeststellung ableiten kann. Die Sätze der Identität und des Widerspruches wurden benutzt, um den Begriff der "Wesenheit" zu bilden, und wenn man behauptet, daß man sie aus diesem ableiten kann, so ist das ein einfacher Zirkel. Bildet man nämlich aus den empirisch festgestellten Eigenschaften auf Grund ihrer Veränderungen einen metaphysischen Begriff des Werdens – was mit genau demselben Recht, resp. Unrecht geschehen ist – so fällt zugleich die ganze Identitätslogik mit fort.

3) Genau das gleiche gilt von dem angeblichen Vernunftprinzip "Alles Seiende ist im Sein begründet". Denn man hat ja nur die "seienden" Dinge in das "Sein" hineinhypostasiert.

Der methodologische Fehler der thomistischen Ontologie.

Zusammenfassend kann man also sagen: Man hat – indem man von einer bewußtseinsunabhängigen Welt ausging – einen synthetischen Denkakt vorgenommen, und anstatt sich durch eine eingehende Analyse über die Grenzen seiner Geltung Rechenschaft abzulegen, behauptet man, eine absolut geltende Tatsache "festgestellt" zu haben. Man hätte durch analytische Urteile aus dem synthetisch gewonnenen Begriff ("Wesenheit") herausholen können, was man hineingelegt hatte; selbstverständlich hätten diese analytischen Urteile Geltung gehabt in demselben Umfang, in dem der synthetische Begriff berechtigt war. Aber das ist etwas vollkommen anderes als die Behauptung, daß man aus der "festgestellten Tatsache" (die in Wirklichkeit ein hypostasierter Begriff ist) Prinzipien a priori ableiten kann. Man sieht also ganz deutlich, wie sich der menschliche Geist nicht an die von ihm unabhängige Welt hält, indem er auf diese zurückwirkt, sondern willkürlich über diese hinausgeht. Dadurch verwandelt er das dialektische Verhältnis, das zwischen Sein und Bewußtsein im Erkenntnisprozeß herrscht, in ein dogmatisches auf Grund eines begrenzten Denkaktes, der die Tatsachen nicht hinreichend erschöpft.

Die Ableitung der Kausalität aus den Prinzipien der Ontologie ist nicht gültig.

IV. Eine besondere Betrachtung verdient der nächste Schritt der Gedankenfolge: das angeblich ebenfalls deduzierte Prinzip der Kausalität; denn es steht im Zentrum der thomistischen Theologie, deren Fundamentalsatz lautet: Gott ist die erste Ursache und das letzte Ziel der Welt. Ganz deutlich wird sich auch hier wieder zeigen, wie der "pfäffische Betrug" des absoluten Idealismus zustande kommt.

Zunächst ist man gezwungen, auf die Erfahrung an der wirklichen Welt zurückzugreifen und festzustellen: "Das Seiende" (d.h. das konkrete Ding) "ist nicht nur" (d.h. es existiert nicht nur in seiner Wesenheit beharrend), "es wirkt". Die Aufgabe hätte nur darin bestanden, festzustellen, ob das Wirken in jedem einzelnen Fall an die Existenz oder die Eigenschaften oder an beides zugleich oder an keines von beiden gebunden ist; ob das Wirken Existenz schlechthin neu schaffen kann oder nur Veränderungen an existierenden Dingen. d.h. welches die Tragweite des Wirkens ist. Statt dessen stellt man die ganz abstrakte Frage: In welchem Verhältnis stehen "Sein" und "Wirken"? Da aber "das" Sein und "das" Wirken nur Begriffe sind, so stehen sie auch nur in einem begrifflichen Verhältnis. Das Subjekt, das sich durch einen Abstraktionsakt von den Dingen freigemacht hat, kann nun auch vollständig willkürlich bestimmen, ob es das Sein dem Werden oder das Werden dem Sein vorausgehen lassen will; ob es dem Wirken eine absolute Bedeutung im Sinne des Setzens einer Existenz oder eine relative im Sinne des Herbeiführens von Veränderungen an existierenden Dingen zuschreiben will. Die konkrete Erfahrung liefert einem unvollständigen Denken ebenso viele oder ebenso wenige Anhaltspunkte für die Priorität des Werdens wie für die des Seins.

Das Wesentliche des Vorganges ist deutlich: anstatt den menschlichen Geist von den Dingen bestimmen zu lassen, läßt man ihn die Dinge bestimmen. Man verwandelt den erkenntnistheoretischen Materialismus in einen erkenntnistheoretischen Realismus (oder Idealismus), weil man dem konkreten Problem noch nicht gewachsen ist, weil man noch nicht die Geduld zu dem unendlichen Denkprozeß besitzt und darum durch einen Kurzschluß, d.h. auf eine imaginäre Weise alle Probleme zugleich lösen will. Da man aber durch den Abstraktionsakt den konkreten Inhalt bereits verloren hat, wird an Stelle der wirklichen Welt etwas Imaginäres gesetzt: der von der Welt unabhängige, a priori schöpferische Geist. —

Dem Sprung von der Empirie zur Ontologie folgt der von der Ontologie zur Theologie.

Ich habe bisher gezeigt, daß der Übergang von der Empirie zur thomistischen Ontologie nicht in sich notwendig ist, weil in eine angeblich empirische Feststellung eine einseitige und hypostasierte Verstandesabstraktion eingeschmuggelt wird, um dann Vernunftprinzipien daraus abzuleiten, — dieselben natürlich, die man schon vorausgesetzt hat, um den Übergang vom erkenntnistheoretischen Materialismus zum erkenntnistheoretischen Realismus überhaupt machen zu können. Ich werde im folgenden zeigen, welchen Wert der Übergang von der Ontologie zur Theologie hat.

Die Behauptung einer Fremdursache für alle Bewegung ist unhaltbar.

V. Nachdem man dem "Sein" den Vorrang vor dem "Werden" a priori zugeschrieben hat, folgert man zunächst, daß alles, was bewegt wird, durch ein Anderes bewegt wird. Diese Deduktion widerspricht der Erfahrung. Schon die rein mechanische Bewegung lehrt, daß ihr Ergebnis nicht allein durch den stoßenden Körper, sondern durch die Wechselwirkung zwischen stoßendem und gestoßenem Körper bedingt ist. Nicht die "Ursache", sondern die Auslösung kommt von dem anderen Ding, und es gibt überhaupt keine einseitige Folge von Ursache und Wirkung, sondern nur eine Wechselwirkung.

Die falsche Interpretation der konkreten Wechselwirkung hat sehr weit zurückreichende Voraussetzungen. Man hat stillschweigend Materie und Energie voneinander getrennt, und so ein Ganzes, das in sich bewegt ist durch das Verhältnis, in dem die ihm immanenten Energien zueinander stehen, verwandelt in ruhende Einzeldinge, die von außen gestoßen werden. Aber beides findet keine genügende Grundlage in den Tatsachen. Im Gegenteil lehren uns die modernen Naturwissenschaften, daß absolute Ruhe eine Täuschung ist, die darauf beruht, daß wir die Ruhe relativ zum Bezugsystem falsch interpretieren, weil wir die Bewegung dieses letzteren nicht unmittelbar wahrnehmen; und daß Energie und Trägheit (lebendige Kraft und Materie) nicht in Wirklichkeit, sondern nur in der Vorstellung voneinander getrennt werden können. Also: der metaphysische Ursachbegriff beruht auf einem mangelnden Verständnis physikalischer Tatsachen und ist daher vollständig hinfällig. Damit zerbricht aber auch die Achse dieses Gottesbeweises, der ja gerade unter der Voraussetzung der Existenz einer Fremdursache die Frage nach der ersten Ursache, d.h. nach Gott stellt.

Die Widerlegung der 4 Seinsstufen.

VI. Aber alle diese Abstraktionen einer vagabundierenden Vernunft sind gering gegen diejenigen, die zur Charakterisierung der 4 Seinsstufen führen. Es wäre zunächst zu untersuchen, ob das, was hier als Seinsstufen auftritt, nicht eigentlich Wirkungsstufen sind. Dann würde eine Übertragung von empirischen Wirkungsintensitäten auf das "Sein" vorliegen, was um so weniger statthaft wäre, als ja dem "Sein" der Vorrang vor dem Wirken zugeschrieben wird. Aber welches auch immer der empirische Ursprung sei, und welche Irrtümer bei der Übertragung vom Konkreten ins Abstrakte vorgekommen sein mögen, es genügt, die 4 Sätze in sich und im Zusammenhang mit ihren Voraussetzungen und Folgerungen zu betrachten, um ihre Unhaltbarkeit zu beweisen.

Sie sind nur möglich unter der Voraussetzung der Existenz Gottes, können diese also nicht beweisen.

Der Satz I: "Das Mehr kann nicht aus dem Weniger entspringen" besagt zunächst, daß die Natur keinen Fortschritt, keine Entwicklung aus sich selbst hervorbringen kann; nimmt man den Satz II hinzu: "die Ursache hat mehr Sein und Vollkommenheit als das, dessen Grund sie ist", so würde sogar herauskommen, daß die Natur, sich selbst überlassen, nur verfallen kann. So wird (da doch eine Entwicklung der Welt nicht abgeleugnet werden kann) die ewige Existenz Gottes bereits vorweg behauptet.

Theologisch besagen die beiden Sätze, daß der Mensch nicht Gott geschaffen haben kann, und daß Gott, als der Schöpfer des Menschen, eine größere Seins- und Vollkommenheitsfülle haben muß, als der von ihm geschaffene Mensch. Und alles das soll folgen aus dem deduzierten Prinzip: "Alles, was bewegt wird, wird durch ein Anderes bewegt". Man sieht aber sofort, daß alle diese Folgerungen nur möglich sind, wenn man einen Gott schon voraussetzt, und auf Grund dieser Voraussetzung die Wechselwirkung als eindeutiges Verhältnis von Fremdursache und Wirkung interpretiert, während umgekehrt doch die genannten Sätze Voraussetzungen für den Beweis einer Existenz Gottes sein sollen. Denn schaltet man die Fiktion Gottes aus, so bleibt als die nächste Folgerung der naturwissenschaftliche Satz von der Erhaltung der Energie, also weder ein Weniger noch ein Mehr — also auch kein Gott.

Die Wirklichkeit gibt keinen Anhaltspunkt weder für die absolute Trennung

Der "pfäffische Betrug" erreicht seinen Höhepunkt in den beiden anderen Sätzen. In der Natur — ihre Existenz einmal gegeben — entsteht nichts aus sich selbst, sondern aus seinesgleichen und dessen Beziehung zur Umgebung. Es setzt also — zeitlich — seine Ursache vor sich voraus (z.B. das Kind seine Eltern); oder scholastisch ausgedrückt: die Existenz jedes Dinges stammt nicht aus seinem Wesen. Daraus soll nun folgen, daß die Existenz der Dinge zurückgeht auf etwas, das Sein aus seinem Wesen hat oder genauer, dessen Sein und Wesen identisch sind. Woher aber kommen wir zu einer solchen Vorstellung? Die körperliche und die sinnliche Erkenntnis der Welt zeigt uns Dinge, die sich verändern, aber während dieser Veränderung existieren. Sie geben uns also zwar eine relative Berechtigung, Eigenschaften und Existenz, resp. Eigenschaften und Werden zu trennen, aber wir kennen nicht ein einziges Ding, das nicht zugleich Eigenschaften und Existenz hat und in dem nicht einzelne Eigenschaften vergehen und andere entstehen. Existenz ist also ebenso mit dem verbunden, was wird (vergeht und entsteht), wie mit dem, was beharrt. Nur wenn man aus dieser konkreten und dialektischen Einheit eine "Wesenheit" macht, d.h. das Beharren in der Existenz isoliert und hypostasiert, so ergibt sich infolge dieses metaphysisch einseitigen Abstraktionsaktes die Möglichkeit, Sein und Wesen der Dinge absolut zu trennen.

noch für die absolute Identifizierung von Sein und Wesen.

Eine solche, über die bloß begriffliche Unterscheidung hinausgehende objektive Sachverschiedenheit folgt aber nicht logisch aus der erfahrbaren Welt, sondern die Berufung auf die konkrete Abhängigkeit von seinesgleichen dient nur dazu, den Weg zum Resultat zu verschleiern. Der Zweck ist offenbar; eine Existenz zu imaginieren, in der Sein und Wesen zusammenfällt, d.h. Gott.

Wie und warum der Mensch Gott schafft.

Man kann hier wie überall ganz deutlich die Art verfolgen, wie der Mensch Gott schafft. Er stellt zunächst seine eigene Abhängigkeit von und seine eigene Grenze gegenüber einer auf ihn einwirkenden körperlichen Mächtigkeit fest. Er sieht ferner, daß seine Rückwirkung auf diese "Ursache" nicht mehr die Tatsache der Existenz einer solchen Welt selbst beseitigen kann, d.h. daß seine Mächtigkeit stets hinter der "Ursache" zurückbleibt. So erfindet er schließlich eine Ursache seiner Ursache, indem er die letzte theoretisch der vollkommensten Ursache unterwirft, die überhaupt denkbar ist. So gleicht die Menschheit in der Phantasie ihre natürliche und gesellschaftliche Ohnmacht aus, welche die letzte Wurzel des ganzen Prozesses ist, und schafft sich in der Einbildung die Erlösung, welche sie durch Bewältigung der Wirklichkeit noch nicht zu schaffen vermag.

Die Annahme einer ersten Ursache hat nur eine metaphysische, keine wissenschaftliche Funktion,

VII. Die Beweisführung des Thomismus erfordert nun noch folgende Sätze: Es kann keine unendliche Kette von Ursachen geben, also muß es eine erste Ursache geben. In einer solchen aber fällt Sein und Wesen notwendig zusammen. Es kann nur *eine* erste Ursache geben.

Solange der Mensch die Existenz der Welt als gegeben hinnimmt, handelt es sich für ihn überhaupt nicht um eine unendliche Kette von Ursachen, sondern um einen unendlichen Prozeß der menschlichen Erkenntnis, die allgemeine Ursache zu finden, auf die alle Veränderungen zwischen den existierenden Dingen sich letzten Endes als auf ihren Generalnenner zurückführen lassen. Ob es nur eine solche allgemeine Ursache gibt, kann allein die Wissenschaft durch konkrete Forschungen allmählich feststellen. Das Problem der ersten Ursache hat überhaupt keinen wissenschaftlichen Sinn, es beruht nur auf der metaphysischen Frage: warum ist überhaupt Etwas und nicht das Nichts? Man muß zugeben: diese Frage bleibt bestehen, was auch immer die Wissenschaft als Anfang und allgemeinste Ursache der Welt entdecken mag. Aber auch Gott gibt auf diese Frage eine bloß wörtliche Antwort und keine Erklärung; und diese Antwort enthält so viele Fiktionen und Illusionen, daß es kein Zeichen von Klugheit und Tapferkeit, sondern nur eines der Dummheit und Feigheit ist, wenn eine solche Antwort unser Kausalbedürfnis befriedigt. In Wirklichkeit würde sich niemandes Verstand oder Vernunft mit einer solchen Hypothese zufrieden geben, wenn ihn nicht seine Stellung in der Gesellschaft, d.h. seine Zugehörigkeit zu einer an dem Produktionsprozeß nicht im produktiven Sinne beteiligten Klasse dazu zwänge, auf den Gebrauch seiner Erkenntnisvermögen zu verzichten.

sie ist die Hypostasierung eines Postulates.

Aber selbst die Berechtigung der Frage: warum überhaupt etwas und nicht Nichts ist? zugegeben, so hätte doch die "erste Ursache", in der Sein und Wesen identisch sein sollen, eine Existenz zunächst nur als Forderung des menschlichen Bewußtseins, d.h. als subjektive Idee, als heuristisches Prinzip. Nichts berechtigt dazu, aus dieser Forderung eine Wirklichkeit außerhalb des Bewußtseins und der konkreten Welt, — in einer der Welt transzendenten Wirklichkeit zu machen. Hier hypostasiert man doch ganz offenbar ein Postulat der Vernunft: nachdem man den menschlichen Geist von den Dingen losgelöst hat, löst man nunmehr seine Forderungen und Begriffe von ihm selbst ab und macht sie zu absoluten, transzendenten Entitäten. Man geht in eine Welt des Seins über, die mit der Welt der seienden Dinge nur durch eine willkürlich zu bestimmende Analogie verbunden ist.

Die Betrachtung der Eigenschaften Gottes zeigt: der Mensch hat Gott, nicht Gott den Menschen geschaffen.

VIII. Daß der scholastischen Maxime zum Trotz, nach der ein Mehr nicht dem Weniger entspringen kann, Gott doch das Geschöpf des historisch bedingten Menschen, und nicht der Mensch das Geschöpf Gottes ist, wird noch deutlicher, sobald man nicht die Existenz, sondern die Beschaffenheit dieses Gottes betrachtet. Thomas von Aquino sagt zunächst, daß der Mensch nicht wissen kann, was Gott ist. Daraus macht er dann: daß der Mensch nur wissen kann, was Gott nicht ist, und daraus schließlich, daß Gott alles Vollkommene in eminentem Maße und als Einheit ist, was im Menschen nur angelegt und in viele Eigenschaften zersplittert sich vorfindet. Damit wird doch der Mensch als Ausgangspunkt und Schöpfungsquelle ganz klar bloßgelegt. Wenn hier überhaupt ein Problem vorliegt, so ist es dieses: wie der Mensch aus seiner Unvollkommenheit und Relativität heraus ein vollkommenes und absolutes Wesen imaginieren kann? Aber zu seiner Lösung braucht man keine spekulative Metaphysik, sie ergibt sich aus dem materialistischen, historischen und dialektischen Charakter der menschlichen Erfahrungen.

Zusammenfassung der Widerlegung der thomistischen Beweise für die Existenz Gottes: die Hypothese Gottes beweist zu viel und zu wenig.

Wir haben also gesehen, daß die ganze thomistische Beweisführung unhaltbar ist, weil sie an den beiden entscheidenden Stellen, beim Übergang von der Empirie zur Ontologie und beim Übergang von der Ontologie zur Theologie schon die Konsequenzen der eigenen Beweisführung voraussetzt, also auf einem Zirkel beruht. Dieser wurde mit solcher Selbstverständlichkeit und Naivität von einem der größten Denker gemacht, weil die Existenz Gottes den lebendigen

Interessen der Epoche entsprach, die auch das größte Genie nicht überspringen kann. Und weil diese Interessen andere geworden sind, sehen wir heute nicht nur diesen Zirkel, sondern auch die weitere Tatsache, daß die Hypothese Gottes zugleich zu viel und zu wenig beweist und darum schlechthin unbrauchbar ist. Sie beweist zu viel, weil man mit ihr – theoretisch – jede Schwierigkeit aus der Welt weginterpretieren kann, eben weil wir Menschen uns in Gott ein Wort geformt haben, das alle unsere Unzulänglichkeiten und Grenzen auf einmal beseitigt. Sie beweist aber zu wenig, weil sie tatsächlich – alles beim alten läßt und darum dort, wo der leere Schein der Beweise praktisch gefährlich wird, neben der causa prima Gottes causae secundae einführen muß, welche die Widersprüche zwischen der Vorstellung eines allervollkommensten Wesens und den Tatsachen (z.B. der menschlichen Sünde etc.) beseitigen sollen. Es handelt sich dabei um eine reine Hilfshypothese, die nicht nur den fiktiven Charakter der Hypothese "Gott", sondern zugleich die jeweilige wirkliche Mächtigkeit des Menschen gegenüber der Welt enthüllt.

Die 2. Quelle: die 2 Formen der autonomen Vernunft: die objektive –

bb) Die zweite Quelle für das Aufnehmen der Vernunft ist ihre Autonomie, mag sie sich und die Welt zugleich setzen als Akt einer Substanz (Spinoza) oder eines Logos (Hegel), oder mag sie sich als ein absolutes Apriori vorfinden, das der Wirklichkeit die Gesetze vorschreibt (Kant) oder sogar deren Inhalte erschaut (Husserl). Es kann hier selbstverständlich nicht der Ort sein, alle Spielarten dieses Idealismus zu widerlegen, die – geschichtlich gesprochen – aus der Überspitzung des mittelalterlichen Feudalismus zum Absolutismus oder aus dem Kampf dieses Absolutismus mit dem Kapitalismus entstanden sind. Aber es ist hervorzuheben, daß beide Spielarten – die mehr objektive (realistische) wie die subjektive – eine historisch unersetzliche Funktion gehabt haben. Diese besteht für die erste Gruppe darin, daß man Gott der Welt immanent sein ließ, wodurch die Welt einen Wertakzent erhielt, den sie vorher nicht gehabt hatte – unbeschadet der Tatsache, daß Gott und Welt und damit noch nicht identisch gesetzt ist; und ferner darin, daß sie die thomistische Dialektik zwischen Gott und Mensch zu einer Dialektik innerhalb der Welt gemacht hat, wodurch die Dialektik die "Schöpfung aus dem Nichts" ersetzte – unbeschadet der Tatsache, daß die konkrete Welt aus einer "realen", d.h. aus ihrer idealistischen Verdoppelung dialektisch entwickelt wurde.

– die subjektive.

Die zweite Gruppe löste diese metaphysische Einheit von Sein und Denken auf. Mag der entstehende Dualismus mit seinen Konsequenzen in mancher Hinsicht reaktionär sein, er hat die Entwicklung dadurch vorwärts getrieben, daß seine Kritik an der Metaphysik des Rationalismus dazu zwang, den absoluten Geist Gottes durch den menschlichen Geist zu ersetzen, der die objektive Schöpfung aus dem Nichts zu einer subjektiven Konstituierung auf Grund gewisser apriorischer Voraussetzungen machte.

Ihre Kritik.

Das 19. Jahrhundert hat dann immer deutlicher gezeigt, daß auch in diesem idealistischen Kritizismus Metaphysik steckt. Man hatte davon abgesehen, daß die Kategorien und Grundsätze der Vernunft geschichtlich entstanden sind und variieren; man hatte das im einzelnen Erkenntnisakt relativ Konstante in etwas absolut Konstantes verwandelt und dadurch eine einseitig idealistische Beantwortung der Frage vorweggenommen, ob die Tätigkeit der Vernunft als spontane und konstitutive Ursache oder als Rückwirkung auf eine einwirkende Außenwelt aufzufassen sei; man hatte den dialektischen Charakter der Kategorien übersehen, der eine eindeutige Konkretisierung von Inhalten unmöglich macht; man hatte daraus, daß die Kategorien für den einzelnen Erkenntnisakt relativ apriori zu funktionieren scheinen, die völlig andere und gänzlich unzulässige Behauptung gemacht, daß sie sowohl schlechthin apriori sind wie auch apriori erkannt werden; man hatte sich nicht hinreichend Rechenschaft darüber gegeben, daß mit den Kategorien und synthetischen Grundsätzen apriori noch gar kein konkreter Inhalt vorhanden ist, und daß man einen solchen nur gewinnen kann, indem man ihn entweder aus dem zeitgenössischen und individuellen Bildungsresiduum erschleicht oder eine objektive transzendente Quelle offen zugibt (wie das ja Kant getan hat).

Ihre historische Funktion.

Man sieht jetzt wohl ganz klar, daß die historische Aufgabe beider Spielarten des Idealismus darin bestand, den theologischen Idealismus aufzulösen und den dialektischen Materialismus vorzubereiten. Aber indem sie diese doppelte Aufgabe erfüllten, verfiel jede von ihnen in eine Hypertrophie, die eine neue Abart von Theologie war. Wenn aber der Marxismus wirklich eine Synthese und nicht eine Vernichtung der Geschichte ist, so muß er zwar die Hypertrophien abstreifen, aber von den Idealismen soviel aufbewahren, wie als Antithese eines dialektischen Materialismus notwendig ist — oder aber er verfällt dem mechanischen Materialismus des 18. Jahrhunderts. Der dialektische Materialismus kann seine eigene geschichtliche Funktion nur dann und nur insofern erfüllen, als er die relativ berechtigten Elemente dieser Idealismen in den Materialismus integriert.

Die 3. Quelle: Das Aufnehmen der Erfahrungsinhalte.

cc) Die dritte Quelle für das Aufnehmen der Vernunft ist die Erfahrung, welche die drei konkreten Erkenntnisvermögen an der Außenwelt machen. Wie stellt sich dieser Zusammenhang zwischen ihnen und der Vernunft erkenntnistheoretisch dar — abgesehen von den geschichtlichen Variationen, von denen er natürlich nicht abzulösen ist?

Der Zusammenhang der spekulativen Vernunft mit den 3 konkreten Erkenntnisvermögen ist nicht mechanisch, nicht eklektisch,

Man könnte sich folgendes Bild machen: Die drei konkreten Erkenntnisvermögen bilden zusammen mit dem Gegegenstand, auf den sie bezogen sind, ein dreidimensionales Koordinatensystem. Der Gegenstand ist ihr Schnittpunkt. Das körperliche Tun bezeichnet die lineare Koordinate, das sinnliche Erleben (da es den Körper voraussetzt) die ebene, und der Verstand (als Synthese) die räumliche. Wären alle drei gleich lang, so hätte die Vernunft eine notwendig vorbestimmte Aufgabe: die Verbindung zwischen den Endpunkten als Durchmesserkreise zu ziehen und diese zu einer ganzen Kugel zu ergänzen, worin die zweite Voraussetzung eines konstanten Krümmungsmaßes enthalten ist. Die Tätigkeit der Vernunft wäre rein mathematisch.

Aber die gemachten Voraussetzungen treffen nicht zu. Stellen die drei Erkenntnisvermögen sozusagen die drei rationalen Koordinaten unseres Denkraumes dar, so folgt aus ihrem dialektischen

Verhältnis zueinander und aus ihrer disproportionalen Ausbildung in der Geschichte, daß ihre gleiche Länge im Bilde des Koordinatensystems wenn überhaupt, so nur in ganz seltenen Fällen vorhanden ist. Aber selbst dann folgt nicht, daß man ohne weiteres die Durchmesserkreise zu einer ganzen Kugel ergänzen darf, d.h. daß der unbeherrschte Sektor ein konstantes Krümmungsmaß hat. Man würde eine Reihe rein spekulativer Voraussetzungen annehmen. Denn macht man zunächst die drei Koordinaten gleich lang, so bedeutet das,

1. daß die Vernunft die Ergebnisse einiger der Erkenntnisvermögen über das geschichtlich noch nicht Vorhandene hinaus spekulativ ergänzen muß (was natürlich immer willkürlich ist); und

2. daß sie die qualitative Verschiedenheit der Methoden der drei Erkenntnisvermögen, d.h. ihr dialektisches Verhältnis zueinander auf eine eklektische Weise eliminieren muß. Also nur nach Verfälschung der wirklichen Erkenntnis kann die Vernunft eine illusorische, spekulative Ergänzung zur Totalität vornehmen. Außerdem wird stillschweigend vorausgesetzt, daß man den unbeherrschten Sektor nach Analogie zum beherrschten behandeln kann. Dies ist schon darum falsch, weil keines der drei konkreten Erkenntnisvermögen zu einer absoluten Wahrheit gelangt, sondern jedes ein unendlicher Prozeß, also in jedem geschichtlichen Moment auch relativ ist, während doch die Vernunft eine dogmatische Wahrheit auszusagen beansprucht.

sondern dialektisch. Daraus folgt nun aber, daß das Verhältnis zwischen den drei rationalen Erkenntnisvermögen und der Vernunft weder ein mechanisches noch ein eklektisches ist, sondern ein dialektisches, d.h. die Vernunft ist die vierte, und zwar die irrationale Koordinate unseres Denkraumes. Die Dialektik besteht darin, daß die Vernunft zwar ihre Spekulationen über den unbeherrschten Sektor der Außenwelt (von dem sie ursprünglich und letzten Endes bedingt ist und immer bedingt bleibt) nicht ganz ohne Zusammenhang mit den übrigen drei rationalen Koordinaten des Denkraumes und dem beherrschten Sektor vornehmen kann; daß aber dieses Verhältnis durch die drei untereinander dialektisch verbundenen und historisch disproportional entwickelten Erkenntnisvermögen nicht hinreichend und eindeutig bestimmt ist, so daß die Vernunft notwendig irrational arbeiten muß. Daher kann sie mit ihren phantastischen Spekulationen auf die Resultate und Methoden der drei rationalen Vermögen selbst bedrohend und auflösend zurückwirken, und diese zu neuen Sicherungen der alten Positionen und zu erweiterten Reproduktionen zwingen, wodurch dann wieder die Intensität wie der Umfang der Vernunftspekulationen eingeschränkt wird.

Die absolute Spontaneität der Vernunft ist eine Illusion. Da die Quelle der Vernunftspekulationen in dem unbeherrschten Sektor der Außenwelt liegt, den die drei konkreten Vermögen nur als ihre Grenze berühren, so konnte sehr leicht die Illusion der absoluten Spontaneität der Vernunft entstehen. Wir werden später sehen, wie die Willkür in der Verarbeitung diese Illusion noch vergrößert hat. Aber das ändert nichts an der ursprünglichen Bedingtheit durch die Außenwelt, noch an der dialektischen Beziehung zu den übrigen Erkenntnisvermögen. Denn je mehr diese durch die Erfahrung zu erweiterter Produktion gezwungen werden, um so mehr verändern sie die Inhalte und Methoden der Vernunft selbst, wie in der geschichtlichen Vorbemerkung zu diesem Abschnitt dargestellt ist. Und nun wird umgekehrt die Vernunft selbst immer dialektischer in dem Maße, in dem ihre Abhängigkeit Tatsache oder gar Bewußtsein wird. Die Vernunft schränkt ihren spekulativen Charakter ein und hebt ihn sogar selbst auf, indem ihre ursprünglich irrationale Fragestellung nach dem einheitlichen Wesen des unbeherrschten Sektors, nach der Einheit zwischen beherrschtem und unbeherrschtem Sektor in die konkrete und rationale Fragestellung der drei anderen Erkenntnisvermögen inkorporiert wird. Und erst durch diese Synthese entwikkeln dann die letzteren ihre volle Dialektik, in der die Antinomie von Rationalismus und Irrationalismus als in ihre höhere Einheit aufgehoben ist.

Zusammenfassung   Wir haben also festgestellt, daß das Aufnehmen der Vernunft drei verschiedene Quellen zu haben vorgibt: eine der Welt transzendente (Gott-Offenbarung), eine der Welt und dem Bewußtsein immanente und eine dem menschlichen Bewußtsein transzendente (bewußtseinsunabhängige Außenwelt); wir haben ferner die erkenntnistheoretische Ordnung dieser Faktoren festgestellt und darauf hingewiesen, daß ihre Bedeutung in den verschiedenen historischen Epochen eine verschiedene war, und darum die Illusion einer völlig spontan arbeitenden Vernunft entstehen konnte; wir haben schließlich festgestellt, daß diese Illusion im Laufe der geschichtlichen Entwicklung sich selbst auflöst, und daß in demselben Maße die Vernunft ein abhängiger und integrierender Bestandteil der übrigen Erkenntnisvermögen wird, mit denen sie sich zur Synthese der materialistischen Dialektik vereinigt.

Folgerung: der Marxismus ist weder dogmatischer Materialismus noch dogmatischer Rationalismus.   Damit ist aber auch gesagt, daß die wesentlichen Elemente dieser drei Quellen niemals allein und absolut auftreten, — weder in der Offenbarung, die immer von der geschichtlichen Kenntnis der Welt abhängig ist, noch im Marxismus, der die relativ berechtigten Momente des unbeherrschten Sektors und des Idealismus in dem dialektischen Charakter seiner Materie enthält. Sie haben stets einen Zusammenhang miteinander, der im Laufe der Geschichte sein dialektisches und materialistisches Wesen immer deutlicher erkennen läßt. Darf man von der objektiven Seite her den dialektischen Materialismus nicht mit dem mechanischen und dogmatischen identifizieren, so von der subjektiven Seite her nicht mit dem dogmatischen oder kritischen Rationalismus. Die Gegner des Marxismus setzen sich in Widerspruch zu sich selbst, wenn sie ihm gleichzeitig bald seinen Materialismus, bald seinen Rationalismus vorwerfen, als ob eine absolut rationelle Materie etwas anderes als Geist und Gott sein könnte, und eine absolut materialistische Ratio etwas anderes als gröbster Mechanismus. Solche Gegner ironisieren sich selbst, ohne sich der Quelle ihrer Selbstverspottung bewußt zu werden: des vollständigen Mengels an dialektischem Denken. Alle professoralen Widerlegungen des "Kapitals" und alle pfäffischen Widerlegungen des materialistischen Atheismus, sind an diesem zentralen Punkt des Nicht-Verstehen-Könnens gescheitert.

Aufgabe des Verarbeitens:

b) Das Verarbeiten.

Die Tatsache, daß alle Vernunft auf das "Eine" geht, bedeutet für den Akt des Verarbeitens, aus *einem* Ansatz und *einer* Methode *ein* System zu schaffen, nach der Absicht des Philosophen derart, daß die Folge und die Ordnung der Begriffe mit dem Aufbauprozeß der Welt selbst, Inhalt und Umfang der Begriffe mit dem Sein der Welt selbst kongruieren. Da aber die Vernunft direkt an den unbeherrschten Sektor der Welt anknüpft, so hat einerseits die Einwirkung des Seins auf die Vernunft einen sehr hohen Grad von Unbestimmtheit, und darum umgekehrt die Vernunft in ihrer Rückwirkung auf das Sein einen relativ hohen Grad von Spielfreiheit für Ansatz, Methode und System. Andererseits aber kann das "Eine" nur eines sein, d.h. die Vernunft muß entgegen dieser Willkür notwendig die Forderung aufstellen, daß es nur eine Wahrheit gibt und nur einen Weg zu ihrer Auffindung. Wie sich diese innere Gegensätzlichkeit zwischen erkenntnistheoretischer Willkür und erkenntnistheoretischer Dogmatik in der Geschichte des menschlichen Denkens als Wandel der Inhalte und der Methoden des spekulativen Erkenntnisvermögens auswirkt, haben wir kurz angedeutet; es bleibt zu zeigen, wie sie sich erkenntnistheoretisch im Verarbeitungsakt der Vernunft selbst darstellt.

Beispiele der Logiken einiger Vernunftsysteme.

Jedes philosophische System, das in sich widerspruchslos ist, läßt sich auf einige Axiome reduzieren, die seine logische Struktur ausmachen. Wäre die Spekulation der Vernunft schlechthin willkürlich, so müßte jeder Versuch, eine Einheit dieser Axiome herzustellen, resultatlos verlaufen. Umgekehrt erlaubt eine solche Einheit den Schluß auf eine Gesetzmäßigkeit und innere Begrenzung der Vernunft. Selbstverständlich kann ein solcher Beweis nicht mit empirischer Vollständigkeit geführt werden. Aber seine Wahrscheinlichkeit wird um so größer, je größer die historische Bedeutung der untersuchten Systeme ist. Denn diese drückt ja aus, daß der relative Anteil an der Wahrheit für absolut gehalten werden konnte, weil das betreffende System trotz seiner Willkür konstante Momente von solcher Tragweite enthält, daß sie der Relativität eine über die materiellen Entstehungsbedingungen hinausreichende Dignität zu leihen vermochten. Wir geben einige Beispiele (in denen die großen Buchstaben im Gegensatz zu den kleinen bedeuten, daß der absolute Geist, Idee der Ideen, Gott etc. gemeint sind; die griechischen Buchstaben, daß das Subjekt im Gegensatz zum Objekt der Erkenntnis gemeint ist).

Hegel:
  I. A ist, non A ist;
  II. A wird non A; non A wird A; A (non A) und non A (A) werden A^2;
  III. Es gibt eine unendliche Anzahl Dritter.

Plato:
  I. A ist, a scheint (verändert sich);
  II. Es gibt einen (deduktiven) Weg $A \longrightarrow a$ (α) und einen (induktiven) Weg (α) a $\longrightarrow A$. Es gibt einen und nur einen Schnittpunkt beider Wege (Koinzidenz in der Idee);
  III. Es gibt ein wohlgeordnetes System Dritter (Ideen).

Thomas von Aquino:
I. A ist, a (a) hat Sein;
II. a (a) ist analog A (A ist Ursache von a (a);
a (a) hat A zum Endzweck. (Prinzip der analogia entis);
III. Es gibt eine Hierarchie Dritter zwischen dem unendlichen A
und dem endlichen a ($\acute{a}$). ⁻
Pyrrhoneische Skepsis:
I. a ist, a ist; a erscheint dem a (a bedeutet das Objekt,
a Subjekt des Erkenntnisaktes);
II. a erscheint dem a als b,c,d, ... um nichts mehr denn als
g, h,...; und den β, γ, σ ... als m,...n,... um nichts mehr
denn als dem a als u,v,w... (Prinzip der Isosthenie);
III. Der Schluß von "a erscheint dem a als b" auf "a ist b"
bleibt fraglich (sich selbst aufhebende Urteilsenthaltung).

Das Gemeinsame der verschiedenen Logiken.

Man sieht schon aus diesen wenigen Beispielen, worin das Homologe der einzelnen Sätze jeder Logik besteht, sobald man den früher erörterten Gegensatz von Seins-, Beziehungs- und Werdenslogik hinzunimmt. Jeder erste Satz ist ein Zuordnungssatz. In der Seinslogik wird a dem Beharren, in der Beziehungslogik der Abhängigkeit, in der Werdenslogik der Veränderung zugeordnet. Jeder zweite Satz enthält eine nähere Bestimmung des ersten. Den Bestimmungssätzen folgen dann jedes Mal Begrenzungssätze, d.h. Sätze über den Geltungsumfang. Man sieht daraus, daß es sich auch in der Vernunft nicht um völlige Willkür handelt, denn Zuordnung, Bestimmung und Begrenzung bilden einen Prozeß, dessen Ziel die größtmögliche Konkretisierung ist.

Die Analyse des Weges von Satz I zu Satz III —

Untersuchen wir diesen Prozeß näher, so zeigt sich, daß er nicht nur vom Unbestimmten zum Bestimmten führt. Denn alle Zuordnung geht auf etwas Nichtreduzierbares, also Einfaches, das aber zugleich umfassend, also allgemein (und eben darum unbestimmt) sein muß. Die Begrenzungsaxiome dagegen haben den Sinn, einen totalen Geltungsbereich ausdrücklich der besonderen Bestimmung zuzuschreiben, sie enthalten also eine Beziehung zwischen Grenze und Unendlichkeit. Der Bestimmungssatz leitet in der verschiedensten Weise vom allgemeinen Element zur begrenzten Unendlichkeit über. Er kann es dialektisch oder undialektisch tun; aber da er an den Prozeß der Konkretisierung gebunden ist, wenn er nicht (wie z.B. die Skepsis) zur Selbstaufhebung der Logik führen will, und da die Pole, zwischen denen er verbindet, selbst eine entgegengesetzte Funktion haben, so wird er zur Dialektik hinneigen in dem Maße, in dem sich diese Funktion auch in der Struktur der ersten und dritten Axiome ausdrückt.

ergibt, daß selbst in der formal-abstraktesten Logik sich objektive Momente der Beziehung zwischen Welt und Mensch durchsetzen.

Die Bedeutung dieser Feststellung liegt darin, daß sie dem Gedanken einer allgemeinen Logik den rein abstrakten Charakter nimmt. Denn eine solche gehorcht nun zunächst denselben Kategorien, die wir schon bei anderen Gelegenheiten festgestellt haben: Element, Beziehung, Totalität; Beharren, Abhängigkeit, Werden. Dies ist nur möglich, weil sich auch in diesem rein logischen Formalismus gewisse konstante Faktoren der objektiven Welt durchsetzen; oder wenigstens gewisse konstante Momente der Beziehung zwischen Sein und Bewußtsein, die man insofern objektiv nennen kann, als ja das

Bewußtsein ein Moment des Seins ist und in seiner jetzigen Gestalt das historische Produkt des Seins. Ferner: würde die eine Logik nur auf den allgemeinen Kategorien beruhen, und steckte in ihnen kein empirischer und variabler Faktor, so müßte die Anzahl der Logiken der spekulativen Vernunft endlich und zwar sehr gering sein. In Wirklichkeit ist sie größer, als jede Rechnung ergibt, woraus man schließen muß, daß sich das System der Logiken nicht auf rein immanentem Wege und bloß formalistisch entwickeln läßt.

Die 4 Dimensionen des Denkraumes als die gemeinsamen konkreten Grundlagen aller Vernunftlogiken.

Welches sind nun die Faktoren, welche in eine dem Bewußtsein transzendente Sphäre verweisen? Wir hatten oben das Bild eines vierdimensionalen Koordinatensystems unseres Denkraumes gebraucht und dabei Koordinate-Erkenntnisvermögen gesetzt. Daß dieses Bild nur provisorisch sein, nur als erste Annäherung gelten konnte, folgt schon aus dem dialektischen Zusammenhang der Erkenntnisvermögen. Der konkrete Inhalt läßt sich nun auf zwei verschiedenen Wegen finden: dem der Geschichte des Geistes, speziell der Philosophie, und dem der Funktion des einzelnen Vermögens im Ganzen des Erkenntnisprozesses. In beiden Fällen tritt er einseitig und in den verschiedensten Erscheinungsweisen auf. Abstrahiert man von diesen, so erhält man die folgenden Achsen für das vierdimensionale Koordinatensystem unseres Denkraumes: Ich-Nicht-ich; Unbewußtes-Bewußtes; Inhalt-Form; Absolutes-Bedingtes (Eines-Vieles). Sie setzen sich in jedem einzelnen Erkenntnisvermögen durch — mit verschiedener Artung und Ordnung, denn sonst wäre die Mehrheit der Vermögen überflüssig —, aber besonders im Ganzen des Erkenntnisraumes und im Ganzen seiner Geschichte, d.h. seines geschichtlichen Kampfes mit der Außenwelt. M.a.W.: diese Faktoren haben nicht nur eine abstrakte Einheit, die man aus ihnen folgert, sondern auch eine gemeinsame Grundlage, die der konkreten Beziehung zwischen Sein und Bewußtsein vorangeht.

Über Natur und Funktion des vierdimensionalen Denkraumes.

Die Philosophien — ihre Inhalte und ihre Methoden — unterscheiden sich nicht nur durch die gesamtgeschichtlich bedingte Überbetonung des einen Faktors gegenüber den anderen. Es liegt aber in dem dialektischen Verhältnis von Sein und Bewußtsein begründet, daß diese Unterschiede nicht nur von außen der Vernunft aufgezwungen werden, sondern in der Struktur des Denkraumes selbst eine geschichtlich entstandene Mitbedingung für ihre Realisierung finden. Denn die vier Koordinaten haben nicht einen von vornherein fixierten und dann konstant bleibenden Schnittpunkt. Der Grund hierfür liegt erstens darin, daß jede von ihnen durch jedes Erkenntnisvermögen läuft; ferner darin, daß die Abszisse jeder Koordinate sowohl mit der Abszisse wie mit der Ordinate einer anderen Koordinate in Beziehung steht (z.B. Inhalt sowohl mit Ich (Subjekt) wie mit Nichtich (Objekt), und Form sowohl mit Nichtich wie mit Ich etc.), so daß jede eindeutige Zuordnung von Abszisse zu Abszisse und Ordinate zu Ordinate unmöglich ist; und schließlich darin, daß die vierte irrationale Koordinate die drei übrigen zu einem ihrer beiden Teile (dem Bedingten) zusammenfaßt und durch die Relation zum Absoluten (Einen) deren Gestalt ändert. Daraus folgt, daß das mathematische Bild die Möglichkeit einer unendlichen Fülle von Schnittpunkten enthält.

Seine unendlichen Möglichkeiten

Der Denkraum ist also kein stationäres Gefüge, sondern befindet sich in einer dauernden Bewegung, die nicht um einen fixierten Mittelpunkt läuft, sondern diesen selbst mit einbezieht oder wenigstens mit einbeziehen kann. Die Ursache dieser Bewegung liegt in der Selbstbewegung des Seins, von dem das Bewußtsein ein besonders entwickeltes Glied ist, und ferner darin, daß diese Selbstbewegung durch die dialektische Spannung zwischen Sein und Bewußtsein aufrechterhalten wird. Es liegen also im Denkraum unendliche Möglichkeiten zur Realisierung von Schnittpunkten und Gestalten der nicht nur gegeneinander, sondern auch in sich selbst bewegten Koordinaten. Und diese Möglichkeiten realisieren sich in der Geschichte sowohl im Verlauf ihres Längenschnittes, wie innerhalb eines jeden Querschnittes in mannigfaltiger Weise, weil die Möglichkeiten letzten Endes selbst Produkte der Geschichte sind.

bedeuten nicht absolute Willkür.

Wir haben also bewiesen, daß die spekulative Vernunft mehrere Logiken zu ihrer Verfügung hat, von denen keine verabsolutiert werden darf, weil jede ein historisches Produkt ist; daß diese Logiken ein System bilden, also nicht schlechthin willkürlich sind; daß dieses System aber ein offenes und unendliches ist, oder m.a.W.: eine Möglichkeit, deren tatsächliche Verwirklichung erfolgen kann, weil das System selbst ein historisches Produkt ist wie die Kräfte der Verwirklichung auch; daß also die scheinbar absolute Willkür der "autonomen" Vernunft nur relativ hohe Freiheitsgrade für die Rückwirkung der Vernunft auf die Außenwelt bedeutet. Diese Freiheitsgrade bleiben aber allgemeinen Gesetzen unterworfen, welche um so wirksamer werden, je umfassender und gültiger, d.h. je objektiver das philosophische System selbst wird. Und diese Freiheitsgrade schließen eine dauernde Annäherung an den einen Ansatz, die eine Methode, das eine System, nicht aus, sondern ein.

Überlegenheit der materialistischen Dialektik über den Idealismus.

Und hierin zeigt sich die Überlegenheit der marxistischen (materialistisch-dialektischen) Erkenntnistheorie gegenüber jeder idealistischen. Diese ist immer gezwungen, eine bestimmte Logik zu verabsolutieren, ohne sich bewußt werden zu können, wodurch die Dogmatisierung der einen Koordinate erzwungen wird, welche die Ausschaltung des Koordinatensystems in seiner Totalität nach sich zieht. Und dies geschieht noch unter der Vorgabe, die Autonomie des Geistes gegenüber der Materie retten zu wollen: Während umgekehrt die materialistisch-dialektische Erkenntnistheorie des Marxismus nicht nur die spekulative Vernunft, sondern auch alle ihre möglichen Logiken (in den Grenzen einer geschichtlich bedingten Rückwirkung des Bewußtseins auf das Sein) gelten läßt; dann aber gerade durch ihre Relativierung gegeneinander zeigt, daß sie sich immer mehr der "absoluten" Logik des Erkennens und des Seins annähern in dem Maße, in dem die Vernunft aufhört, spekulativ zu sein und sich in die konkreten Erkenntnisvermögen integriert.

Wir haben durch die Analyse des Verarbeitens noch deutlicher gemacht, warum die Vernunft das Vermögen ist, das zwangsläufig zu hypertrophen idealistischen Lösungen führt, und warum diese Einseitigkeit den Philosophen selbst verborgen bleibt —: nicht wegen der angeblichen "Autonomie" der Vernunft, sondern wegen des relativ hohen Freiheitsgrades ihrer Rückwirkung, welcher die Einwirkung der historischen Bedingungen, insbesondere der materiellen und gesellschaftlichen, dem Bewußtsein entzieht. Darum erscheint ihnen dann die Vernunft absolut. Für den Marxismus ist es, rein erkenntnistheoretisch gesehen, gleichgültig, welcher Faktor verabsolutiert wird: das Ich (Fichte), das Unbewußte (Hartmann), die Form (Kant), das Eine, das Beharren, die Bewegung etc.: als geschichtliche Methode aber erkennt er in der bestimmten Abfolge den Rhythmus von Annäherung und Entfernung an die eine Methode des Erkennens, deren Verwirklichung von der Integrierung der Vernunft in die konkrete Erkenntnis abhängt.

Die Wertunterschiede der einzelnen Verarbeitungsakte.

Wichtig ist für uns noch der Hinweis auf die Tatsache, daß innerhalb jeder einzelnen Logik die Vernunft sich mehr oder weniger vollkommen verwirklichen kann, und daß hierfür die verschiedenen Logiken einen verschiedenen Spielraum bieten. Auch hier stehen der psychische und der wertsetzende Akt im Verhältnis des Teiles zum Ganzen (wenn man dies Verhältnis nicht mathematisch, sondern dialektisch auffaßt). Die Kriterien für die Stufen der Entwicklung, resp. für den jeweils erreichten Grad der Wahrheit sind prinzipiell wie die für die anderen Erkenntnisvermögen. Ein Unterschied liegt darin, daß die Lockerung der Beziehung zwischen Verarbeiten und Entäußern an Bedeutung gewinnt. Es hängt dies damit zusammen, daß die Vernunft den unbeherrschten Sektor der Welt zum Gegenstand hat, und daß darum der Willkürcharakter in der Rückwirkung der Vernunft größer geworden ist. Daraus folgt, daß die Entäußerung sowohl von dem Körper des Denkenden wie von der Außenwelt verhältnismäßig unabhängiger ist als bei den übrigen Vermögen (was gleich noch deutlicher zu erklären sein wird). Die Entäußerung vollzieht sich in einem (nicht ursprünglich unabhängigen, aber) relativ unabhängig gewordenen Zwischenreich: Und die Realität des Vermögens liegt zunächst, aber nicht allein in dem Ausmaß, in dem es sich adäquat und widerspruchslos in diesem Zwischenreich seiner Ausdrucksmittel verwirklicht, d.h. dieses auf einer höheren Ebene so reproduziert, daß die neuen Inhalte durch die neue Methode kongruent dargestellt werden.

Marx anerkennt das Wertproblem in einer bestimmten Fassung.

Marx selbst hat einmal die Frage aufgeworfen (ohne sie zu lösen), warum ein bestimmtes Kunstwerk (die Ilias) seine eigenen materiellen Bedingungen überdauern, einen "ewigen Reiz" ausüben könne? Wir können die analoge Frage für die Erzeugnisse der Philosophie noch enger fassen: warum hat z.B. Platons Phaidon noch heute eine bestimmte Art von Gültigkeit, obwohl wir nicht mehr an die Unsterblichkeit der Seele glauben und das Trügerische seiner Beweise durchschauen? Oder: warum übt sein "Staat" auch auf uns noch einen "ewigen Reiz" aus, obwohl wir wissen, daß seine Definition der Gerechtigkeit, seine Ideenlehre, sein aristokratischer Kommunismus die Folge seiner Unfähigkeit sind, den materiellen Produktionsprozeß zu analysieren, und daß diese Unfähigkeit sich aus der reaktionären Stellung seiner Klasse innerhalb der Wirtschaftsformation und der sozialen Struktur der griechischen Gesellschaft erklärt? Die Antwort würde für den "Staat" wie für die Ilias lauten: wegen der Intensität

cc) *Die Wertunterschiede der einzelnen Verarbeitungsakte*
c) *Das Entäußern*
aa) *Erkenntnistheoretische Vorbemerkungen*

125

der geistigen Produktion, deren Resultate den Bedürfnissen der herrschenden Klassen, und ganz allgemein: den Menschen auch dann zu genügen vermögen, wenn diese einer ganz anderen wirtschaftlichen und sozialen Formation angehören. Worin diese Intensität besteht, haben wir bereits früher gesagt: in der Originalität der geistigen Produktion bei der Rückwirkung des Bewußtseins auf das Sein (im Gegensatz zu einfachen oder erweiterten Reproduktionen); in der Mannigfaltigkeit der Welt, die in der Einheit der geistigen Methode umfaßt ist; in der Koinzidenz von Sein und Bewußtsein, von Bewußtsein und Ausdrucksmitteln (Entmaterialisierung und Realisierung); in der inneren Logik und Fülle der Realisierung. Und eben diese letzten Momente bekommen für die spekulative Vernunft aus den angeführten Gründen eine besondere Bedeutung — und damit die Etappe der Entäußerung.

Die Funktion des Entäußerns im allgemeinen

c) Das Entäußern.

Das Entäußern hat in allen Erkenntnisvermögen eine gemeinsame Funktion; macht das Aufnehmen aus der "Welt außer uns" eine "Welt für uns", das Verarbeiten aus der "Welt für uns" eine "Welt in uns", so bewirkt das Entäußern durch uns, daß diese "Welt in uns" zu einer "Welt außer uns" wird. Im Prozeß des geistigen Schaffens ändert sich also erstens die Richtung und zweitens der Aktivgrad des Menschen. Die Entmaterialisierung des Verarbeitens, die aus der Passivität des Aufnehmens heraus die Aktivität entwickelt und steigert, wird zur Realisierung des Entäußerns, die sich aus der Aktivität heraus an den passiven Widerständen der Verwirklichungsmittel stößt. Dabei sind Entmaterialisierung und Realisierung nicht zwei voneinander unabhängige Akte, die nur durch die zeitliche Folge miteinander verbunden sind, sondern die spezifische Art der Realisierung und der historische Stand der Realisierungsmittel (und welche Klasse über sie verfügt) wirken selektiv auf die Entmaterialisierung, wie umgekehrt diese die Realisierungsmittel der Vernunft auf eine höhere Ebene hebt.

und ihre Grenzen: die naturwüchsigen —

Das läßt sich natürlich an der Maschine zeigen. Indem der Mensch das in der Natur gegebene Andere in ein von ihm konstruiertes Anderes (innerhalb der Außenwelt) verwandelt zu dem Zweck, daß dieses wiederum neue Andere macht, ist er zuerst sehr eng an die Kategorie des Besonderen gebunden: die Maschine hat einen eng begrenzten Zweck, kann nur von einer bestimmten Kraft getrieben werden und erfordert spezielle Kenntnisse des sie bedienenden Menschen. Die Entwicklung geht nun dahin, die verschiedenen speziellen Charaktere zu kombinieren, sie von jeder besonderen Kraftart unabhängig und von jedermann bedienbar zu machen, d.h. das Einzelne und Besondere durch das Mannigfaltige und Komplizierte zu ersetzen. Damit überwinden wir die ursprünglichen Grenzen, die uns zur Arbeitsteilung gezwungen haben. Aber wir finden immer neue Grenzen, die jetzt gerade aus dem universellen Charakter der Kräfte kommen, der im Gegensatz steht zu den Schranken der einzelnen vorgefundenen Materien. So können wir z.B. noch nicht die alte Idee verwirklichen, die Energien der Sonne und der Gezeiten nutzbar zu machen und uns so unerschöpfliche Kräfte zu verschaffen.

— und die gesell-
schaftlichen.

Nicht nur in ihrer naturwüchsigen, sondern auch in ihrer gesell-schaftlichen Form leistet die außenweltliche Materie dem Entäußern Widerstand und zwingt diesem Teil des Vernunftaktes einen langen geschichtlichen Prozeß auf. Für das Entäußern ist die Materie nicht nur ein Produkt der Gesellschaft, sondern auch das Eigentum von bestimmten Einzelnen, die nach der Größe ihres Besitzes bestimmte Klassen im materiellen Produktionsprozeß bilden. Und da die Veränderung, die an der Materie vorgenommen werden soll, entweder im Interesse der besitzenden Klasse ist oder nicht, so verhindert oder fördert diese die Realisierung der Gedanken. Sobald aber die Widerstände im Bereich des Realisierbaren liegen, zeigt sich, daß die Entäußerung nicht einfach etwas gedanklich schon vollständig Fertiges nach außen setzt, sondern ein Moment der Vollendung des Gedanklichen ist. Den in der Vorstellung gelösten Problemen fügt die Entäußerung immer etwas hinzu; die Konkretheit der Materie produziert neue Gedanken, vollendet die schon vorhandenen und vervollständigt ihre Systematisierung. Entmaterialisieren und Realisieren sind also nicht bloß äußere, sondern innere Gegensätze, sie bilden auf Grund ihrer Wechselbeziehung eine Einheit, ein Ganzes, das sich in einem unendlichen Prozeß befindet — sie stehen in einem dialektischen Verhältnis.

Das Eigentümliche des
Entäußerns der Ver-
nunft — im Gegen-
satz zu dem der ande-
ren Vermögen.

Außerdem findet von Vermögen zu Vermögen in den Entäußerungen eine Entwicklung statt, deren dialektischer Charakter später zu erörtern sein wird. Hier genügt es, darauf hinzuweisen, daß das gegenständlich-körperliche Tun in seiner Entäußerung nur einen Zustand am vorgefundenen Anderen verändern kann und dann alle weitere Entwicklung wieder dem Naturprozeß überlassen muß, die allerdings unter Umständen zu einem selbständigen Ding führen kann. Der Verstand dagegen kann das vorgefundene Andere so umgestalten, daß auf Grund der gedanklichen Theorie ein neuer Gegenstand innerhalb der Außenwelt gemacht wird, der dann freilich auch seiner eigenen geschichtlich-dialektischen Entwicklung überlassen wird. Diese Bemerkung ist für uns wichtig, um das Spezifische des Entäußerns der Vernunft zu charakterisieren. Diese schafft zwar keine neuen Mittel, aber sie erweitert die durch die 3 empirischen Schaffensvermögen bereitgestellten zu Ausdrucksgebieten und schafft ihnen gleichzeitig eine Realitätsart, die sich von der der Außenwelt wie von der des Bewußtseins relativ unabhängig machen kann und sie als antithetische Momente auf einer höheren Ebene mitenthält. Diese beiden charakteristischen Merkmale müssen näher erläutert werden.

Die Erweiterung der
Ausdrucksbewegungen
zu Kulturgebieten.

Ich hatte schon bei den Ausdrucksbewegungen des sinnlichen Erlebens den geschichtlichen Prozeß angedeutet, der von ihnen zur Kunst führt. Er ist nur dadurch möglich, daß die Vernunft sich der Ausdrucksbewegungen bemächtigt und diese ihren eigenen Zwecken dienstbar macht. Sie führt damit die Tendenz fort, die schon in den Ausdrucksbewegungen selbst zu erkennen war: sich von dem einzelnen menschlichen Körper als ihrem Träger und den unmittelbarsten materiellen Bedürfnissen als ihrem Zweck immer mehr abzulösen. Selbstverständlich ist auch die Aufgabe der Vernunft, den unbeherrschten Sektor nach seiner Einheit und in seiner Ganzheit zu durchdringen, durch ein Bedürfnis bedingt, und selbstverständlich hängt dieses geistige Bedürfnis mit den materiellen nicht nur aufs engste zusammen, sondern auch von ihnen ab. Aber die Unbestimmtheit der Einwirkung der unbeherrschten Welt, die relativ große Unmittelbarkeit der Rückwirkung der Vernunft, und die durch beide bedingte Willkür unterstützen die Tendenz, aus den vereinzelten Ausdrucksbewegungen ganze Ausdrucksgebiete zu schaffen. Und dieselben Gründe fördern auch die Differenzierung, Integrierung usw. innerhalb der Ausdrucksgebiete, kurz die Existenz dessen, was die heutigen idealistischen Philosophen autonome Werte nennen. Diese Art der Entstehung klärt nicht nur eine ganze Reihe geschichtlicher und theoretischer Tatsachen auf, sondern auch die Illusion der angeblichen Autonomie, woraus sich dann der materialistisch-dialektische Wertbegriff von selbst ergibt.

Das Problem des hohen Wertes der frühesten Kunst.

Wir stehen vor der unleugbaren und sehr bemerkenswerten Tatsache, daß sich in den frühesten Zeiten der menschlichen Entwicklung neben den primitivsten Äußerungen der materiellen Produktion außerordentlich vollkommene Äußerungen der geistigen Produktion z.B. der Kunst finden. Die Idealisten, soweit sie sich bei ihrer apriorischen Methode überhaupt auf Tatsachen berufen, konnten dies als Beweis der Ursprünglichkeit, der Unableitbarkeit, der Ewigkeit des "Wertes" Kunst, resp. des ästhetischen Vermögens ansehen. Der Marxismus, der eine geschichtliche Entwicklung des Bewußtseins in Abhängigkeit vom Sein voraussetzt, und eine geschichtlich sich entwickelnde Arbeitsteilung zwischen Sein und Bewußtsein, scheint hier vor einer großen Schwierigkeit zu stehen.

Diese schwindet aber sofort vor der Tatsache, daß der Mensch, soweit wir seine schöpferische Tätigkeit zurückverfolgen können, bereits alle Erkenntnisvermögen zugleich nebeneinander in der Einheit seines Bewußtseins besaß, d.h. daß eine Entwicklung aus und Ablösung von dem Tier in einer Zeit vor sich ging, die wir an Erzeugnissen dieser Übergangsgeschöpfe nicht verfolgen können. Ferner ist zu bedenken, daß alle Entwicklung nicht Schöpfung aus dem Nichts, sondern Erweiterung der schon vorhandenen Möglichkeiten durch Differenzierung und Integrierung auf Grund ihrer Nützlichkeit für die Befriedigung von Bedürfnissen und auf Grund ihrer eigenen Gegensätzlichkeit bedeutet. Schließlich haben wir uns auf unsere früheren Feststellungen zu besinnen: in demselben Maße, in dem sich der Mensch durch seinen Körper und seine Sinne die Befriedigung seiner materiellen Bedürfnisse sichert, wird er auch des unbewältigten Restes gewahr, wächst sein Bedürfnis, mit diesem in der Phantasie fertig zu werden. Die wirkliche Erkenntnis des Einzelnen durch die einzelnen konkreten Erkenntnisvermögen (Körper, Sinne und Verstand) stand und steht in Wechselwirkung mit der phantastischen Erkenntnis des Ganzen der Welt durch das Ganze des Geistes (Vernunft), das materielle Bedürfnis mit dem geistigen. Also nicht erst nach der Befriedigung des materiellen Bedürfnisses ist der Mensch gezwungen, sich dem unbeherrschten Sektor zuzuwenden; sondern da dieser dauernd in die materielle Bedürfnisbefriedigung eingreift und sie bedroht, muß er sich schon zu deren Sicherung mit dem unbeherrschten Sektor der Außenwelt auseinandersetzen.

Dieser Zwang wächst — wie wir noch heute beobachten können — dadurch, daß der unbeherrschte Sektor eben wegen seiner Unbeherrschtheit größere Triebkraft annimmt, als der beherrschte, und daß die Phantasie diese noch steigert. Denn da der Mensch tausendfältig erfährt, in welchem Maß die Bedürfnisbefriedigung durch Ereignisse im unbeherrschten Sektor beeinflußt wird, bildet sich in ihm die Vorstellung, daß in diesem letzten die Bedingung und die Ursache für die erste liegt. Diese falsche, die Tatsachen auf den Kopf stellende Vorstellung ist ein wirklicher Bewußtseinsakt, der nun auch die konkreten Erkenntnisvermögen und ihre Ergebnisse in eine neue Beziehung setzt: zum Ganzen und Einen des unbeherrschten Sektors. Dies geschieht mit einer durch die materielle Bedürfnisbefriedigung kaum behinderten Intensität, und so gewinnen alle Entäußerungsmittel ganz außerordentlich — und zwar in der Hauptsache in formaler Hinsicht.

Der besondere Charakter der Entwicklung der Werte.

Alle diese Tatsachen wiederholen sich in bestimmten Etappen der verschiedensten Geschichtsepochen auf höherer Stufe. Aber sie sind am Anfang nicht wunderbarer als in der Folge, solange man sich über zwei Voraussetzungen klar bleibt:

1. Die Entwicklung der Intensität der schöpferischen Kraft des Menschen (d.h. der Auseinandersetzung des Bewußtseins mit dem Sein) ist nicht direkt erfaßbar, sondern nur indirekt: an der Fülle und Differenziertheit des Stoffes, welche speziell die spekulative Vernunft auf den Generalnenner der Einheit und Ganzheit zu bringen hat. Diese in der fortschreitenden Entwicklung sehr großen Unterschiede verkleinern sich für uns, d.h. aus der Perspektive von rückwärts, sehr stark und schrumpfen fast auf Null zusammen, so daß für uns nur die scheinbar von Anfang an immer gleiche Intensität übrig bleibt. Dieser Eindruck verstärkt sich noch deutlich dadurch, daß die Intensität keine absolute, sondern auch eine geschichtliche Größe ist, d.h. sich in engstem Zusammenhang mit dem vom menschlichen Geist zu bewältigenden Stoff entwickelt, ja z.T. in der Entwicklung dieses Stoffes selbst besteht. So ergibt es in jeder Epoche Gleichgewichtspunkte zwischen Stoffülle und geistiger Kraft, und eben dieses Gleichgewicht drückt in gewisser Hinsicht auf die Bedeutung der geschichtlichen Entwicklung.

2. Es gibt nicht nur Epochen, in denen eine Disproportionalität zugunsten der Ideologien vorhanden ist, sondern auch den umgekehrten Fall, den wir am Verschwinden der Produktion von Ideologien oder an deren Stagnation bemerken, während die Fortbildung der konkreten Mittel zur materiellen Bedürfnisbefriedigung von der späteren Entwicklung restlos aufgesaugt wird und sich darum dem Bewußtwerden sehr leicht entzieht.

Die Kulturgebiete sind nicht apriorische Werte.

Ist es aber die Vernunft, die in Abhängigkeit von und in Rückwirkung auf den jeweiligen Stand der materiellen Produktion, resp. der konkreten Erkenntnisvermögen die einzelnen "Kultur"gebiete und "Werte" schafft, so verlieren diese jeden apriorischen Charakter sowohl in dieser "objektiven" wie in der subjektiven Fassung als ästhetisches, religiöses etc. Vermögen. Alle diese angeblich ursprünglichen und einfachen Vermögen sind Worte für unanalysierte Tatbestände. In Wirklichkeit liegt nur die durchaus sekundär entstandene und sich weiter entwickelnde Verbindung der Vernunft mit den mehr oder weniger differenzierten Organen des Aufnehmens oder Mitteln der Entäußerung der konkreten Erkenntnisvermögen vor. Jedes Kulturgebiet charakterisiert sich als ein relativ konstant gewordener Zusammenhang zwischen dem ganzen, einheitlichen Menschen und einzelnen Erkenntnismitteln, von denen immer eines gegenüber den anderen die Führung hat. So ist z.B. in der Kunst Vernunft und Sinnlichkeit zu einer Einheit verschmolzen, wobei dann bald der Anteil des Sehens (Malerei), Tastens (Plastik), Gehens (Architektur, Tanz) etc. mehr betont werden kann.

Die Annahme eines psychologisch oder logisch ursprünglichen ästhetischen Vermögens beruht auf der Verabsolutierung dieser historisch entstandenen relativen Konstanz. Diese Verabsolutierung war nur möglich, weil man den ursprünglichen Bedürfnischarakter aller Vernunftleistungen vergessen hatte: und weil man darüber hinaus die anfängliche ideologische Umdrehung, nach welcher die wirkliche Beherrschung der Außenwelt (durch die konkreten Erkenntnisvermögen) abhängig sein soll von der phantastischen Beherrschung des unbeherrschten Sektors (durch die Vernunft), noch dahin erweitert hatte, daß ein Zusammenhang überhaupt nicht bestünde. L'art pour l'art, justice pour justice, Religion im reinen Glauben etc. – diese "Prinzipien" waren das Ergebnis einer langen geschichtlichen Entwicklung, die man zu den idealistischen Fiktionen absoluter und apriorischer "Kulturwerte" und ursprünglicher ästhetischer etc. Vermögen zu verewigen suchte.

Wie der Eindruck der Unabhängigkeit der Kulturgebiete entsteht.

Dieser ganzen Verabsolutierung liegt zunächst nichts anderes zugrunde, als daß der Mensch, der sich in seiner Einheit und Ganzheit an den unbewältigten Sektor der Außenwelt wandte und aus Bedürfnissen heraus wenden mußte, mit seiner Vernunft den eng begrenzten und gebundenen Entäußerungsmitteln. Weite und relative Unabhängigkeit geben konnte. Worin besteht nun diese Unabhängigkeit? Zunächst kann – wie alles Vorangegangene beweist – keine Rede davon sein, daß sie ursprünglich ist. Wie ist sie dann aber als sekundäres Phänomen entstanden?

Beispiel

Nehmen wir ein konkretes Beispiel. Im Gebiet der Kunst drückt sich der Maler mit Farben aus. Diese Farben sind durch körperliches Tun nicht zum Zwecke der Kunst entstanden; sondern erst als man die Kenntnis der Färbungsmittel gewonnen hatte, wurden sie auch zu künstlerischen Zwecken verwandt. Nun hat die Farbe als Farbe eine Eigenmaterialität. Außerdem aber soll sie, sobald sie Mittel der sich entäußernden Vernunft wird, den seelischen Zustand des Menschen an bestimmten Gegenständen oder abstrakten Formen, d.h. in Verbindung mit neuen Stoffcharakteren mitausdrücken. Sie erhält damit zwei inhaltliche Funktionen, die zu ihrer Eigenmaterialität in Gegensatz stehen. Dazu kommt die ganz andersartige Tatsache, daß die Farbe nicht nur Farbe, sondern auch Licht und durch ihre Be-

grenzung auch Linie ist, d.h. daß das Material nicht nur eine inhaltliche Ausdrucks- sondern auch eine formale Darstellungsseite hat.

Der Künstler als spekulativer Vernunftmensch glaubt nun, in beiden Reihen mit vollkommener Freiheit entscheiden zu können, wie
er unter den drei Materialitäts- oder den drei Formcharakteren aus-
wählen, und wie er die ausgewählten zur Einheit zusammenbringen
will. In Wirklichkeit ist dies bedingt durch den jeweiligen Stand der
materiellen und geistigen Produktion, der Klassenzugehörigkeit des
Künstlers resp. den Klassenkämpfen der Gesellschaft seiner Zeit und
insbesondere durch die Geschichte der Kunst selbst. Seine tatsächliche Leistung besteht darin, daß er durch die Schaffung einer mehr
oder weniger stark kontrastierten Einheit so heterogener Momente
seinem Mittel eine sekundäre und relative Selbständigkeit gegenüber
den anfänglichen Abhängigkeiten gibt. M.a.W.: obwohl die Vernunft
ursprünglich sowohl vom Dasein (und zwar direkt vom unbeherrschten, indirekt vom beherrschten Sektor) wie vom Bewußtsein (und
zwar direkt vom ganzen und einen Menschen, indirekt von dem Stand
der einzelnen konkreten Erkenntnisvermögen) abhängig ist, schafft sie
mit Hilfe der komplizierten Entäußerungsmittel (die ihr geschichtlich
überliefert sind und die sie nur erweitert) Gebiete, die eine sowohl
von den Dingen wie vom Bewußtsein verschiedene Realitätsart haben,
und deren Synthese sie sind.

Und jedes einzelne Werk innerhalb eines solchen Gebietes bestärkt
den relativen Ruhecharakter dieser Synthese. Denn da Begriffe, Töne,
Formen in sich durch Gesetze verbunden scheinen, die nicht unmittelbar, sondern nur mittelbar mit denen des Seins und Bewußtseins
identisch sind; da ferner diese Gesetze die Ausdrucksmittel zu einem
in sich widerspruchslosen und in sich vollständigen Ganzen machen,
so entsteht der Eindruck der Selbstgenügsamkeit des Werkes. In dem
Maße, in dem dieses sich gegen seine beiden Quellen verselbständigt
hat, scheint es auch einer Wirkung nicht zu bedürfen, die über es
hinausreicht.

Weder absolute Unab-
hängigkeit noch reine
Nützlichkeit erklären
den Wert;

Darin wurzelt die idealistische Behauptung, 2 x 2 = 4 bleibe wahr,
ob es gedacht werde oder nicht, denn es sei nicht darum wahr, weil
es gedacht worden sei und wieder durch Denken reproduziert werde.
Aber in jede geistige Produktion ist der sie reproduzierende Mensch
miteinbezogen, und zwar als zugleich konkretes und ideelles, indivi-
duelles und vollkommenes Wesen. Oder m.a.W.: es ist ebensowenig
richtig, daß 2 x 2 = 4 ist, ob es nun gedacht oder wiedergedacht
werde, wie es nicht richtig ist, daß diese Aussage nur darum wahr
ist, weil der Produktions- oder Reproduktionsprozeß praktischen
Zwecken genügt. Die erste Annahme ist metaphysisch, die zweite
utilitaristisch, und beide ergänzen sich in ihrer Einseitigkeit. Die
Wahrheit eines Satzes (oder allgemein die Richtigkeit eines Wertur-
teils) ist weder unabhängig davon, daß er gedacht noch abhängig
davon, daß er zu nützlichen Zwecken reproduziert wird; sie besteht
vielmehr gerade darin, daß der Inhalt so gedacht werden mußte,
daß er seine Reproduzierbarkeit miteinschließt. Beide Akte sind ineinander enthalten — aber auf eine dialektische Weise; es bleibt

zwischen ihnen eine Spannweite, die sich in der Geschichte durch Vergrößerung oder Verkleinerung der Abstände verwirklicht.

der Wert bleibt von der möglichen Reproduzierbarkeit abhängig.

Die Wahrheit ist also nicht von der wirklichen Reproduktion, sondern nur von der Reproduzierbarkeit, aber nicht bloß von der Denkbarkeit, sondern von dem wirklichen Gedachtsein prinzipiell abhängig. Ein nie gedachter Inhalt kann (außerhalb des Bewußtseins) wirklich, aber er kann nicht wahr sein, denn dies letztere heißt, daß die Wirklichkeit einmal so durch menschliches Bewußtsein gegangen ist, daß sie reproduzierbar ist. Daraus folgt, daß die Entäußerung, d.h. in diesem Fall die kulturelle Verwirklichung des produktiven Aktes ein relativer Beweis, aber ein *relativer* Beweis ist.

Die marxistische Auffassung des Wertes.

Es wird sogleich zu zeigen sein, daß die Gebietssynthese noch eine weitere Geschichte hat, die ihre Relativität noch stärker unterstreicht. Vorher aber ein Wort darüber, in welchem Sinne man sie vom marxistischen Standpunkte aus einen Wert nennen kann. Nicht um ihrer Formalität willen, denn als solche ist sie eine Existenzart neben anderen: nicht um ihrer Materialität willen, denn als solche zeigt sie Beschaffenheiten wie alle anderen Existenzarten; sondern allein um des Grades von Wahrheit (oder allgemeiner von Vollkommenheit) willen, der in ihr realisiert ist; m.a.W. nach dem Verhältnis des relativen zum absoluten Faktor, nach der Intensität der Auseinandersetzung zwischen Sein und Bewußtsein. Denn in dieser Hinsicht stellt die Gebietssynthese eine Leistung dar, die zwar geschichtlich und gesellschaftlich bedingt, aber von einem Einzelnen geschaffen ist, als Exponent einer Avantgarde, die ihrerseits Exponent der bewußten Klassen der Gesellschaft ist. In diesem Sinne gebraucht, hängt mit dem Werte der Vernunftentäußerung deren ganze weitere Entwicklung zusammen, die darin besteht "das gesellschaftliche Bewußtsein der erkannten objektiven Logik anzupassen" (Lenin), d.h. die Gesellschaft nach dem höchsten theoretisch realisierten Wert zu verändern und zu formen.

Der typische Geschichtsverlauf der Vernunftentäußerung: — von den Werten

Wie und in welchen Etappen sich die Entäußerung vollendet, zeigt die Geschichte mit einer nicht zu verkennenden Gesetzmäßigkeit.

Da die "Werte" die am konsequentesten entwickelten und gestalteten Theorien der jeweiligen Klassenkampfsituation sind, stehen sie im engsten Zusammenhang mit den Interessen und der Trägheit der herrschenden wie der beherrschten Klasse. Ihre Reproduktion geschieht also nur in diesem geschichtlich bedingten Rahmen, und zwar zunächst nur in einem begrenzten Umfang. Das gilt für die Lehre Christi wie für die des hl. Franziskus, für die Ideen der Französischen Revolution wie für den praktischen Kommunismus von Marx. Die Theorien sind der ideologische Ausdruck von Klassenkämpfen, bald in einer verschleiernden, bald in einer das Ziel utopisch vorwegnehmenden Form. Es können sich jedoch nur die wirklichen, nicht die vorgeblichen Interessen realisieren. Und darüber hinaus bleibt die Praxis zunächst hinter der Theorie zurück, weil, um auch nur den realen Teil zu verwirklichen, um die "als objektiv erkannte Logik" dem jeweiligen Stand der gesellschaftlichen Situation anzupassen, ist zunächst eine Modifikation im Sinne der Verwässerung nötig, und dann eine nur schrittweise und nicht in gerader Linie sich vollziehende Annäherung.

zu Gütern;

Diese negative Seite der gesellschaftlichen Reproduktion hat ein positives Element: die Reproduktion auf niederer Stufe wird nicht mehr der Willkür überlassen; sie wird organisiert und dadurch soweit wie möglich gesichert. Mag es sich um Kirchen, staatliche Institutionen oder Parteien handeln, sie sind notwendig geworden, weil der innere Organismus der Vernunftentäußerung zugleich mit der Reproduktion auf niederer Stufe hinfällig wurde (da er ja nur die Form der einmaligen Leistung war, welche die Avantgarde der Gesellschaft vollzogen hat). Der Organismus mußte durch eine äußere Organisation ersetzt werden, deren Sinn darin besteht, den Erkenntnisprozeß in einen geschichtlichen, oder die "Werte" in "Güter" zu verwandeln.

von Gütern zu Waren.

Aber es kommt dann der Augenblick, wo die Organisationen gegen diese Entwicklung wirken. Sie gewinnen ihr eigenes Trägheitsmoment und geraten als "Bürokratie" in Konflikt mit der geschichtlich zu realisierenden objektiven Logik. Diese hat in dem Maße, als sie objektiv (und nicht ideologisch) ist, die Kraft, die Organisation zu modifizieren und die "Bürokratie" auf eine höhere geschichtliche Stufe zu heben; in dem Maße aber, in dem eine Theorie nur ideologisch ist oder nur die Funktion hat, die realen geschichtlichen Vorgänge zu verschleiern, sinkt sie durch Organisationen, Institutionen, Bürokratie etc. von Stufe zu Stufe hinab.

Für den Zeitraum, in dem die Organisation zur Bürokratie versteinert ist, werden aus den Gütern "Waren". Man fabriziert, kauft und verkauft — im Interesse der herrschenden Klasse und der herrschenden Bürokratie — Sündenablässe, philosophische Systeme, Ruhm und Stellungen in der Bürokratie selbst. Und wenn die gesellschaftliche Welt wie im Kapitalismus ganz vom Wesen der Warenwirtschaft beherrscht ist, kauft man mehr oder weniger direkt Ehre, Liebe, Freundschaft etc., die indessen ihren Charakter vollständig geändert haben. Diese geschichtliche Tatsache, daß die gesamte materielle und geistige Produktion allmählich eine Warenproduktion geworden ist, ist erkenntnistheoretisch insofern von Bedeutung, als diese Geschichtlichkeit die Selbständigkeit (Autonomie) der spekulativen Entäußerung relativiert. Denn das, was als Hilfsmittel zur phantastischen Beherrschung des unbeherrschten Sektors produziert worden war, ist nun ein materielles Zwangsmittel geworden, mit dem die herrschende Klasse die beherrschte unterdrückt — und damit fordert es zwangsläufig Aktionen zu seiner völligen Beseitigung heraus.

Die Klassengesellschaft als Ursache und Grenze dieser Reproduktionsentwicklung.

Der Erkenntnistheoretiker muß fragen, ob dieser Weg der Entäußerung schlechthin notwendig ist oder nur von konkreten geschichtlichen Bedingungen abhängt, m.a.W. ob das Ergebnis der Vernunft immer eine Reproduktion auf niederer Stufe zur Folge haben muß. Solange die Vernunft noch ein relativ isoliertes Vermögen ist, solange sich ihre Integration in die konkreten Erkenntnisvermögen nicht bis zur vollkommenen dialektischen Einheit vollzogen hat, ist diese "Entwicklung" unausweichlich. Denn eine solche Vernunft kann nur Ideologien produzieren. Ideologien sind aber nicht nur eine theoretische Umkehrung des Verhältnisses von Unterbau und Oberbau, sondern sie bezeugen auch das praktische Gegenstück: daß die (materiell) produzierende Klasse die ausgebeutete, die nicht produzierende Klasse aber die ausbeutende ist, d.h. die vom nicht selbst erarbeiteten Mehrwert lebende Klasse; kurz: die Existenz einer solchen Vernunft bezeugt noch die Existenz der Klassen. Umgekehrt wird die völlige Integrierung der Vernunft in die konkreten Erkenntnisvermögen das Übergewicht des beherrschten Sektors über den unbeherrschten und die Existenz der klassenlosen Gesellschaft bezeugen. Dann, aber erst dann werden alle Möglichkeiten dafür gegeben sein, nicht nur "um die Anpassung des gesellschaftlichen Bewußtseins an die als objektiv erkannte Logik" von dem Stigma einer Reproduktion auf niederer Stufe zu befreien, sondern auch dafür, die "individuelle" Produktion und die gesellschaftliche Reproduktion von vornherein in Einklang zu setzen. Dies heißt natürlich nicht, daß alle Menschen gleich, oder gar daß alle Menschen Genies werden: wohl aber wird der Unterschied zwischen schöpferischen Einzelnen und "Publikums"masse fortfallen, und der Abstand zwischen beiden wird aufhören, eine unüberbrückbare Kluft zu sein.

Mit der Klassengesellschaft fällt auch das Problem der Priorität und der Kluft zwischen Theorie und Praxis fort.

Mit dem wirklichen Vollzug dieser Integrierung wird ein anderes wichtiges Problem seinen metaphysischen Charakter verlieren und sich als historisches ausweisen. Wir sahen uns gezwungen, die "menschliche Praxis" einerseits als gegenständlich-körperliches Tun an den Anfang des gesamten Erkenntnisprozesses zu stellen, andererseits in die Entäußerung aller einzelnen Erkenntnisvermögen aufzulösen. Es kommt darin zum Ausdruck, daß — solange es Klassengesellschaften gibt — die Mannigfaltigkeit der Erkenntnisvermögen ihre Einheit überwiegt. Daraus folgt dann ohne weiteres, daß diejenige Praxis, die auf der Gesamtheit des menschlichen Erkennens beruht: alles gesellschaftliche Handeln, das politische wie das moralische, von der Theorie durch eine Kluft getrennt ist; daß der Mensch mit einer doppelten Buchführung lebt: einer theoretischen (metaphysischen, religiösen etc.) und einer praktischen, und daß ihre Einheit im günstigsten Fall "als ideale Forderung" auftreten kann.

Darum finden wir in der Geschichte der Metaphysik immer wieder das niemals gelöste Problem: ob das Denken dem Handeln, oder das Handeln dem Denken vorangeht? Wir sehen jetzt, daß das Problem falsch gestellt war, falsch gestellt werden mußte, daß es überhaupt kein metaphysisches Problem ist, sondern ein historisches. Es wurde zu einem metaphysischen nur dadurch, daß man die spezifischen historischen Bedingungen: den Klassencharakter der Gesellschaft nicht erkannte. Nach dieser Erkenntnis löst sich die richtig gestellte Frage gleichsam von selbst: die Theorie (die Einsicht in die Notwendigkeit) ist die Voraussetzung für die Freiheit, d.h. für das geschichtlich richtige Handeln, aber nur darum, weil die Erkenntnis selbst aus einem (begrenzteren, unvollkommeneren) Handeln erwachsen ist und in jedem ihrer (immer weiter, tiefer greifenden) Vermögen zur Entäußerung, d.h. zur Praxis drängt. Die Kluft zwischen Theorie und Praxis fällt hin, weil in einer Gesellschaft ohne Klassen und ohne kapitalistischen Mehrwert alle Hemmungen beseitigt sind, die ihrer dialektischen Wechselwirkung entgegenstanden. Theorie und Praxis gehen ineinander über, sind einander adäquat.

So mündet das engere Problem der Erkenntnistheorie in das Ganze des Marxismus. Denn dieser ist ja nicht nur eine Theorie, sondern eine auf Theorie basierte Praxis, also nicht eine Philosophie in dem alten Sinne einer Ideologie, die mit jedem Versuch, zu praktischer Wirksamkeit zu kommen, Schiffbruch leiden mußte, weil sie vorher die Welt auf den Kopf gestellt hatte; sondern eine Philosophie als geistige Erkenntnis der Wirklichkeit in dem Sinne, daß es ihr Wesen ausmacht, "die bestehende Welt zu revolutionieren, die vorgefundenen Dinge praktisch anzugreifen und zu verändern" (Marx: Deutsche Ideologie).

135

III. Teil: Nachweis der Übereinstimmung der entwickelten Analyse
des geistigen Schaffens mit der materialistischen Dialektik

Die Notwendigkeit, 4 Erkenntnisvermögen anzunehmen.

III. Teil

"... Vom lebendigen Anschauen zum abstrakten Denken und von diesem zur Praxis — das ist der dialektische Weg zur Erkenntnis der Wahrheit, der Erkenntnis der objektiven Realität." Wir haben diesen fundamentalen Satz Lenins (aus dem philosophischen Nachlaß S. 89) zur Grundlage unserer Erkenntnistheorie gemacht, nachdem wir ihn in Übereinstimmung mit Marx und Engels und vor allem in Übereinstimmung mit der Geschichte des menschlichen Denkens selbst an den beiden Stellen erweitert haben, die entscheidend sind für die Lösung der Frage: Materialismus oder Idealismus? Wir haben vor das "lebendige Anschauen" — entsprechend der Marx'schen Forderung in den Thesen gegen Feuerbach — das gegenständlich-körperliche Tun gesetzt, das nicht erst als Praxis die Folge des abstrakten Denkens, sondern — historisch und erkenntnistheoretisch — eine seiner wesentlichen Voraussetzungen ist. Wir haben ferner hinter dem abstrakten Denken die spekulative Vernunft eingeführt, und zwar nicht nur in der engeren Form, die Engels gelten läßt: als Beschäftigung mit den Begriffen selbst, sondern in der weitesten Form ihrer historischen Wirksamkeit, in der sie alle Arten der Religion und Philosophie miteinbegreift.

Die geschichtliche Erfahrung zeigt, daß sich gerade an der Stellungnahme zu diesen beiden äußersten Erkenntnisvermögen die Lösung des erkenntnistheoretischen Grundproblems entscheiden muß. Denn der Idealismus hat sich alle seine Voraussetzungen für den Beweis eines rein geistigen Ursprungs der Wahrheit immer dadurch erschlichen, daß er den Körper als Erkenntnisvermögen ausschaltete oder ihn nur als Hemmnis für die Erkenntnis einsetzte (Plato etc.). Die meisten Materialisten dagegen haben zugleich mit der Religion auch die spekulative Vernunft selbst einfach negiert (oder sich wenigstens eingebildet, sie negiert zu haben). Sie haben so die nicht zu leugnende historische Wirksamkeit der Vernunft auf eine Erkenntnis-Illusion basiert, ohne ihren wirklichen und berechtigten Kern erfassen zu können. Daß unter solchen Einschränkungen alle Widerlegungen zwecklos werden, habe ich am Anfang gezeigt. Jede ernsthafte Theorie wird daraus die Folgerung ziehen müssen, daß sowohl das gegenständlich-körperliche Tun wie die spekulative Vernunft eine relative Berechtigung als Erkenntnisvermögen haben.

Genügt der analysierte Schaffensprozeß der materialistischen Dialektik?

Nachdem wir diese Voraussetzungen einmal gemacht haben, werden wir auch noch die Frage beantworten können, ob der Prozeß des geistigen Schaffens — in der Form, die wir analysiert haben — den Forderungen des Materialismus und der Dialektik gleichzeitig entspricht. Wir prüfen die beiden Merkmale getrennt, obwohl wir uns bewußt sind, daß eine solche Trennung eine künstliche Abstraktion ist.

136

III. Teil: Nachweis der Übereinstimmung der entwickelten Analyse
des geistigen Schaffens mit der materialistischen Dialektik

Die Berechtigung der materialistischen Forderung: das geschichtliche Dasein bedingt das Bewußtsein — nachgewiesen

A. Die marxistische Theorie des geistigen Schaffens geht von den beiden materialistischen Voraussetzungen aus, daß eine von unserem menschlichen und erst recht von jedem absoluten Bewußtsein (Geist) unabhängige Welt existiert, und daß diese in ihrer jeweils geschichtlichen Konkretheit das (geschichtlich sich entwickelnde) Bewußtsein bestimmt und nicht umgekehrt. Die beiden Aussagen fanden in unserer Analyse ihren Ausdruck darin, daß in allen Etappen jedes einzelnen Erkenntnisvermögens Transzendenzzeichen auftraten, d.h. Tatsachen, die darauf hinwiesen, daß der Erkenntnisprozeß nicht rein immanent in sich selbst verläuft, nicht in den einzelnen Vermögen und noch weniger beim Übergang von Vermögen zu Vermögen. Aber gleichzeitig fanden wir in jedem einzelnen Vermögen, und zwar zunehmend von einem zum anderen, Immanenzzeichen, d.h. Tatsachen, die darauf hinwiesen, daß die Struktur jedes einzelnen Erkenntnisvermögens eine die Inhalte mitbestimmende Kraft hat. Die Lösung des Problems, ob die beiden materialistischen Grundvoraussetzungen des Marxismus berechtigt sind oder nicht, liegt also in dem Verhältnis der Immanenz- und Transzendenzzeichen, und speziell in der Ordnung der Vermögen, in denen die eine Zeichengruppe die andere eindeutig überwiegt.

— an dem Verhältnis von Transzendenz- und Immanenzzeichen im körperlichen Tun.

Die Priorität einer Fülle von Transzendenzzeichen wurde durch die Analyse des körperlich-gegenständlichen Tuns bloßgelegt: seine Auslösung ist bedingt durch Bedürfnisse, die vom ganzen Leben im Einzelnen, aber nicht durch den Willen des Einzelnen produziert werden; ihre Befriedigung kann nur durch Mittel geschehen, welche eine bestehende Außenwelt darbietet, da sonst Vernichtung eintreten würde; der menschliche Körper ist nicht nur der Träger seiner eigenen Bedürfnisse, sondern auch Objekt für die Befriedigung fremder Bedürfnisse; der Körper wirkt durch die Schaffung von Instrumenten aus sich heraus, was ohne die Existenz einer Außenwelt vollständig sinnlos wäre, da dann die Instrumente höchstens im Akt ihres Produziert- oder Gebrauchtwerdens existieren, aber nie von einem Menschen zum anderen, ja nicht einmal von einem Gebrauchsakt zum anderen übergehen könnten.

Dieser Fülle grundlegender Transzendenzzeichen, die beweisen, daß die Entwicklung vom Bedürfnis über den Trieb etc. bis zum Instrument unter dem Zwang einer objektiven Außenwelt vor sich geht, steht ein Minimum von Immanenzzeichen gegenüber, die alle nur von sekundärer Bedeutung sind. Es hat sich zwar gezeigt, daß es im körperlichen Tun verhältnismäßig feste Gebilde gibt (z.B. die Instinkte und den Körperbau), und daß diese — mindestens von einem bestimmten Zeitpunkt an — weniger tief und schnell veränderlich sind als die Bedürfnisse einerseits und die Befriedigungsmittel andererseits, daß sie also gleichsam wie ein Apriori auf die Erfassung und Gestaltung der Außenwelt mitbestimmend wirken. Es ist aber unmöglich, diese relative Subjektivität in eine absolute zu verwandeln, weil sie aus der Auseinandersetzung des Körpers mit und aus seiner Anpassung an die Wirklichkeit entstanden ist; noch ist es angängig, die relative Konstanz in eine absolute zu verwandeln, da sie das Ergebnis eines historischen Prozesses ist; und schließlich kann man die aus der relativen

Konstanz folgende relative Priorität nicht als eine absolute Apriorität interpretieren. Eine solche hat ohne das Vorhandensein einer Außenwelt überhaupt keinen Sinn, weil sie die Bedürfnisbefriedigung zu einem Akt der Selbstbefriedigung machen würde. Wenn also die mit relativer Priorität wirkende Körpergestalt nicht die Dinge der Außenwelt oder die Inhalte des Bewußtseins geschaffen hat, so bedingt sie auch die Form dieser Inhalte nur teilweise, denn sonst wäre der Akt des körperlichen Erkennens nur subjektiv, und die Bedürfnisbefriedigung könnte nur metaphysisch erklärt werden (durch die Annahme einer prästabilierten Harmonie, Gottes etc.).

Der Einwand des Idealismus. Der Idealismus könnte seine Position dem körperlichen Tun gegenüber nur mit der Behauptung zu halten versuchen, das körperliche Bedürfnis sei zwar die Grundlage aller Erkenntnis, enthalte aber selbst ein subjektives, formales, apriorisches Moment; denn das Leben produziere die Bedürfnisse nicht in einem abstrakten, formlosen, sondern in einem konkreten, formbestimmten Körper. Das ist nur z.T. richtig, und man kann dagegen folgende Einwendungen machen:

Seine Widerlegung. a) Der konkrete, formbestimmte Körper ist ein Teil des ganzen Lebens und ein bestimmter Zustand in dessen Entwicklung, also ist seine Bestimmung der Bedürfnisse — auch der Form, unter der sie dem Bewußtsein erscheinen — eine geschichtlich bedingte; die Priorität gegenüber einzelnen Akten des körperlichen Tuns ist sekundär und selbst durch die jeweils zugänglichen Objekte der Welt bedingt. Man müßte also entweder die Entwicklung ganz ausschalten oder sie mit einem absolut-geistigen Willen begründen, um zu einer idealistischen Auffassung der Bedürfnisentstehung zu kommen.

b) Verwirft man für den Menschen die ganze Evolutionstheorie mit der Annahme, die Natur habe von Anfang an fixierte, voneinander scharf abgegrenzte Wesen hervorgebracht, so bleibt immer noch bestehen, daß diese Wesen weder ihre Bedürfnisse noch die Befriedigungsmittel willkürlich selbst hervorbringen, sondern daß die ersteren in ihnen, die letzteren außer ihnen als Teile der gesamten lebendigen Natur entstehen und bestehen. Dann kann der betreffende Körper die Bedürfnisse inhaltlich und formal mitbestimmen, aber diese Mitbestimmung ist doch immer sekundär und nur darum möglich, weil eine Kraft primär, d.h. unabhängig von ihm vorhanden ist, die mit dem körperlichen Tun nicht identisch ist, obwohl sie im Einzelkörper wirkt und dabei durch diesen eine Grenze erhält.

c) Geht man noch einen Schritt im Sinne des Idealismus weiter und nimmt an, daß der Körper seine konkreten Bedürfnisse selbst produziert, sie also nicht nur sekundär mitbestimmt, sondern ihre notwendige und hinreichende Ursache ist, so spricht gegen diese idealistische Interpretation noch immer die andere Tatsache, daß der Körper nicht zugleich mit seinen Bedürfnissen die Mittel zu ihrer Befriedigung produziert. Daß sich solche nicht in ihm, sondern außer ihm vorfinden, und zwar ohne von ihm ursprünglich geschaffen zu sein, wird auch der Idealismus zugeben müssen. Er kann nur behaupten, daß ihr Vorhandensein seine Ursache in der Existenz Gottes findet. Aber abgesehen von dem unbeweisbaren, fiktiven Charakter Gottes ist damit ein Transzendenzzeichen gesetzt; und dieses schafft ja

138

*III. Teil: Nachweis der Übereinstimmung der entwickelten Analyse
des geistigen Schaffens mit der materialistischen Dialektik*

die Mittel zur Bedürfnisbefriedigung nicht im Körper, sondern außerhalb des Körpers, also in einer dem Körper transzendenten Welt, die auch jetzt — zwar nicht unmittelbar, sondern durch Vermittlung Gottes — auf ihn einwirkt, während er auf die Rückwirkung beschränkt bleibt. Auf dem Umweg über Gott sind also alle materialistischen Voraussetzungen des Marxismus, und zwar in derselben Ordnung wieder eingeführt; der Umweg ist also überflüssig.

d) Die nächste idealistische Variante könnte behaupten, daß Gott sowohl die Bedürfnisse wie die Befriedigungsmittel und den Akt ihrer Beziehung produziere, d.h. daß es für alle Faktoren des körperlichen Tuns eine einzige und absolut transzendente Ursache gäbe. Der Unterschied zum Materialismus liegt zunächst darin, daß die irdischen Tatsachen um eine Beziehung zum Überirdischen verdoppelt sind. Ein Zwang dazu liegt nicht vor. Ferner: Ein solcher Gott hätte eine vollständige Willkür, wie er das irdische Verhältnis zwischen den konstanten Momenten des körperlichen Tuns und der Außenwelt gestalten wollte. Denn die Außenwelt ist zwar der Funktion beraubt, die Bedürfnisse im Einzelnen hervorzurufen, nicht aber notwendig der anderen, dem Körper die Befriedigungsmittel durch die Vermittlung Gottes darzubieten. Welche der beiden Seiten (Subjekt oder Objekt) jetzt primär wirkt, steht ganz im Belieben Gottes, weshalb sich Religion prinzipiell mit einer realistischen wie idealistischen Erkenntnistheorie verträgt. Die Hypothese Gottes ist nicht nur überflüssig, sondern nutzlos selbst für die Begründung des erkenntnistheoretischen Idealismus.

e) Die letzte idealistische Variante, daß der einzelne Körper sowohl seine Bedürfnisse wie die Mittel zu ihrer Befriedigung selbst produziert, führt zum Widerspruch mit den Tatsachen, was hier bedeutet: zum Untergang der Tatsachen selbst.

Das Ergebnis der Widerlegung.

Wir sehen also, daß eine idealistische Theorie des körperlichen Tuns im besten Fall eine neue transzendente Welt schafft, ohne das erkenntnistheoretische Problem eindeutig entscheidbar zu machen. Der ganze Umweg erübrigt sich. Die Immanenzzeichen bleiben relativ, d.h. sie stellen nichts anderes dar, als die historisch entstandene relative Konstanz der Rückwirkung des Körpers auf das einwirkende Sein. Dies Ergebnis ist von der größten Bedeutung, weil die Transzendenz- und Immanenzzeichen des sinnlichen Erlebens und des verstandesmäßigen Denkens von der Ordnung im körperlichen Tun abhängen, da die drei Vermögen dialektisch zusammenhängen. Wir hatten bereits angedeutet, daß sich im Verlaufe des konkreten Erkenntnisprozesses die Immanenzzeichen mehren. Es wird daher zu untersuchen sein, ob innerhalb desselben die quantitative Verschiebung derart in eine qualitative Veränderung umschlägt, daß die Immanenzzeichen eine Priorität oder gar Apriorität gewinnen.

Die Transzendenzzeichen des sinnlichen Erlebens.

Im sinnlichen Erleben weisen auf Transzendenzzeichen: die Passivität des Aufnehmens, die historische Entwicklung des einen Sinnes zu den vielen Sinnen (resp. Organen) mit spezifischen Sinnesqualitäten, die Lokalisation, die Ausdrucksbewegungen, der Wechsel des Erlebnisfeldes und die praktischen Konsequenzen der abstrakten Vorstellungen.

Die Einwände des Idealismus.

Was gegen diese Auffassung von idealistischer Seite eingewandt werden kann, war bereits bei der Analyse dieses Erkenntnisvermögens erörtert worden. So bleibt die Passivität des Aufnehmens selbst dann ein Transzendenzzeichen, wenn die Beziehung zur Außenwelt durch das körperliche Tun vermittelt wird, weil die Sinne die Form zerstören müssen, in der ihnen die Dinge dargeboten werden, um unter einer neuen und weiteren Perspektive das ihnen eigentümliche Verhältnis zur Außenwelt entstehen zu lassen. Ferner: will man die Lokalisation nicht auf die nächstliegendste Weise als bedingt durch die Außenwelt auffassen, so kommt man zuerst zu einer reinen Immanenztheorie, die von einem Projektionsakt des Bewußtseins in die Außenwelt spricht. Da diese sich in Absurditäten verliert, muß man zu einer überirdischen Transzendenztheorie übergehen, d.h. zur Hypothese Gottes. Diese befriedigt das Kausalbedürfnis nicht, weil sie die Frage: Lokalisation oder Projektion nicht eindeutig entscheidet, sondern sich mit beiden Lösungen verträgt: und weil ein Gott, der in jedem Augenblick die Lokalisation aller sinnlichen Erlebnisse aller Menschen harmonisch reguliert, so wenig eine einsichtige Erklärung ist, daß man ohne die Annahme einer Außenwelt doch nicht auskommt. Dann aber wird die Hypothese Gottes überflüssig.

Die Immanenzzeichen —:

Das Maximum dessen, was man im idealistischen Sinne als Immanenzzeichen interpretieren könnte, wäre: die Aufmerksamkeitsspannung im Aufnehmen, der spezifische Charakter der Sinnesqualitäten, die Doppelfunktion einiger Sinne, die inneren Äquivalente, speziell der Weg der Vision von innen nach außen und schließlich die Freiheitsgrade des Verarbeitens, die sich in einer Mannigfaltigkeit von Wegen manifestieren.

— ihre inhaltlichen Bedingungen

Die nähere Untersuchung hat gezeigt, daß allen diesen Immanenzzeichen eine gegenständliche Bedingung vorangegangen ist: der Aufmerksamkeitsspannung besondere Eigenschaften der Dinge (z.B. ihr Glanz etc.); den spezifischen Sinnesqualitäten die geschichtliche Differenzierung des einen Sinnes unter dem Druck der mannigfaltigen Eigenschaften jedes einzelnen Dinges oder der vielfachen Beziehungen zwischen ihnen; der Doppelfunktion (simultan-sukzessiv) die Unterschiede der Entfernung; dem Visionsweg die Einwirkung der ungeschiedenen Einheit der Außenwelt auf die sinnliche Ganzheit des Menschen. Und die Freiheitsgrade des Verarbeitens sind solche der Rückwirkung auf eine vorangehende, aber nicht hinreichend bestimmende Einwirkung, sie sind also nicht konstituierende Akte, die von sich aus etwas setzen können.

und die subjektiven Anteile und Funktionen.

Damit soll nun keineswegs gesagt sein, daß die ursprüngliche Einwirkung alles erklärt. Es ist im Gegenteil sicher, daß der Mensch allmählich gelernt hat, die Aufmerksamkeitsspannung durch einen Akt der Willkür seines Bewußtseins herzustellen; daß die spezifischen Sinnesqualitäten einen solchen Grad von Konstanz angenommen haben, daß sie heute die verschiedensten Einzelakte des sinnlichen Erlebens wie durch fixierte Schemata mitbestimmen; daß die Doppelfunktion willkürlich als Rückwirkung herbeigeführt zu werden vermag auch gegen die ursprüngliche Einwirkung; daß die funktionale Bindung des äußeren und des inneren Weges sich weitgehendst auflösen und eine Disproportionalität zugunsten der Vision herstellen läßt; daß die Rückwirkungen größer und mannigfaltiger sein können als die

140

III. Teil: Nachweis der Übereinstimmung der entwickelten Analyse des geistigen Schaffens mit der materialistischen Dialektik

Einwirkungen. Man kann und muß sogar zugeben, daß sich das Verhältnis der Immanenz- und Transzendenzzeichen zugunsten der ersteren verschoben hat, wenn man es mit dem des körperlichen Tuns vergleicht.

Das Verhältnis der Transzendenz- und Immanenzzeichen

Aber das alles ändert nichts am Prinzip, daß es sich um Ergebnisse historischer Prozesse, um relative Konstanzen, um relative Freiheitsgrade der Rückwirkung des Bewußtseins handelt, deren ursprüngliche Bedingtheit durch die einwirkende Außenwelt nur derjenige übersehen kann, der das Heute mit der unveränderlichen Ewigkeit gleichsetzt. Wir haben aber gesehen, bis zu welchem Grade die Verwerfung der materialistischen Basis auch notwendig eine Ausschaltung der Dialektik ist. Und diese rächt sich dadurch, daß man bei der irdischen Immanenz nicht stehen bleiben kann, daß man sie durch eine überirdische Transzendenz ersetzen muß, die sich als eine Synthese der irdischen Transzendenz und Immanenz ausgibt, in Wirklichkeit aber den verständlichen dialektischen Akt durch die völlig unverständliche und unverifizierbare Fiktion Gottes ersetzt.

Das verstandesmäßige Denken:

Es war von vornherein zu vermuten, daß eine qualitative Veränderung des Verhältnisses von einwirkender Außenwelt und rückwirkendem Bewußtsein — falls sie überhaupt innerhalb der konkreten Erkenntnisvermögen stattfindet — erst im verstandesmäßigen Denken als der Synthese des körperlichen Tuns und des sinnlichen Erlebens in Erscheinung treten würde. Stellen wir also gegenüber, was uns hier an Transzendenz- und Immanenzzeichen begegnet, um dann ihr Verhältnis zueinander zu prüfen.

seine Transzendenzzeichen

An Transzendenzzeichen haben wir gefunden: beim Übergang von den Sinnen zum Denken die Rekursion auf die Außenwelt; als Gegenstand des Verstandes die objektiven Regelmäßigkeiten in der Beziehung der Dinge untereinander; in seiner Funktion: die gegenständlich bedingte Gebietseinteilung; die Konkretisierung des Idealgegenstandes durch die Forderungen der komplizierten, individuellen Einzelgegenstände, die Induktion; die geschichtliche Bedingtheit der Systembildung und der gegenwärtigen Bevorzugung der exakten Wissenschaft in ihrer Isolierung; die Entäußerung im Experiment.

Die idealistischen Einwände

Was von idealistischer Seite gegen die materialistische Auffassung dieser Momente geltend gemacht werden könnte, ist eingehend erörtert und zurückgewiesen wordn, so insbesondere, daß ein rein immanenter Übergang von den Sinnen zum Denken möglich sei. Wollte man vielleicht noch einwenden, daß die Eliminierung des individuellen Erlebnissubjektes nur möglich sei, wenn ein allgemeines Subjekt existiert, so ist zu sagen, daß dieses letztere das Ergebnis der Regelmäßigkeit in der Wiederkehr physischer Bedürfnisse, seelischer Erlebnisse oder Tatsachen der Außenwelt ist, und daß die Übergänge zwischen allgemeinem und individuellem Subjekt auch jetzt noch in ein und demselben Menschen schwankend sind, indem heute als individuell gelten kann, was morgen sich bereits als ein allgemeiner Faktor herausstellt oder umgekehrt.

Die Immanenzzeichen —

Den nicht wegzudiskutierenden Transzendenzzeichen steht nun eine Fülle von Immanenzzeichen gegenüber: die "Spontaneität" des Denkens, die vielfach zum Ausdruck kommt, so besonders in der

Formung von Idealgegenständen, in der Aufteilung der Gegenstands-welt in Gebiete, in der "konstitutiven" Bedeutung der Kategorien im allgemeinen und der Kausalität im besonderen; die Deduktion; die Freiheitsgrade, die den Sprung zum Prinzip, der vollständigen Induk-tion ermöglichen oder zur Bildung äquivalenter Theorien führen.

ihre Grenzen.

Es ist bereits gesagt worden, daß man keinen Idealgegenstand "konstituieren" könnte, wenn es nicht wirkliche Gegenstände in der Außenwelt gäbe: daß die Deduktion ohne die Induktion unmöglich ist — daß also die Spontaneität zunächst nur die Rückwirkung des Denkens betrifft, welche die Einwirkung voraussetzt. Es war außer-dem schon gezeigt worden, daß diese Spontaneität der Rückwirkung keine "konstitutive", sondern nur eine regulative Bedeutung hat, oder m.a.W., daß die Kategorien keine ewigen, sondern historische Formen sind, nicht abstrakte Struktur des "Bewußtseins an sich", sondern aus dem Kampf mit der Außenwelt erwachsen.

Das Problem der
Kategorien —:

Wir sind damit zu einem der schwierigsten, aber auch wichtigsten Probleme der marxistischen Erkenntnistheorie gekommen. Denn da der Körper als Erkenntnisvermögen wesentlich verändernde Tätigkeit ist, könnte man einwenden, daß er alle beharrenden Faktoren (und damit jede Allgemeingültigkeit aus den schöpferischen Akten des Geistes) ausschließt, und so auch die Kategorien. Diese bilden nun aber ein legitimes Problem des Marxismus, nicht nur deshalb, weil Engels ihre Existenz anerkannt hat, indem er sie "Knotenpunkte" des Seins und deren Abbildung im menschlichen Bewußtsein nannte; nicht nur weil wir bei Lenin Sätze wie die folgenden finden: "Die Frage ist nicht die, ob es eine Bewegung gibt, sondern wie man sie in der Logik der Begriffe zum Ausdruck bringen soll." Oder: "Und wenn sich ... alles entwickelt, bezieht sich das auch auf die allgemein-sten Begriffe und Kategorien des Denkens? Wenn nicht, so heißt das, daß das Denken mit dem Sein nicht zusammenhängt." (Lenin: Aus dem philosophischen Nachlaß, S. 190 und S. 191); sondern das Pro-blem ist vor allem deshalb berechtigt, weil die Ausschaltung der Spannung zwischen Konstantem und Variablem prinzipiell gegen die Dialektik verstößt, das von Marx so oft unterstrichene Problem der Disproportion unlösbar macht und der marxistischen Begründung des Wahrheitsproblems ein wesentliches Fundament entzieht, ohne das nichts als der vollkommene Relativismus übrig bleiben würde.

seine marxistische
Lösung außerhalb von
absoluter Apriorität
und absoluter
Aposteriorität.

Wenn das Kategorienproblem auch für die marxistische Schaffens-theorie legitim ist, so ist keine seiner früheren Lösungen für sie an-nehmbar. Denn die restlose Konstanz (bei Thomas und Kant) setzt eine Gegebenheit vor aller Erfahrung voraus und damit einen abso-luten Geist oder Bewußtsein; umgekehrt führt die restlose Variabili-tät (Hume) zum Relativismus, Agnostizismus, Skepsis. Eine relative Konstanz aber kann nicht auf Hegelsche Art begründet werden, weil der Folge der Kategorien die Selbstbewegung des Logos fehlt. Die Konstanz kann nur ein Beharren im geschichtlichen Entwicklungspro-zeß und relativ zu anderen schnelleren Veränderungsvorgängen be-deuten. Damit ist jede absolute Apriorität der Kategorien ausgeschal-tet, durch welche die Absolutheit der Wahrheit gesichert werden soll-te (von Thomas und Kant); auf der anderen Seite ist ihre Aposterio-

142

III. Teil: Nachweis der Übereinstimmung der entwickelten Analyse des geistigen Schaffens mit der materialistischen Dialektik

rität, d.h. ihre Existenz in der konkreten Wirklichkeit dem völligen Relativismus entrückt; denn im Verhältnis zu den schneller veränderlichen Faktoren behaupten sie eine weniger schnell veränderliche Struktur, einen inneren, gesetzmäßigen Zusammenhang und erfüllen damit die Aufgabe, die wegen mangelnder Einsicht in diesen empirischen Zusammenhang zu ihrer Verabsolutierung als Apriorität geführt hat.

Der Streit um die subjektive oder objektive Existenz der Kategorien ist für den Marxismus hinfällig.

Auch der Unterschied zwischen objektiver (Thomas) und subjektiver Existenz (Kant) der Kategorien ist für den Marxismus unannehmbar, weil der Zusammenhang zwischen Sein und Denken zerrissen wird. Die gleichzeitige Geltung im Objekt und im Subjekt schließlich kann der Marxismus nicht in der Hegelschen Form übernehmen, da die gemeinsame Einheit im Logos für ihn nicht vorhanden ist.

Die Unvollständigkeit der Lösung von Engels.

Engels behauptet nun, daß die Kategorien zunächst objektiv, d.h. in den Dingen resp. in deren Entwicklung existieren und sich dann im menschlichen Bewußtsein abbilden. Dazu läßt sich u.a. sagen:

1) Das menschliche Bewußtsein ist selbst eine objektive Existenz und kann daher im Laufe seiner Entwicklung Kategorien bilden, die zwar durch die anderen Objekte bedingt sind, aber in einer Erscheinungsform, die sie nur auf Grund der Eigenart des Bewußtseins anzunehmen vermögen.

2) Die "Abbildung" vollzieht sich im Subjekt nicht nur in einer sondern in mehreren Erkenntnisvermögen. Ist jede von diesen "Abbildungen" eine subjektive Kategorie? oder ist eine Kategorie nur der Schnittpunkt aller dieser subjektiv verschiedenen Abbildungen? M.a.W. ist die partielle Abbildung notwendig eine nur unvollkommene Abbildung der objektiven Kategorie, und sichert erst die Totalität aller subjektiven Abbildungen die größte Annäherung an die objektive Kategorie?

3) Faßt man die "Abbildung" nicht mechanisch, sondern dialektisch, so ist schon an sich neben der proportionalen eine disproportionale Abbildung möglich, da ja die "Abbildung" der Kategorien nicht weniger, sondern mehr als die der Variablen von der Lage und dem Bewußtsein der abbildenden Klasse abhängt. Nimmt man ferner das unter 1) Gesagte hinzu, so wird die Disproportion in der Abbildung noch wahrscheinlicher, da Subjekt und Objekt sehr verschieden schnell variieren können.

4) Das wechselnde Verhältnis von Konstanz und Variabilität, von Objektivität und Subjektivität ist genauer, d.h. in Abhängigkeit von der geschichtlichen Gesamtsituation zu bestimmen. Denn nur so kann man erklären, warum die Kategorien bald proportional, bald disproportional funktionieren, und wie diese Gegensätzlichkeit ihrerseits wieder mit dem Gegensatz der Kategorien untereinander (z.B. Kontinuität und Diskontinuität, Qualität und Quantität etc.) zusammenhängt.

Man sieht, daß die marxistische Schaffenstheorie das Problem der Kategorien auf einer sehr viel konkreteren Ebene, aber auch in einer sehr viel komplizierteren Form stellt als Engels es gelegentlich formuliert hat. Und sie wird sich nicht zuletzt an dieser von der griechischen wie von der christlichen, von der feudalen wie von der bürgerlichen Erkenntnistheorie ungelösten Aufgabe zu bewähren haben. Denn das Kategorienproblem ist gleichsam "das" Musterbeispiel dafür, wie der berechtigte Kern idealistischer Theorien materialistisch interpretiert werden kann und muß.

Das Beispiel der Kausalität — ihre historische Entstehung.

Nehmen wir als ein andeutungsweise zu behandelndes Beispiel die für das Verstandesdenken so wichtige Kategorie der Kausalität. Sie hat zunächst eine objektive Basis: die Regelmäßigkeit der Bedürfnisse und der Veränderungen in der Außenwelt. Dann hat sie eine subjektive Basis: je mehr die Sinne und der Körper an diesen objektiven Regelmäßigkeiten ihre Grenze finden, um so mehr drängten sie durch ihre Selbstauflösung zur Ausbildung eines weiteren Vermögens, welches durch das Suchen nach dem zureichenden Grunde charakterisiert ist. Also sowohl die (sinnliche) Beobachtung der (objektiven) Regelmäßigkeiten wie das Suchen nach dem zureichenden Grunde sind historisch entstanden, und aus diesen beiden Komponenten und ihrer Wechselwirkung bildete sich allmählich das, was wir die Kategorie der Kausalität nennen. Einmal dem Denkenden zu Bewußtsein gekommen, abstrahierte er sie aus den verschiedenen Prozessen, in denen sich jene Wechselwirkung im Verlaufe der Geschichte des Denkens vollzogen hat, als ein festes und unveränderliches Gebilde. Gerade die moderne Physik hat uns aber gelehrt, daß diejenige Erscheinungsform der Kausalität, die wir als einseitiges Verhältnis von Ursache und Wirkung kennen, einen metaphysischen Faktor enthält, und daher eliminiert sie sie zugunsten der Wahrscheinlichkeitsrechnung; ob diese das Bedürfnis nach dem zureichenden Grund genügend befriedigt, darüber sind sich die modernen Physiker nicht einig. Marx und Engels hatten den metaphysischen Faktor der Kausalität bereits vorher zugunsten der Wechselwirkung eliminiert.

Wir haben also zwei relativ konstante, geschichtliche Faktoren, einen objektiven und einen subjektiven, die sich im geschichtlichen Prozeß des Erkennens immer mehr einander annähern. Daraus eine absolut konstante Kategorie der Kausalität zu machen, heißt die Dinge auf den Kopf stellen. Aber der Marxismus schaltet nicht nur die absolut stationären Kategorien aus, sondern auch jede Bewegung, die ausschließlich zwischen den Kategorien verläuft, denn eine solche setzt den Logos Hegels oder eine entsprechende Fiktion voraus. Er anerkennt nur eine doppelte geschichtliche Bewegung: in der einen entsteht die subjektive Seite der Kategorie aus objektiven Bedingungen (Sachkonstanten) und in der anderen nähern sich die objektive und die subjektive Seite immer mehr an, wobei innerhalb gewisser Zeitgrenzen dem Bewußtsein eine relative Führung zufallen kann.

Die Hilfshypothese Gott kann nicht entscheiden, welche Kategorien auf ein konkretes Problem anzuwenden sind.

Das Problem der Kategorien bestätigt also, daß Spontaneität und Freiheit (die natürlich aufs engste zusammenhängen) nur relativ und sekundär sind, und nur die Rückwirkung des Denkens auf das Sein betreffen, welche die Einwirkung des Seins auf das Denken voraussetzt. Es handelt sich also nur um eine Erweiterung des Freiheitsgrades der vorangehenden Erkenntnisvermögen, die ihren stärksten Ausdruck in der Bildung äquivalenter Theorien findet. Diese haben die Tatbestände, soweit sie ihnen überhaupt angemessen sind (z.B. in der Zahlentheorie), auf denjenigen Teil ihrer Problematik reduziert,

144

III. Teil: Nachweis der Übereinstimmung der entwickelten Analyse des geistigen Schaffens mit der materialistischen Dialektik

der nach ihrer Entstehung aus und vor ihrer Anwendung auf die Außenwelt liegt; die äquivalenten Theorien erklären sich aus dieser Einschränkung auf Denkgebilde in ihrer Idealität. Soweit aber die Aussage, Theorien seien äquivalent, der Ausdruck einer Verlegenheit ist (Wellen- oder Quantenmechanik), versuche man doch, das Problem mit der Fiktion Gottes oder eines absolut autonomen Verstandes (apriorischer Kategorien) zu lösen. Gott würde sich in der Lage befinden, in der ihn Leibniz sah: von vielen möglichen die beste aller Welten zu wählen; aber damit ist er in der vollständigsten Ausweglosigkeit, weil er den nötigen Vergleichsmaßstab weder in sich noch außer sich finden kann. Und der autonome Verstand hätte keine andere Möglichkeit, als den Dualismus seiner Kategorien (z.B. Kontinuität und Diskontinuität) als Erkenntnis apriori anzuerkennen und damit an Stelle der eindeutigen Lösung das Prinzip der Unlösbarkeit, die "sich-selbst-aufhebende Urteilsenthaltung", die Skepsis zu proklamieren. Die Geschichte der antiken Philosophie war vollkommen konsequent, als sie aus der platonischen Ideen- und der aristotelischen Kategorienlehre diese Folgerung zog. In der Ebene des "reinen" Denkens gibt es keine andere.

Das verstandesmäßige Denken ändert im Verhältnis von Dasein und Denken nichts Prinzipielles.

Wir haben also gesehen, daß trotz sich steigernder Freiheitsgrade und Spontaneität, trotz seines synthetischen Charakters, das verstandesmäßige Denken keine qualitative Änderung des Verhältnisses zwischen einwirkendem Sein und rückwirkendem Bewußtsein innerhalb des konkreten Erkennens herbeiführt. Es fragt sich nun, ob die Vernunft diese qualitative Änderung zustande bringt?

Die Vernunft – mit ihren historisch wechselndem Verhältnis von Willkür und Notwendigkeit –

Wir hatten festgestellt, daß die Vernunft in unmittelbarer Beziehung zum unbeherrschten Sektor der Welt steht, und daß sie darum schlechthin willkürliche Bestimmungen setzen könnte, wenn sie nicht von Anfang an auch an den beherrschten Sektor und die konkreten Vermögen gebunden wäre. Das Verhältnis zwischen Willkür der "reinen" und Notwendigkeit der bestimmten Vernunft ist bereits am Anfang der uns bekannten Geschichte des Menschen viel weniger disproportioniert zugunsten der Willkür als die reine Fortschrittstheorie zugeben kann. Es liegt dies z.T. daran, daß uns diese Geschichte erst in dem Augenblick durch Denkmäler bekannt wird, wo sich der Mensch seiner Umgebung bereits weitgehend angepaßt und diese Anpassung sozial und politisch organisiert hatte. Sobald aber die alten Lebensbedingungen durch neue ersetzt werden müssen, tritt die Disproportion zugunsten der Willkür ein; und sie nimmt nur im Laufe einer langen Geschichte ab, und auch dies nicht geradlinig, weil ein neuer unbeherrschter Sektor durch die von dem Menschen selbst geschaffenen Dinge entsteht. Zu diesen beiden Tatsachen kommt die dritte: daß sich nicht nur die drei konkreten Erkenntnisvermögen durch die Vernunft ergänzen, sondern auch die Vernunft sich in die drei Erkenntnisvermögen integriert, wodurch metaphysische Nebengebilde entstehen, wie wir oben angedeutet haben. Die Vernunft, die ohne Einwirkung des unbeherrschten und ohne Gebundenheit an den beherrschten Sektor und die ihn erobernden Erkenntnisvermögen überhaupt nicht arbeiten könnte, wird also durch diese Einwirkungen zwar in sehr intensiver Weise, aber nur zu ungenügend

A. *Die materialistische Seite*
B. *Die dialektische Seite*
Einleitung: Disproportion zwischen der wirklichen Bedeutung der
Dialektik und der Erkenntnis dieser Bedeutung. Gründe

145

bestimmten Rückwirkungen ausgelöst. Darum kann und muß die Vernunft eine allumfassende Kraft (mana) oder Person (Gott) erfinden, um das Eingreifen des unbeherrschten Sektors in den praktischen Prozeß der Eroberung und Beherrschung der Welt zu erklären.

führt keine qualitativ neue Ordnung in der Beziehung von Transzendenz- und Immanenzzeichen ein.

Dieser Weg der Vernunft bedingt aber keine qualitative Veränderung des Verhältnisses der Transzendenz- und Immanenzzeichen. Das zeigt sich an der Art und der Entwicklung ihrer mannigfachen Transzendenzzeichen: an dem geschichtlichen Ursprung des "absoluten" Geistes, der mit der gesamtgeschichtlichen Situation und ihren Produktivmitteln und Produktionsverhältnissen seinen Inhalt variiert und nur als "absolute Transzendenz" erfunden werden kann auf Grund der Transzendenz, die der Außenwelt für das menschliche Bewußtsein zukommt; an der Geschichtlichkeit des Entäußerns der Vernunft, und besonders an der Richtung, die diese geschichtliche Entwicklung nimmt; an der geschichtlichen Auflösung der Fiktion Gottes, die stattfindet, sobald die konkret vorliegende Aufgabe durch die allmählich gewonnene Proportion zwischen beherrschtem und unbeherrschtem Sektor resp. durch das dialektische Verhältnis zwischen den konkreten Erkenntnisvermögen und der Vernunft erfüllt werden kann.

Ergebnis: die 2 materialistischen Voraussetzungen der marxistischen Schaffenstheorie sind als empirische Tatsachen erwiesen.

Unsere Analyse, die in weitgehendster Weise alle idealistischen Behauptungen berücksichtigt hat, um die ihnen zugrunde liegenden Tatsachen aus ihrer ideologischen und dogmatischen Hülle herauszuschälen, und so ihren relativ berechtigten Faktoren eine geschichtliche Geltung zu sichern, — diese Analyse ergibt also einen einwandfreien Beweis für die beiden Voraussetzungen der marxistischen Erkenntnistheorie: daß eine Welt außerhalb unseres Bewußtseins existiert, und daß das Sein das Bewußtsein bestimmt. Die Existenz einer vom Bewußtsein unabhängigen Außenwelt ist also eine empirische Tatsache und nicht Metaphysik.

Der Marxismus hat allerdings noch eine weitere Voraussetzung, daß diese Welt "abbildungsfähige Materie" sei. Wir hatten gesagt, daß dies durch eine rein erkenntnistheoretische Untersuchung weder bewiesen noch widerlegt, sondern höchstens mehr oder weniger wahrscheinlich gemacht werden könne. Das ist einmal durch die doppelt begründete Ausschaltung eines absoluten Geistes geschehen, und zweitens durch den geschichtlichen Weg der Erkenntnis, der das Verhältnis zwischen dem konkreten und dem spekulativen Anteil bloßlegt. Dieses letzte Argument wird sich noch verstärken nach den Reflexionen über den dialektischen Charakter des menschlichen Erkennens.

Die Analyse des Schaffensprozesses hat die große Rolle der Dialektik gezeigt.

B. Was die Dialektik betrifft, so haben wir sie in allen Punkten unserer Analyse festgestellt: in der Grundlage des Erkenntnisprozesses als Spannung zwischen Sein und Bewußtsein; in seinem Verlauf als Spannung zwischen den drei konkreten Erkenntnisvermögen und der Vernunft; im Verhältnis der drei Erkenntnisvermögen zueinander als Synthese, die der Verstand zwischen körperlichem Tun und sinnlichem Erleben herstellt; im Ablaufprozeß jedes einzelnen Vermögens als Spannung zwischen Entmaterialisierung und Realisierung; und schließlich in jeder einzelnen Etappe des Prozesses: im Aufnehmen als Auflösung des früheren Vermögens, als Rückgang auf die Wirklich-

146

*III. Teil: Nachweis der Übereinstimmung der entwickelten Analyse
des geistigen Schaffens mit der materialistischen Dialektik*

keit und als neuartigen Aufbau; im Verarbeiten als Spannung zwischen Differenzierungs-, Durchdringungs- und Integrierungsakt etc. etc. Die Dialektik hat also eine kaum zu überschätzende Bedeutung für die Theorie des geistigen Schaffens. Warum ist dies so selten und unvollkommen anerkannt worden?

Die Disproportion zwischen der Größe dieser Rolle und der Seltenheit ihrer Anerkennung erklärt sich —: aus dem Wesen der Schaffenstheorie;

Diese Disproportion zwischen der theoretischen Bedeutung der Dialektik und ihrer tatsächlichen Erkenntnis erklärt sich z.T. aus dem Wesen der Schaffenstheorie. Diese ist ja nicht der Akt des Erkennens selbst, sondern Reflexion über ihn (nicht über Dinge), wodurch die Täuschung unterstützt wird, als habe er eine bloß subjektive, bloß geistige Realität. Ferner bleiben die Formen, in denen sich der Akt vollzieht (d.h. seine subjektive Seite), relativ konstant gegenüber den Variationen der Inhalte (d.h. seiner objektiven Seite), so daß jeder Versuch, auf diesem Gebiet zu allgemeinen und wissenschaftlichen Resultaten zu kommen, zu der Abstraktion der Form vom Inhalt, der subjektiven von der objektiven Seite hindrängt. Nimmt man hinzu, daß die Erkenntnistheorie als Reflexion über den Akt des Erkennens, d.h. als Streben, das "Mysterium" des geistigen Schaffens rational zu begreifen, erst sehr spät als selbständige Wissenschaft auftreten konnte, weil sie eine sehr weit getriebene Arbeitsteilung in den Wissenschaften selbst voraussetzt (die ihrerseits nur möglich ist auf der Basis einer starken Arbeitsteilung in der ökonomischen und sozialen Wirklichkeit), so versteht man, daß die Erkenntnistheoretiker selbst einer Klasse angehören mußten, die die Nutznießer dieser Arbeitsteilung waren, daß sie darum die bewußtseinsunabhängige Welt und die dialektische Spannung zwischen ihr und dem menschlichen Denken aus den Augen verlieren mußten, ohne es selbst zu merken, weil sie — wegen der Gebietseigenart der Erkenntnistheorie — sich ihrer Klassenbedingtheit noch weniger bewußt werden, sie noch weniger in Rechnung stellen konnten als die Gelehrten anderer Gebiete, die wesentlich enger an die Dinge selbst gebunden sind.

aus den sozialgeschichtlichen Voraussetzungen für die Existenz der Theorie und der Theoretiker.

Konkreter ausgedrückt: die Arbeitsteilung als Voraussetzung für die Existenz der Schaffenstheorie, und das Vorhandensein einer vom wirklichen Lebensprozeß möglichst weit entfernten Klasse als Voraussetzung für die Existenz des Schaffenstheoretikers erklärt den Verlust der materiellen Basis, und d.h. des gegenständlich-körperlichen Tuns als Erkenntnisfunktion, und darüber hinaus die Isolierung einzelner Erkenntnisvermögen aus ihrer Gesamtheit. So zeigt z.B. das XIX. Jh. zuerst das Ablösen des verstandesmäßigen Denkens aus der spekulativen Vernunft, dann das des Verstandes von den Sinnen — ein Prozeß, der sich zwar selbst mit vielen Rückschlägen und dialektisch vollzieht, aber jeweils ein völlig undialektisches Resultat hat: die einzelne Funktion dadurch zu dogmatisieren, daß man ihr allein die Leistungsfähigkeit zuschreibt, die nur alle Funktionen in ihrer Gesamtheit ausüben können. Das XX. Jh. hat denselben Prozeß fortgesetzt, indem es z.B. in Mathematik und Physik das abstrakte Denken von allen anschaulichen Elementen zu befreien und zu einem reinen Logismus zu kommen suchte. Dieses Beispiel genügt, um zu zeigen, warum sich die objektive Dialektik des historischen Prozesses

147

*Einleitung: Disproportion zwischen der wirklichen Bedeutung der
Dialektik und der Erkenntnis dieser Bedeutung. Gründe*

(die hier nicht eingehend bewiesen werden kann) nicht subjektiv, d.h.
in der Theorie des geistigen Schaffens widerzuspiegeln vermochte,
warum eine Disproportion bestehen mußte.

Der historische Ablauf vollzog sich unter denselben Klassenvoraus-
setzungen, oder ideologisch gesprochen: unter demselben Vorurteil,
daß nur *ein* Erkenntnisvermögen wenn nicht die ganze Erkenntnis-
aufgabe leisten, so doch allein sie zum Endziel: zur absoluten Wahrheit (oder zum Relativismus) führen kann. Man konnte also nur strei-
ten, ob und in welchem Sinne die Auswechslung des einen Vermögens gegen das andere, seine jeweilige "Reinheit", ein "Fortschritt"
sei; aber man konnte nicht begreifen, daß man die objektive Dialektik
des historischen Prozesses in eine subjektive Dogmatik (oder Relativismus) der Schaffenstheorie umfälschte, weil mit der Einsicht in die
Klassenstruktur der kapitalistischen Gesellschaft und in die Klassenbedingtheit des Gelehrten auch die Einsicht in das theoretische Korrelat der Wirklichkeit fehlte: daß nur die Zusammenarbeit aller Erkenntnisvermögen die dialektische Auffassung sowohl des einzelnen
Erkenntnisaktes wie der Geschichte der Erkenntnis sichert.

**Selbst in Perioden,
wo die Dialektik als
Methode hervortritt,
findet ihr Bewußt-
werden Grenzen.**

Die Geschichte der Theorien des geistigen Schaffens zeigt, daß
in den verschiedenen Epochen die Erkenntnisvermögen in verschiedenen Beziehungen zueinander stehen. In den Epochen, in welchen
das Differenzieren überwiegt (oder gar unbegrenzt herrscht), ist subjektive Dialektik unmöglich, da Dialektik die Wissenschaft des Gesamtzusammenhanges ist, also auch des Gesamtzusammenhanges der
Erkenntnisvermögen im geistigen Schaffensprozeß. In den Epochen
dagegen, in welchen die zu groß gewordene Differenzierung in ihr
Gegenteil umschlägt, so daß die Philosophen notwendig zu Synthesen gezwungen werden, wird die objektive Dialektik (von der ja auch
der Differenzierungsprozeß ein Teil ist) bewußt, und dieses Bewußtsein findet seinen Niederschlag in den verschiedenen dialektischen
Methoden der großen philosophischen Systeme. Aber man kann nicht
übersehen, daß selbst diese Epochen der Integrierung eine Gefahr für
die volle Verwirklichung der Dialektik enthalten haben. Denn die
Zusammenfassung betrifft nicht nur die verschiedenen Erkenntnisvermögen, sondern auch die verschiedenen Resultate des Denkens
über die Gegenstände selbst, darum steht der Philosoph nicht nur
vor den verschiedenen "Abbildungen", welche die verschiedenen Vermögen liefern, sondern auch vor sich widersprechenden Resultaten,
die dasselbe Vermögen aus verschiedenen, aber zusammenhängenden
Dingen gezogen hat. Er hat also die Aufgabe, eine ganze Reihe von
Widersprüchen zu überwinden. Dies war nur möglich dadurch, daß
er sich gegen die volle Konkretheit des einzelnen Gegenstandes (Gebietes) oder des isolierten Vermögens distanzierte. Der Wille zur
Systembildung, der einerseits auf der Dialektik beruht, schafft andererseits Freiheitsgrade zu Spekulationen, zur Herstellung konstru-
ierter Zusammenhänge, welche die Entfaltung der Dialektik verhin-
dern. Von Plato bis Hegel wird man immer wieder eine ganze Reihe
solcher Merkmale finden (Ideenlehre, Identifizierung von Logik und
Geschichte), welche die Dialektik begrenzen.

148

*III. Teil: Nachweis der Übereinstimmung der entwickelten Analyse
des geistigen Schaffens mit der materialistischen Dialektik*

Die gesamtgeschichtlichen Bedingungen für die richtige Erkenntnis der Bedeutung der Dialektik.

Eine Geschichte der dialektischen Methode wird u.a. zeigen, daß diese immer in einem ganz bestimmten Stadium der Entwicklung einer Wirtschafts- und Gesellschaftsformation auftritt: wenn deren Selbstzersetzung bereits einen solchen Umfang angenommen hat, daß der Gegenspieler ihr in der Wirklichkeit nicht nur passiv gegenübersteht, sondern seine aktive Wirksamkeit beginnt. Ist also schon das Auftreten irgendeiner (idealistischen) Dialektik an bestimmte geschichtliche Gegebenheiten gebunden, so erst recht das der materialistischen. Nimmt man alles hinzu, was oben über die besonderen Schwierigkeiten gesagt wurde, die gerade der Verwirklichung einer (materialistischen) Dialektik in dem Gebiet der Schaffenstheorie entgegenstehen, so wird man verstehen, daß trotz einer langen (aber noch nicht geschriebenen) Geschichte die Bedeutung der Dialektik für die Erkenntnistheorie noch nicht hinreichend erkannt und verwirklicht worden ist.

Vergleich der Dialektik des von uns analysierten Schaffensprozesses mit den allgemeinen Merkmalen der (materiellen) Dialektik.
Die Selbstbewegung —:

Kehren wir nach dieser allgemeinen Erörterung zu unserer speziellen Aufgabe zurück, so besteht sie darin, die festgestellten dialektischen Momente des Schaffensprozesses an den allgemeinen Merkmalen zu prüfen, die für die (materialistische) Dialektik überhaupt gelten.

a) Das erste Merkmal war die unendliche Selbstbewegung zu immer höheren Stufen der Entwicklung in Form einer Spirale.

Die Selbstbewegung steht in Gegensatz zum Beharren und zur Beziehung, ohne diese auszuschließen, und im Gegensatz zu allen Fremdbewegungen, mögen diese nun mechanischer oder metaphysischer (theistischer) Art sein. Ist diese Selbstbewegung in unserer Analyse des Schaffensprozesses vorhanden?

ihre Grundlagen.

Wir hatten den Erkenntnisprozeß basiert auf den Gegensatz zwischen Sein und Bewußtsein. Dieser Gegensatz war nicht absolut, war keine dualistische Antinomie, weil das Bewußtsein ein Bestandteil des Seins ist, und beide ihre Einheit in der mit Abbildungsfähigkeit begabten Materie haben. Diese Einheit ist die eine Bedingung für die Selbstbewegung. Die andere liegt in der Art der Gegensätzlichkeit innerhalb dieser Einheit. Das Sein hat eine größere Mächtigkeit als das Bewußtsein, das Bewußtsein ist dagegen die höchste Entwicklungsstufe der Materie; oder m.a.W.: innerhalb der Einheit besitzt das Sein eine höhere physische Mächtigkeit, während das Bewußtsein eine höhere geistige Mächtigkeit im Laufe der Entwicklung allmählich gewinnt. Damit macht diese Gegensätzlichkeit nur explizit, was im dialektischen Materiebegriff bereits angelegt ist. Sie begründet und erhält so die Selbstbewegung des Erkenntnisprozesses durch seinen ganzen Verlauf.

Die undialektischen Idealismen und

Wir haben immer wieder zwei entgegengesetzte Meinungen zurückweisen müssen. Die eine behauptet, daß Gott diese Bewegung als Fremdbewegung verursache und erhalte. Wir haben gezeigt, daß für Gott in den drei konkreten Erkenntnisvermögen überhaupt kein Platz ist, und daß er im Spekulativen nur als eine historisch bedingte Fiktion auftritt, die eliminiert werden kann und muß, so daß von ihm als Ursache nicht gesprochen werden darf. Die andere behauptet,

Vergleich der dialektischen Momente des Schaffensprozesses mit den allgemeinen Merkmalen der (materialistischen) Dialektik
a) 1. Merkmal: Die Selbstbewegung

149

daß die Selbstbewegung eine rein immanente eines autonomen Geistes ist. Wir haben gezeigt, daß diese Hypothese nicht nur als erste Ursache des Gesamtprozesses unhaltbar ist, sondern daß sie auch den Übergang von einem Erkenntnisvermögen zum anderen nicht erklären kann. Wir hatten in jedem Einzelfall festgestellt, daß ein Zurückgehen auf die Wirklichkeit nötig ist.

ihr berechtigter Kern.

Es muß hier auf den richtigen Kern hingewiesen werden, der zu den hypertrophen idealistischen Aussagen der Autonomie und Immanenz geführt hat (die nicht vollständig zusammenfallen). Der Übergang von einem Erkenntnisvermögen zum anderen ist zugleich kontinuierlich und diskontinuierlich. So fordert z.B. die Selbstauflösung des sinnlichen Erlebens die Funktion des Denkens heraus, wie umgekehrt das Denken diese Selbstauflösung des sinnlichen Erlebens vollendet. Aber andererseits vollzieht sich der Übergang von der auflösenden zur setzenden Funktion im Aufnehmen innerhalb desselben Vermögens diskontinuierlich, weil das Aufnehmen über das bloße Auflösen des vorangehenden Erkenntnisvermögens in die Außenwelt selbst verstößt, und weil die Erkenntnisvermögen zu verschiedenartig sind, als daß die Negation des einen ohne weiteres die Position des anderen sein könnte. Dieser Sprungcharakter besagt keineswegs, daß eine unüberbrückbare Kluft zwischen den einzelnen Erkenntnisvermögen vorhanden ist, sondern nur daß der Übergang sich nicht immanent vollzieht; er wird z.T. durch die Dinge erzwungen, z.T. durch gewisse subjektive Voraussetzungen verwirklicht. Zu diesen letzteren gehört, daß das Ganze der Vermögen nicht ein Konglomerat ist, sondern ein aus heterogenen Gliedern bestehendes System (Organismus). Darin ist bereits die Tatsache enthalten, daß eine Zentralstelle vorhanden sein muß, in der alle Erkenntnisvermögen zusammentreffen, insbesondere das sich auflösende und das sich bildende, derart daß von ihr aus die Tätigkeit des einen auf das andere übertragen wird. Und dann geschieht die Ablösung niemals automatisch, sondern die Zentralstelle veranlaßt das Arbeiten des neuen Vermögens durch einen Willensakt, der seinerseits mit der mehr oder weniger großen Bewußtheit zusammenhängt, die sich aus der Meldung an der Zentralstelle ergibt. Der Einheitspunkt der Erkenntnisvermögen im Bewußtsein, die Bewußtheit ihrer Tätigkeit und der Willensentschluß, den von den Dingen nicht hinreichend erzwungenen Übergang zu vollziehen, – alle diese Faktoren bilden den begründeten Kern der falschen und idealistischen Hypostasierung in absolute Spontaneität und Autonomie.

Dieser berechtigte Kern darf nicht hypostasiert werden.

Die Unhaltbarkeit dieser Hypostasierung folgt schon aus der Tatsache, daß der Willensentschluß niemals einen Gegenstand schaffen kann. Es handelt sich allein darum, daß bei der Auslösung der Rückwirkung des Bewußtseins auf das Dasein ein neuer Faktor dieses Bewußtseins zu den schon vorher bei der Einwirkung wirksamen objektiven, außenweltlichen als sekundär hinzukommt. Die materialistische These wird dadurch in ihrem Wesen nicht berührt, die dialektische aber verstärkt.

Die Entwicklung der Selbstbewegung zu immer höheren Stufen:

Wir haben also bewiesen, daß Bestehen und Fortgang des Erkenntnisprozesses allein durch den Gegensatz zwischen Sein und Bewußtsein, oder präziser: durch den Unterschied zwischen physischer Da-

150

III. Teil: Nachweis der Übereinstimmung der entwickelten Analyse des geistigen Schaffens mit der materialistischen Dialektik

seins- und geistiger Bewußtseinsmächtigkeit in der Einheit der Materie bedingt wird und in diesem Sinne Selbstbewegung ist. Es bleibt jetzt zu zeigen, daß diese zu immer höheren Stufen der Entwicklung führt. Wir können dabei zwei Arten von Entwicklung unterscheiden: die eine vollzieht sich innerhalb jedes einzelnen Vermögens, die andere zwischen den verschiedenen Vermögen.

innerhalb jedes einzelnen Vermögens;

Die erste Art der Entwicklung kann wieder zweifacher Natur sein: historisch oder wertmäßig-logisch. Wir haben z.B. für das körperliche Tun auf die Entwicklung vom Trieb zum Instinkt, vom Instinkt zur Vervollkommnung der Extremitäten, von dieser zur Schaffung von Instrumenten hingewiesen; oder im sinnlichen Erleben auf den Übergang in andere Erlebnisfelder, auf die erweiterte Reproduktion etc. Andererseits war auf die Bewegung aufmerksam gemacht worden, in welcher jeder einzelne Erkenntnisakt seine Aufgabe, sich dem Gegenstand so vollständig wie möglich anzunähern, erfüllt. Diese beiden Arten der Entwicklung fallen nun nicht ohne weiteres zusammen, im Gegenteil: es kann zwischen der geschichtlichen und der logischen Bewegung eine Disproportion in dem Sinne bestehen, daß eine frühere geschichtliche Etappe einen höheren Erkenntniswert hat als eine spätere, wenn die letztere in ihrer "logischen" Entwicklung zum Ziel der zugleich absoluten und relativen Wahrheit fragmentarisch bleibt. Der Fortschrittsbegriff des Marxismus ist dialektisch und nicht nur evolutionär.

zwischen den verschiedenen Vermögen.

Dieser dialektische Charakter verstärkt sich noch, wenn man die Höherentwicklung von Vermögen zu Vermögen hinzunimmt. Sie betrifft Quantitatives wie Qualitatives. Denn wenn man z.B. von dem sinnlichen Erfassen zum verstandesmäßigen Erklären einer Farbe übergeht, so begreift man einmal einen viel weiteren Komplex von Erscheinungen unter derselben Einheit, andererseits aber begreift man sie tiefer, d.h. der Wirklichkeit entsprechender. Denn beim sinnlichen Erlebnis blieb der Zusammenhang zwischen der einzelnen konkreten Empfindung und der ungeschiedenen Einheit ungeklärt, im Denken dagegen wird gerade das Allgemeine klargestellt, und das Einzelne aus dem Zusammenhang mit ihm verstanden.

Unterscheidung von geschichtlicher und logischer Höherentwicklung.

Diese Höherentwicklung beruht darauf, daß der Verstand die Synthese von Körper und Sinnen ist. Aber auch hier gilt, daß noch nicht jedes Resultat des Verstandes allein darum einen höheren Wahrheitswert hat als das des sinnlichen Erlebens, weil der Verstand eine höhere Stufe der Erkenntnis ist. Denn dann würde die dialektische "Aufhebung" des sinnlichen Erlebens seine relative Eigenbedeutung vernichten und damit die Unendlichkeit des dialektischen Prozesses bedrohen. Zur Feststellung des Fortschrittes und damit der Wahrheitsstufe (des Wertes) einer Erkenntnis müssen immer zwei Dinge analysiert werden: a) ob das betreffende Vermögen nur darum höher liegt, weil es eine geschichtlich spätere Stufe darstellt, und daher prinzipiell die früheren Ergebnisse der vorangehenden Vermögen in sich aufbewahrt; b) ob das betreffende Vermögen im konkreten Einzelfall "logisch" (d.h. in bezug auf die Erreichung des Endzieles der größtmöglichen Annäherung von Sein und Bewußtsein) vollständiger arbeitet als dasselbe Vermögen in einer geschichtlich früheren oder späteren Epoche.

*Vergleich der dialektischen Momente des Schaffensprozesses mit
den allgemeinen Merkmalen der (materialistischen) Dialektik
a) 1. Merkmal: Die Selbstbewegung*

151

Gründe ihrer möglichen Disproportion.

Da diese beiden Faktoren durchaus in Disproportion stehen können, deckt sich der Fortschritt der Wahrheit nicht ohne weiteres mit dem geschichtlichen Fortschritt der Vermögen. Die Basis der Wertdisproportion von Einzelakt und geschichtlicher Entwicklung, von Wahrheitsgrad und Fortschrittsgrad liegt darin, daß der Einzelakt der Erkenntnis vom (gesellschaftlich bedingten) Individuum, die geschichtliche Entwicklung dagegen von der (aus Individuen bestehenden) Gesellschaft vollzogen wird. Und das dialektische Verhältnis zwischen Individuum und Gesellschaft findet seinen Ausdruck darin, daß innerhalb der geschichtlichen Grenzen der Einzelne einen höheren Freiheitsgrad erreichen kann als der gesellschaftliche Durchschnitt, weil nicht die geistige Kraft, welche zur Einsicht in die Notwendigkeit und zur Verwirklichung dieser Einsicht (Engels) führt, vererbt werden kann, sondern allein das Resultat, das diese Kraft erreicht hat; und weil selbst diese Vererbung nicht mechanisch den Besitz sichert, sondern nur wenn das Überlieferte neu erworben wird. Nur eine exakte Abwägung aller Momente gegeneinander gestattet im Einzelfall eine Entscheidung darüber, in welchem Sinne die Selbstbewegung einen Fortschritt bedeutet. Die bloß historische Entwicklung und ihre Dialektik ist die erste und unumgängliche Voraussetzung, aber nur eine Voraussetzung für die Fortentwicklung der Wahrheit, nicht die schon fortentwickelte Wahrheit selbst.

2 Beispiele dafür, daß die historische Entwicklung nur *eine* Voraussetzung für die Erreichung größerer Wahrheit ist.

Man kann dies an zwei praktisch wichtigen Beispielen erläutern, die zugleich den Unterschied zwischen einer mechanischen und einer dialektischen Auffassung des marxistischen Fortschrittsbegriffes klarmachen. Man hört oft: weil das Klassenbewußtsein des Proletariats auf einem höheren geschichtlichen Niveau liegt als das des Bürgers, ist jede geistige (und praktische) Äußerung des klassenbewußten Proletariats wahrer (wertvoller) als die des Bürgers. Dazu ist zu sagen: gewiß haben Marx und Engels das proletarische Klassenbewußtsein über das bürgerliche hinausgehoben, und in dem Umfang und in den Leistungen, in denen sie es getan haben, ist die Behauptung richtig. Aber das Proletariat, selbst das klassenbewußte, besitzt noch nicht die von Marx und Engels erreichte Niveauhöhe; es ist vielmehr eine der wesentlichen Aufgaben der marxistischen Partei, "das gesellschaftliche Bewußtsein auf die Höhe der als objektiv erkannten Logik zu heben". (Lenin). Die mechanische Auffassung des Fortschrittes fördert diese Aufgabe nicht, sondern macht sie unmöglich. Aber selbst wenn die Marx'sche Niveauhöhe vom klassenbewußten Proletariat allgemein erreicht sein wird, ist damit noch nicht gesagt, daß jede Äußerung desselben einen höheren Wahrheitsgrad darstellen wird als alle früheren Werte. Denn mit der Beseitigung derjenigen Momente, die zur Ideologie geführt haben, ist nur eine der Voraussetzungen zur Erreichung vollkommener Wahrheiten geschaffen. Die Dialektik der Dinge kann sich jetzt im Kopf klarer darstellen, sie muß es darum noch nicht vollständiger tun; denn auch nach der Beseitigung der Klassen wird der dialektische Prozeß kein automatischer Mechanismus sein. Es bleibt immer noch die produktive Leistung des Erkennens zu vollziehen, die von zwei verschiedenen Momenten abhängt, von objektiven, die über die Wirtschaftsweise und Gesellschaftsform hinaus-

152

III. Teil: Nachweis der Übereinstimmung der entwickelten Analyse des geistigen Schaffens mit der materialistischen Dialektik

reichen, von denen sie letzten Endes bedingt sind, und ferner von subjektiven des Einzelmenschen. Denn auch die klassenlose Gesellschaft hebt die Spannung zwischen Individuum und Gesellschaft nicht gänzlich auf, noch macht sie alle Menschen gleich oder gar gleich begabt zur geistigen Produktion, wenn es auch selbstverständlich ist, daß sie das allgemeine geistige Niveau und damit das Niveau für geistige Reproduktionen wesentlich heben wird.

Das zweite Beispiel ergibt sich bei dialektischer Auffassung der Selbstbewegung aus der Ungeradlinigkeit der Entwicklung. Für den Marxismus ist die Reaktion — zum mindesten innerhalb der Klassengesellschaft — ein notwendiger und integrierender Bestandteil der Geschichte selbst und nicht ein äußerlicher Zufall. Reaktion und Revolution stehen in einem dialektischen Verhältnis und formen die Gesamtbewegung der geschichtlichen Entwicklung. Diese muß man immer im Auge behalten, um innerhalb der Reaktion die Revolution richtig vorzubereiten, und umgekehrt: um schon innerhalb der Revolution die unvermeidliche Reaktion mitzubestimmen. Also nicht in jeder Etappe, sondern nur in ihrer Gesamtheit stellt die Selbstbewegung einen Fortschritt dar.

Die Spirale als Form der aus sich selbst bewegten Entwicklung: in den einzelnen konkreten Erkenntnisprozessen

Der Marxismus gibt darüber hinaus die Form an, in der sich der Fortschritt vollzieht: als eine Spirale, d.h. als eine Kurve, die in einer der anfänglichen entgegengesetzten Richtung und in einem räumlich distinkten Ast und mit größerem (oder kleinerem) Durchmesser verläuft derart, daß nach jeder Umdrehung der Endpunkt über den Anfangspunkt zu liegen kommt. Diese Form der Bewegung haben wir zunächst für den Prozeß jedes einzelnen Erkenntnisvermögens festgestellt: denn die Realisation entäußert und vollendet in entgegengesetzter Richtung den Inhalt der Entmaterialisierung, und diese Weiterführung muß wegen der Verarbeitung, die zwischen Aufnehmen und Entäußern liegt, den Endpunkt notwendig über den Anfangspunkt legen, und zwar mit einem größeren Umfang, wenn der Prozeß überhaupt vollständig ist. Der dialektische Zusammenhang der drei konkreten Erkenntnisvermögen sichert dann die Fortsetzung dieser selben Form mit immer größerem Radius.

und in ihrer Einordnung in die Geschichte. Erste Konkretisierung des Bildes.

Auch wenn man die einzelnen Erkenntnisprozesse in den geschichtlichen Gesamtprozeß des Denkens einordnet, ändert sich nichts Wesentliches — vorausgesetzt daß man die Spiralen nicht nach einem identischen Schema konstruiert, als müßten sie in den verschiedenen Epochen aus regelmäßigen, gleich großen und gleich häufigen "Kreisen" bestehen; denn dann kommt man notwendig zu der Anschauung einer sich wiederholenden Rhythmik für alle Geschichtsabläufe und zu Analogieschlüssen zwischen verschiedenen Geschichtsperioden, z.B. zwischen der römischen und der kapitalistischen Zersetzung, zwischen der bürgerlichen Revolution von 1789 und der proletarischen von 1917. Das ist unhaltbar, weil eine mathematische Regelmäßigkeit dem geschichtlichen Leben unzulässigerweise oktroyiert wird. Das Bild vervollständigt sich, indem nun die erstgenannten "Kreise" und Spiralen zu Kurven auf der völlig analogen Kurve der Geschichte des menschlichen Denkens werden.

Vergleich der dialektischen Momente des Schaffensprozesses mit
den allgemeinen Merkmalen der (materialistischen) Dialektik
a) 1. Merkmal: Die Selbstbewegung

153

Die weitere Vervollständigung des Bildes durch Hinzunahme der Vernunft.

Nicht dargestellt wird in diesem Bilde das Verhältnis der drei konkreten Erkenntnisvermögen zum spekulativen. Denn dieses hat ja einen ganz anderen Ausgangspunkt: den unbeherrschten statt des beherrschten Sektors, die beide in dauernder Wechselwirkung miteinander stehen, derart daß sich die anfängliche Disproportion sich einer Proportionalität immer mehr annähert. Um das mitauszudrücken, wird man zwei Spiralen zeichnen müssen, die gleichzeitig an ein und derselben Stelle des Raumes beginnen, aber die eine mit einem möglichst kleinen und sich dauernd vergrößernden Durchmesser, die andere mit einem möglichst weiten und sich dauernd verkleinernden. Diese beiden Spiralen durchkreuzen sich immer von neuem, bis schließlich die Durchmesser annähernd gleich groß geworden sind und zusammenfallen. Dann wird der reelle Teil der zweiten Spirale von der ersten mitgenommen, während der Rest wirkungslos wird und verfällt.

Die Unendlichkeit der dialektischen Selbstbewegung.

Diese Ergänzung des Bildes verändert nicht das Wesen der Selbstbewegung, sondern sichert erst recht ihre Unendlichkeit, weil nun die Frage nach der Einheit endgültig in den Prozeß des konkreten Erkennens hineingetragen ist. Man könnte meinen, daß die Unendlichkeit der Selbstbewegung im Marxismus keinen Platz hätte. Denn wenn der beherrschte Sektor so groß geworden ist, daß die Beherrschung des Restes nur eine Frage der Zeit ist, weil jede verfälschende Einwirkung aufhört, dann sollte auch das Ende des dialektischen Geschichts- und Erkenntnisprozesses abzusehen sein. M.a.W.: wenn die klassenlose Gesellschaft dank der gesteigerten Produktivkräfte und der Ausschaltung des kapitalistischen Mehrwertes alle produktiven Energien auf die praktische Beherrschung und geistige Durchdringung der Welt richten kann, dann müßte an die Stelle der schöpferischen Dialektik die endgültige Erlösung treten. Eine solche Argumentation zeigt von neuem, daß jede Umdeutung der Dialektik ins Mechanische zugleich ins Metaphysische und Religiöse umschlägt. Richtig ist, daß der Marxismus jeden Sinn verlöre, wenn die Selbstbewegung nur Veränderung wäre, d.h. der folgende Zustand genau so unvollkommen bliebe wie der vorhergehende. Aber der Marxismus würde nicht weniger sinnlos, wenn die Entwicklung jemals ein Ende erreichen könnte. Relativierung wie Dogmatisierung der Selbstbewegung widersprechen dem Marxismus.

Aber — so wird man fragen — wie soll denn die Selbstbewegung noch eine unendliche Höherentwicklung bleiben, wenn die Integrierung in die drei konkreten Erkenntnisvermögen die spekulative Vernunft in ihrer willkürlichen Erfindung unendlich vieler Systeme immer mehr behindert und wenn die Disproportionalität zwischen Sein und Bewußtsein immer mehr abnimmt? Durch die Integrierung der Vernunft werden unter dem Gesichtspunkt der Einheit alle Probleme auf der Ebene der konkreten Forschung noch einmal aufgerollt, was nicht der Verendlichung des Prozesses dient. Und was die Annäherung von Sein und Bewußtsein betrifft, so haben wir bis jetzt kein Anzeichen, daß sie zu einer vollständigen Kongruenz dieser Gegensätze führen könnte; im Gegenteil: je adäquater das Bewußtsein dem Sein wird, um so mehr neue Fragen werden durch die Dinge gestellt, da ja die Inadäquatheit beider die Erkennung und schon die richtige und lös-

154

III. Teil: Nachweis der Übereinstimmung der entwickelten Analyse
des geistigen Schaffens mit der materialistischen Dialektik

bare Stellung der Probleme verhindert. Die Erfahrung zeigt uns bisher nur, daß, wenn die Annäherung in arithmetischer Progression erfolgt, die Fülle der Probleme etwa in geometrischer Progression wächst. Der prinzipielle Fortschritt, der mit der Integrierung der Vernunft oder mit der Annäherung an eine Gleichgewichtsproportion (praktisch: mit der klassenlosen Gesellschaft) erreicht wird, besteht nicht darin, daß man aus dem Zustand der Probleme in den der Lösungen, aus dem Zustand der schöpferischen Dialektik in den der endgültigen Erlösung übergeht, sondern allein darin, daß aus den ideologischen Lösungen objektive werden, aus der schlechten Unendlichkeit der Willkür die echte Unendlichkeit der Notwendigkeit, aus den "genialen" Spekulationen Einzelner gesellschaftliche Forschungen, aus den Wunschträumen Erkenntnisse, aus idealen Forderungen Realitäten und Praxis. Auf dieser Ebene wird die materielle und die geistige Produktion unendlich sein, soweit es die Existenz des Menschen und der Welt selbst ist.

Form und Inhalt der Selbstbewegung in mehreren Definitionen —,

b) Das zweite Merkmal der Dialektik, das ihren Inhalt und ihre Form betrifft, drückt man am besten in mehreren "Definitionen" aus, um die Vielheit der Etappen ihres Prozesses wie die Heterogenität der Gegensätze anzudeuten. Die eine Form würde lauten: Dialektik ist Einheit (Identität) von relativen Gegensätzen, Synthesis von Thesis und Antithesis. Die zweite: gegenseitige Abhängigkeit aller Tatsachen und Begriffe unter der Form des Überganges. Die dritte: Dialektik ist die Spaltung eines ungeschiedenen Einheitlichen in seine widerspruchsvollen Teile, die Durchdringung der Gegensätze und die Herstellung ihrer höheren Einheit oder: Dialektik ist der Prozeß der Negation und der Negation der Negation, in dessen Verlauf die quantitative Entwicklung in ein qualitatives Anderssein sprunghaft übergeht.

um einseitige und vulgäre Interpretierung der Dialektik zu vermeiden.

Mit der Mehrzahl der Definitionen wird betont, daß Dialektik selbst das Ergebnis eines dialektischen Prozesses ist, oder m.a.W. daß die dialektische Logik die Seins- und Relationslogik in sich enthält, deren Synthese ist. Diese Tatsache ist von so entscheidender Bedeutung, daß man sich niemals scheuen sollte — schulmäßigen Gewohnheiten zum Trotz — mehrere Definitionen nebeneinander zu stellen. Denn es ist dies ein Mittel, um einigermaßen der Gefahr einer einseitig mechanischen Auffassung zu entgehen. So wäre es z.B. falsch, aus der dynamischen Formulierung zu folgern, daß die Dialektik eine rein dynamische Methode sei. Unterbricht schon das antithetische Moment den Fluß der Bewegung, so wird dieser durch das synthetische (relativ) gehemmt. Die Größe des Anteils der Beharrung am Prozeß hängt von der Art der Gegensätze ab, die zur Einheit gebracht werden. Sie kann daher ganz verschieden sein, z.B. ein Minimum im Marxschen Krisenbegriff, der ja selbst ein Akt ist; oder ein Maximum z.B. im Begriff des Gesetzes. Unterläßt man die Betonung der relativen Beharrung im Sinne der Identität, so kommt man in die weitere Gefahr, die Gegebenheit des Daseins für das Bewußtsein aufzuheben, und alles in ein und denselben, sei es seinsmäßigen, sei es bewußtseinsmäßigen Prozeß zusammenfließen zu lassen, d.h. den relativen Unterschied zwischen objektiver und subjektiver Logik zu verwischen.

b) Form und Inhalt der dialektischen Bewegung
aa) Die Dialektik darf nicht dynamisiert, schematisiert oder
155   *funktionalisiert werden*

Von welcher der beiden Seiten aus diese "Verschmelzung", "Versöhnung" auch immer vor sich gehen mag, sie widerspricht den Tatsachen und der marxistischen Theorie, denn sie beseitigt grundsätzlich die Dialektik, weil sie auf einer Vernichtung und nicht auf einer "Aufhebung" des Seins beruht.

Man darf ferner nicht die falsche Voraussetzung machen, daß es im dialektischen Prozeß absolute Fixierungen der einzelnen Etappen gibt, während in Wirklichkeit Thesis, Antithesis und Synthesis dauernd ihre Stellungen im Verlaufe des Prozesses wechseln, und dies im engsten Zusammenhang mit den Inhalten. M.a.W. man darf den Verlauf des dialektischen Prozesses nicht schematisieren und damit als eine rein äußerliche Manipulation auffassen. Kann man nur mit großer Ungenauigkeit sagen, ein und dasselbe sei bald Thesis, bald Antithesis, bald Synthesis, so ist nicht weniger die entgegengesetzte Abstraktion falsch, die eine "Priorität" des dialektischen Prozesses vor den konstanten Inhalten zur Folge hat. Eine solche "Priorität" gibt es nicht gegenüber den Dingen, mag man diese als endliche Selbstbestimmtheit (a ist a) oder als unendliche Fremdbestimmung (a ist non b, c, d, ...) definieren; sie wird erst eingeführt auf Grund einer Verabsolutierung. Diese ist gänzlich unerlaubt für eine materialistische Dialektik, für die ja das "non (b, c, d, ...)" einen ganz konkreten historischen Sinn hat. Jede mechanische Beschränkung der Dialektik auf die bloße Äußerlichkeit der Gegensätze nimmt ihr die Einheit der Materie und des Prozesses, die Fülle des Gehaltes und widerspricht der materialistischen Dialektik. Denn solange die Gegensätze äußere bleiben, kann, falls sie überhaupt zusammenkommen, einer den anderen vernichten, aber sie können niemals in der Synthese eine höhere Einheit bilden. So hat sich Marx z.B. in der "Heiligen Familie" nicht damit begnügt, Proletariat und Reichtum als zwei Seiten eines Ganzen anzusehen; nicht damit, die Leistung der einen als negativ, die der anderen als positiv zu bestimmen; nicht damit, den ökonomischen Gegensatz durch den psychisch-geistigen in der Selbstentfremdung zu vervollständigen; sondern er hat ausdrücklich gesagt: "Das Privateigentum als Privateigentum, als Reichtum, ist gezwungen, sich selbst und seinen Gegensatz, das Proletariat, im Bestehen zu erhalten.... Das Proletariat vollzieht das Urteil, welches das Privateigentum durch die Erzeugung des Proletariats über sich selbst verhängt... Wenn das Proletariat siegt, so ist es damit keineswegs zur absoluten Seite der Gesellschaft geworden, denn es siegt nur, indem es sich selbst und sein Gegenteil aufhebt..." Damit ist doch erklärt, daß jede der beiden gegensätzlichen Klassen sowohl die positive wie die negative Funktion ausübt, und daß im Verlaufe der geschichtlichen Auseinandersetzung, des Klassenkampfes, die positive Seite des Kapitalisten zur negativen wird (Selbstauflösung des Kapitalismus) und die negative Seite des Proletariats zur positiven (Errichtung der Diktatur des Proletariats und der klassenlosen Gesellschaft) – oder m.a.W. daß die Gegensätze innerlich zusammengehören, was allein das sprunghafte Umschlagen der quantitativen Evolution in eine qualitative Veränderung (Revolution) möglich und notwendig macht.

156

III. Teil: Nachweis der Übereinstimmung der entwickelten Analyse
des geistigen Schaffens mit der materialistischen Dialektik

Wie Bewegung und Beharrung nicht auseinandergenommen und einseitig überbetont werden dürfen, so darf der funktionale Faktor nicht isoliert werden. Es war Lenin, der zu wiederholten Malen in seinen Definitionen die "Abhängigkeit" unterstrichen hat. Er hat damit der Entwicklung der materialistischen Dialektik sicher einen großen Dienst geleistet, indem er so die Wissenschaft im engeren Sinne, das verstandesmäßige Denken, in den dialektischen Prozeß hineinstellte. Lenin betonte dabei aber immer vier Momente: die Allseitigkeit der Beziehungen, ihre Wechselseitigkeit, den Übergang des aufeinander Bezogenen und die materielle Einheit der Beziehungsglieder. Man kann leicht einsehen, wohin man kommt, wenn man auch nur einen einzigen dieser Faktoren fortläßt: in einen idealistischen Funktionalismus oder in einen evolutionären Biologismus. Trotzdem beseitigen alle Sicherungen Lenins nicht notwendig die Möglichkeit, die Beziehungen zwischen den Gegensätzen als bloß äußere aufzufassen, weil sie nicht angeben, daß und wie aus den äußeren Gegensätzen innere werden. Man sollte nie vergessen, daß die Aufspaltung des Prozesses in einzelne Merkmale ein notwendiges Übel der Popularisierung ist; es wird zur verfälschenden Vulgarisierung, wenn die Merkmale nicht einmal mehr Etappen des Prozesses betreffen.

Wir haben nach diesen prinzipiellen Vorbemerkungen zu zeigen, daß der Prozeß des geistigen Schaffens, wie er durch unsere Analyse herausgestellt worden ist, der zweiten Gruppe von Merkmalen der Dialektik genügt.

Vergleich unserer Analyse des Schaffensprozesses mit den 3 Definitionen.

Vergleich mit der 1. Definition: die Gegensätze zwischen Dasein und Bewußtsein.

Nehmen wir zunächst die vageste der drei Definitionen: Dialektik ist die Einheit von Gegensätzen. Die grundlegendsten Gegensätze des Erkenntnisprozesses: Dasein und Bewußtsein haben ihre Einheit in der Materie. Sie sind verschieden als verschiedene Stufen der Entwicklung der Materie, aber diese Verschiedenheit sprengt niemals ihre relative Identität, denn es gibt kein Dasein ohne Bewußtsein und kein Bewußtsein ohne Materie, d.h. weder eine absolute Materie noch einen absoluten Geist. Neben oder besser innerhalb dieser objektiven Identität und Verschiedenheit besteht die subjektive im Erkenntnisakt als einwirkende und rückwirkende Seite. Diese Gegensätzlichkeit kann nicht aufgehoben, auch nicht — wie in einer rein funktionalen Erkenntnistheorie — umgekehrt werden, denn sie macht die Einheit des konkreten Erkenntnisaktes aus. Diese hat Grenzen, denn die Beziehung des Geistes auf die Materie kann unterbrochen, wenn auch nicht aufgehoben werden. Die Materie schließt zwar das Bewußtsein mit ein, aber den einzelnen konkreten Erkenntnisakt nicht der Wirklichkeit, sondern nur der Möglichkeit und Anlage nach. Es gibt keine metaphysische, d.h. absolute Einheit zwischen Dasein und Erkennen, sondern innerhalb der "mit Bewußtsein begabten Materie" folgt der Erkenntnisakt aus dem Gegensatz zwischen Dasein und Bewußtsein, speziell aus dem Unterschied zwischen der physischen Mächtigkeit des Daseins und der geistigen Mächtigkeit des Bewußtseins.

Die Gegensätze innerhalb des Bewußtseins.

Was nun für den relativen Widerspruch zwischen Dasein und Bewußtsein innerhalb der relativen Identität der Materie gilt, das gilt auch für die Erkenntnisvermögen innerhalb des Bewußtseins. Sie sind verschieden, insofern sie ganz andere Funktionen zu erfüllen haben:

die spekulative Vernunft die Bewältigung des jeweils unbeherrschten
Sektors in der Phantasie, die konkreten Vermögen die praktische und
theoretische Bewältigung der jeweils beherrschbaren Wirklichkeit. Und
innerhalb der konkreten Erkenntnisvermögen hebt das körperliche
Tun einen anderen Sektor der Außenwelt unter anderer Perspektive
in die Bewußtheit als das sinnliche Erleben, und dieses einen anderen
und auf andere Weise als das verstandesmäßige Denken. Trotzdem
haben sie ihre Einheit im Bewußtsein, weil sonst das eine gar nicht
in das andere übergehen, gar nicht als von demselben Menschen vollzogen gedacht werden könnten. Sie haben außerdem ihre relative
Identität in der Synthese der zugleich relativen und absoluten Wahrheit. Dies ist nur möglich, wenn der einzelne Erkenntnisprozeß, während er durch die verschiedenen Erkenntnisvermögen hin abläuft, um
seine Totalität zu erreichen, tatsächlich immer ein und denselben Gegenstand von verschiedenen Seiten und auf verschiedene Weise erkennt,
wenn also auch der einzelne Erkenntnisakt neben der subjektiven Einheit im Bewußtsein eine objektive Einheit außerhalb des Bewußtseins
hat. Der stärkste Beweis hierfür liegt darin, daß der Übergang von Erkenntnisvermögen zu Erkenntnisvermögen, obwohl die Vermittlung
dauernd zunimmt, ein Zurückgehen auf die Außenwelt selbst miteinschließt.

Die Geltung der 2. De-
finition in unserer
Analyse des Schaf-
fensprozesses: für das
Verhältnis von Da-
sein und Bewußtsein

Die Geltung der 2. Definition der Dialektik (die all- und wechselseitige Abhängigkeit der Tatsachen und Begriffe unter der Form des
Überganges) für unsere Analyse des Erkenntnisprozesses zeigt sich zunächst wieder an dem fundamentalsten Tatbestand, daß das Denken
vom Dasein abhängig ist, zugleich aber umgekehrt das Denken auf
das Dasein zurückwirkt. Wir konnten so eine befriedigende Erklärung
der "Erscheinung" geben in dem Sinne, daß kein einzelnes Vermögen
die Welt mechanisch getreu widerspiegelt, obwohl die Außenwelt die
erste Bedingung des Erkennens ist; daß aber auf der anderen Seite
kein Erkenntnisvermögen die Welt *willkürlich* widerspiegelt, obwohl
die Rückwirkung des Subjektes größer sein kann als die Einwirkung
des Objektes; daß in jedem, auch dem subjektiv fragmentarischen Erkenntnisakt ein objektiver Faktor steckt, und daß dieser sich erhöht,
sobald durch den vollständigen Gebrauch aller Mittel eines einzelnen
Vermögens, z.B. aller Sinne im Erleben; oder durch den der Totalität
der Erkenntnisvermögen die subjektiven Anteile sich untereinander
relativieren und gegenseitig eliminieren zugunsten einer immer größeren Annäherung an das Objekt. Wir konstatieren also hier, daß trotz
der zunehmenden Vermittlung und Freiheitsgrade die Abhängigkeit
der Vermögen von den Dingen immer größer wird, je weiter wir vom
körperlichen Tun zum verstandesmäßigen Denken fortschreiten.

für das Verhältnis der
Erkenntnisvermögen
untereinander —

Subjektiv drückt sich das darin aus, daß das höhere Vermögen die
niederen miteinschließt, also nur auf Grund ihrer Ergebnisse in Funktion treten kann; objektiv darin, daß die Tatsachen sich quantitativ
und qualitativ erweitern. Die wissenschaftliche Erklärung des Lichtes
z.B. ist nicht allein von dem sinnlichen Erlebnis der Farben und von
einer Fülle anderer sinnlicher Erlebnisse abhängig, sondern vor allem
davon, daß die zugrunde liegenden objektiven Faktoren direkt untereinander in Beziehung gebracht werden; und abhängig ferner davon,

158

III. Teil: Nachweis der Übereinstimmung der entwickelten Analyse
des geistigen Schaffens mit der materialistischen Dialektik

daß das Gemeinsame dieser neuen sachlichen Zusammenhänge auf eine Theorie abgebildet wird, die deren inneren Mechanismus enthält. Da die Abhängigkeit sich zugleich subjektiv und objektiv steigert, bedeutet wachsende Notwendigkeit auch wachsende Freiheit, was der beste Beweis für ihre Wechselseitigkeit ist.

und für jedes einzelne Erkenntnisvermögen.

Sehr instruktiv für den gänzlich unmechanischen Charakter dieses Zusammenhanges ist das Verhältnis von Aufnehmen und Entäußern in den einzelnen Erkenntnisvermögen. Man könnte meinen, daß zwar das zu Entäußernde abhängig sei von dem Aufgenommenen, aber nicht umgekehrt. Dies trifft nicht zu. Der jeweilige Stand der Entäußerungsfähigkeit kann Dinge vom Aufgenommenwerden ausschalten (oder wenigstens davon, daß sie bewußt werden), aber auch umgekehrt: das Entäußern kann von sich aus Dinge dem Aufnehmen entgegenbringen. Alles Aufnehmen ist dem Wie und der Form nach sehr weitgehend mitbestimmt durch die historisch entwickelten Entäußerungsmittel. Ferner kann die Steigerung der Entäußerungsfähigkeit für ein bestimmtes Vermögen und für bestimmte Dinge die Aufnahmefähigkeit eines anderen Vermögens nicht nur für dieselben, sondern auch für andere Dinge sowohl steigern wie schwächen. Vollkommene Gleichheit zwischen Aufnehmen und Entäußern ist sowohl bei einzelnen Individuen wie in geschichtlichen Epochen selten vorhanden. Die Disproportion ist darum das Gewöhnliche, weil in einigen Gebieten die Entäußerungsmittel eine größere Stabilität zeigen als die aufzunehmenden Inhalte, in anderen dagegen die Inhalte länger beharren als die Entäußerungsmittel. Wie lange hat z.B. der menschliche Verstand, offenbar geleitet durch die Kontinuität seiner Maßstäbe, gebraucht, um auf den Gedanken zu kommen, die Materie könnte diskontinuierlich sein, obwohl doch die Kategorie der Diskontinuität in der Mathematik schon sehr lange benutzt wurde. Oder man denke an die Geschichte des Eisenbetons oder an die kritiklose Beibehaltung der Ölmalerei und des Staffeleibildes, dieser typischen Ausdrucksmittel der Bourgeoisie, nach Vollendung der proletarischen Revolution in Rußland. So erklärt sich u.a. auch die von den verschiedensten Künstlern zu den verschiedensten Zeiten gemachte Äußerung, daß sie nur einen kleinen Teil dessen dargestellt hätten, was ihnen vorgeschwebt habe. Und selbst da, wo Proportionalität vorhanden ist, ist im Entäußern nicht einfach mechanisch abgebildet, was als Resultat des Aufnehmens und Verarbeitens fertig vorlag; sondern das Entäußern vollendet überhaupt erst das Aufnehmen wie das Verarbeiten.

Einwand gegen eine allgemeine Schaffenstheorie auf marxistischer Basis.

Wir sehen von weiteren Beispielen für die all- und wechselseitige Abhängigkeit ab, um auf einen allgemeinen und prinzipiellen Einwand einzugehen, der unser ganzes Unternehmen einer marxistischen Erkenntnistheorie in Frage zu stellen scheint. Man sagt: sobald man mit dem Materialismus Ernst mache, sei der Marxismus eine empirische Theorie, d.h. er könne nur einzelne Methoden für eine bestimmte historische Epoche feststellen, und dann bei hinreichenden Erfahrungen auf eine allgemeine Methode des Erkennens, auf eine Erkenntnistheorie, schließen. Nun verfahre der Marxismus aber gar nicht so, und er könne es vorläufig gar nicht, weil in diesem Fall der

Erfahrungsbereich viel zu gering und zu unsicher sei, um von der unvollständigen auf die vollständige Induktion überzugehen. Im Gegenteil: er habe von Hegel die Formen einer idealistischen Dialektik übernommen, obwohl deren Einmaligkeit und Unterschiedenheit von vielen anderen dialektischen Methoden nicht nur aus der marxistischen Geschichtsauffassung von selbst folge, sondern sogar schon durch eine rein immanente Philosophiegeschichte bewiesen werde. Selbst wenn man also nicht mit Dühring annehme, daß Marx die Wirklichkeit durch die Hegelschen Schemata vergewaltigt habe, sondern daß – wie Engels einwendet, die exakte empirische Analyse die Geltung der Hegelschen Dialektik ergebe, so mache man doch drei Voraussetzungen:

1) daß das, was für einen sehr kleinen Inhaltsbereich durch Marx vielleicht erwiesen sei, für alle Sachgebiete und sogar für alle Erkenntnisvermögen gelten solle, während die Analyse des "Kapital" nur vom verstandesmäßigen Denken vollzogen worden sei;

2) daß das, was sich an der industriekapitalistischen Epoche bewährt habe, für die ganze Geschichte schlechthin gelten soll;

3) daß die Harmonie zwischen den Resultaten empirischer Analyse und apriorischer Deduktion mehr sei als eine augenblickliche historisch eng begrenzte Tatsache, da spätere Analysen auf Grund größerer Vertiefung oder Erweiterung des Stoffes andere empirische Erkenntnisse und spätere Deduktionen andere Formen von Dialektik ergeben könnten, ja ergeben müßten, wenn die geschichtliche Entwicklung nicht aufhören soll. Aber selbst in den engen Grenzen einer Koinzidenz von Empirie und Deduktion ergebe sich das Gegenteil des Marxismus; denn die allgemeinen Formen der Hegelschen Dialektik seien durch die spekulative Vernunft gewonnen, lange ehe die Empirie daran gedacht hätte, und ohne daß die Empirie sofort imstande gewesen wäre, auch nur einzelne wichtige Resultate (z.B. die Abhängigkeit des Raumes von der Materie) zu verwerten. Der Marxismus habe also die Kluft zwischen empirischer Methodenlehre und apriorischer Erkenntnistheorie in keiner Weise überbrückt und die Koinzidenz in keiner Weise erklärt.

Widerlegung des Einwandes: die prinzipiell-theoretische Seite;

Gegen diesen Einwurf ist nun zu sagen:

a) Der dialektische Materialismus hat niemals behauptet, daß die Induktion allein genüge; er wendet sich nicht gegen die Deduktion als solche, sondern gegen die verabsolutierte Deduktion aus Begriffen a priori, deren genaues Gegenstück die absolute "Induktionseselei" (Engels) ist. Nur die dialektische Wechselwirkung und Abhängigkeit, derart daß die Induktion vorangeht und die Deduktion ihre relativ selbständigen Operationen am Wirklichkeitsgehalt des Induzierten orientiert, genügt zur (geschichtlich beschränkten) Erkenntnis der Außenwelt wie des Erkenntnisprozesses.

b) Es ist nur z.T. wahr, daß die Hegelsche Dialektik zuerst gänzlich a priori gefunden wurde. Denn die Deduktionen der Vernunft sind ja nur scheinbar vom Dasein unabhängig: in Wirklichkeit ist die Vernunft unmittelbar vom unbeherrschten Sektor der Welt abhängig; ferner von den konkreten Erkenntnisvermögen und damit auch mittelbar von dem beherrschten Sektor der Welt, mag dies dem Denken-

160

III. Teil: Nachweis der Übereinstimmung der entwickelten Analyse des geistigen Schaffens mit der materialistischen Dialektik

den bewußt sein oder nicht. Die Deduktionen können nur in diesen Grenzen erfolgen und innerhalb ihrer nur darum *vor* der konkreten Erfahrung, weil die Vernunft auf das Eine und Ganze gerichtet ist, während umgekehrt der Verstand dieses Eine erst später verifiziert, weil er den Umweg über die einzelnen Tatsachen und die allgemeinen Gesetze nötig hat. Aber in dem einen Fall war das Resultat der Vernunft nicht weniger durch den Verstand als im anderen das Resultat des Verstandes durch die Vernunft vorbereitet. Und wir können heute diese Tatsache durch eine eingehende Analyse der ökonomischen und sozialen Situation, aus der die Hegelsche Dialektik herausgewachsen ist, beweisen.

c) Handelt es sich also schon aus den angegebenen Gründen gar nicht darum, daß zwei völlig getrennte Operationen: eine induktive und eine deduktive zufällig koinzidieren, da beide Operationen in einer vielfachen wechselseitigen Abhängigkeit voneinander stehen, so kann man erst recht nicht behaupten, daß die empirische Analyse von Marx mit der Dialektik Hegels koinzidiert. Sie koinzidiert nur mit gewissen allgemeinen Gesetzen derselben, die auch dann noch gelten, wenn man die Hegelsche Methode "auf die Beine gestellt" hat. So konnte etwa in ähnlichem Sinne der Begriff des Atoms noch in Geltung bleiben, nachdem man von Spekulationen über die Materie zu experimentellen Untersuchungen übergegangen war, weil er wegen seiner Allgemeinheit die notwendigen Veränderungen und Konkretisierungen aufzunehmen vermochte. M.a.W.: die materialistische Analyse koinzidiert nicht mit einer idealistischen Dialektik, sondern nur mit denjenigen ihrer Faktoren, die empirisch verifizierbar sind.

d) Auch diese Koinzidenz ist weder ewig noch zufällig. Nicht zufällig — aus allen schon angeführten Gründen und wegen der gemeinschaftlichen geschichtlichen Basis, aus der sie erwächst; nicht ewig — denn der Marxismus leugnet nicht die Geschichtlichkeit der empirischen Methoden noch die der Dialektik. Er behauptet allein, daß beide sich einander annähern müssen in dem Maße, in dem die Vernunft in die drei konkreten Erkenntnisvermögen integriert wird. Steckt also in der heutigen Koinzidenz ein relativer Faktor, so steckt in ihr auch ein absoluter Faktor. Seine Größe kann heute mit Exaktheit nicht bestimmt werden, weil die ungenügende Kenntnis der Geschichte der dialektischen Methoden festzustellen verhindert, wieviel von den empirisch-materialistisch bestätigten Bewegungsgesetzen des geistigen Schaffens, Gesetze jeder Dialektik überhaupt sind. Das hier entscheidende Merkmal der wechselseitigen Abhängigkeit von Induktion und Deduktion ist sowohl bei Plato wie bei Thomas vorhanden — selbstverständlich mit dem umgekehrten, idealistischen Vorzeichen.

die empirisch-praktische Seite.

Neben dieser prinzipiellen Seite ist die empirische von geringerem Belang. Denn der Marxist benutzt ja die Dialektik nicht als "Schablone, sondern als Leitfaden" — wenigstens sollte er es nach dem Rat von Engels. Alles was man einwenden könnte, ist die Belanglosigkeit der wissenschaftlichen Resultate außerhalb des ökonomischen und sozialpolitischen Gebietes. Aber die Ursache hierfür muß

nicht notwendig die Theorie selbst sein; es ist sehr wahrscheinlich,
daß sie in zwei sachlichen, aber geschichtlich zu überwindenden
Schwierigkeiten liegt: daß eine Klassengesellschaft nicht zur Dialektik
erzieht, und daß die sachlichen Forderungen der materialistischen
Dialektik gegenüber jedem neuen Stoffgebiet, das sich von der materiellen Basis entfernt, so groß sind, daß sie von einem Einzelnen nicht
überwunden werden können, und daher eine ganz neue Organisation
der Gemeinschaftsarbeit verlangen, die in der kapitalistischen Gesellschaft nicht möglich ist. Die erste dieser Schwierigkeiten stammt aus
dem geschichtlichen Querschnitt und besagt, daß jedes Gebiet (z.B.
die Kunst) in Zusammenhang mit jedem anderen Gebiet (z.B. Wirtschaft, Gesellschaft, Politik, Religion etc. etc.) betrachtet werden
muß; die zweite stammt aus dem Längsschnitt der Geschichte: allgemeine Schlüsse lassen sich erst ziehen, wenn die ganze bekannte Geschichte bearbeitet ist, sei es die der Kunst, sei es die der Religion
etc. In beiden Schwierigkeitsfällen leistet die bürgerliche Wissenschaft
nur eine begrenzte Hilfe, d.h. durch Feststellung von Tatsachen und
Erprobung von Methoden, während ihre Deutungen und Erklärungen
fragwürdig sind. Ferner: auf wie vielen Gebieten hat die bürgerliche
Wissenschaft überhaupt keine zureichenden Methoden entwickelt. In
der sogenannten Kunstgeschichte z.B. steht sie höchstens auf dem
Niveau der Linné'schen Botanik. Man kann also nur sagen: der Marxismus hat bisher nicht konkret bewiesen, daß er den Übergang von
bestimmten Stoffgebieten und Geschichtsperioden zu allen Stoffen
und zur ganzen Geschichte vollziehen kann.

Ergebnis der Wider-
legung

Es ergibt sich also, daß die Annahme, der Marxismus könne nur
auf Grund eines vollständigen Induktionsschlusses aus der Methodenlehre zur Erkenntnistheorie kommen, prinzipiell richtig ist, aber zu
einem Mißverständnis führt, wenn man verlangt, daß er unter anderen als geschichtlichen Bedingungen, d.h. im Laufe der Zeit diesen
Übergang vollziehen kann. Das allerdings ist eine zu leistende und
bisher nicht geleistete Aufgabe. Es ergibt sich ferner, daß die jeweilige Koinzidenz von Empirie und Deduktion nicht zufällig und unbe-
gründet ist, sondern eine geschichtlich wie theoretisch notwendiges
Phänomen: eine zugleich relative und absolute Wahrheit. Dieses Ergebnis ändert nichts an der Richtigkeit der Definition Lenins (Aus
dem philosophischen Nachlaß S. 9): "Logik ist die Lehre nicht von
den äußeren Formen des Denkens, sondern von den Entwicklungs-
gesetzen 'aller materiellen, natürlichen und geistigen Dinge', d.h. der
Entwicklung des gesamten konkreten Inhaltes der Welt und ihrer Erkenntnis, d.h. das Fazit, die Summe, die Schlußfolgerung aus der Geschichte der Erkenntnis der Welt." Es handelt sich hier nur um die
Feststellung, wie diese Geschichte sich bisher im Erkenntnisakt vollzogen hat.

Nach dieser prinzipiellen Erörterung kehren wir zu unserem zweiten Merkmal der Dialektik zurück und betrachten jetzt die dritte Formulierung: die Dialektik als Auseinandernehmen der ursprünglichen
Einheit in Gegensätze, als Durchdringung dieser Gegensätze und als
ihre höhere Zusammenfassung vermittelst der Negation der Negation,
wobei die quantitative Entwicklung sprunghaft in ein qualitatives

162

III. Teil: Nachweis der Übereinstimmung der entwickelten Analyse
des geistigen Schaffens mit der materialistischen Dialektik

— in dem Verhältnis
von Dasein und
Denken;

Anderssein umschlägt. Wir haben zu zeigen, daß unsere erkenntnistheoretische Analyse diesen konkretesten Bestimmungen der dialektischen Selbstbewegung genügt.

Wir hatten die ungeschiedene Einheit der (mit "Abbildungsfähigkeit begabten") Materie in ihre immanenten Gegensätze auseinandergenommen, und hatten diese als Dasein und Bewußtsein einander ge-
genübergestellt. In dieser Form waren es äußere Gegensätze, entstanden dadurch, daß man in der Materie einmal das Bewußtsein verne-
te, um zur physischen Mächtigkeit zu kommen, das andere Mal die
Materie, um die geistige Mächtigkeit entwickeln zu können. Da aber
im Dasein das Bewußtsein nicht vernichtet, sondern nur "aufgehoben"
war, und ebenso umgekehrt im Bewußtsein das Dasein, so war eine
Durchdringung der Gegensätze möglich. Im Akt der Beziehung dieser
Gegensätze wurden ihre Widersprüche verneint, in eine erste höhere
Einheit zusammengefaßt. Ihre natürlich gegebene, objektive Einheit
der Materie war in eine natur- und gesellschaftswüchsig entstandene,
objektiv-subjektive des Aktes verwandelt.

in dem Verhältnis von
körperlichem Tun und
spekulativer Vernunft;

Diese in ihrer Allgemeinheit noch gänzlich inhaltsleere Synthese
des Erkenntnisaktes tritt uns zuerst als Antithese zwischen körperlichem Tun und spekulativer Vernunft konkret entgegen. Es ist dabei
zu beachten, daß die ursprüngliche Einheit der Materie jetzt als bestimmte geschichtliche Situation im Erkenntnisakt wirksam ist, daß
also ihre Negation tatsächlich nicht ihre Vernichtung, sondern ihre
Erhaltung auf höherer Stufe bedeutet; daß ferner diese geschichtliche
Situation widerspruchsvolle Erscheinungsweisen zeigt: objektiv die
des beherrschten und unbeherrschbaren Sektors der Außenwelt, subjektiv die des konkreten und imaginären Erkenntnisvermögens. Die
Antithetik dieser Glieder ist handgreiflich. Ihre relative Identität liegt
nicht nur in der geschichtlichen Situation, von der sie ihren Ausgang
nehmen, sondern außerdem in der Abhängigkeit und Wechselwirkung,
in der sich die beiden verschiedenen Akte vollziehen, wie die frühere
Analyse dargetan hat.

Die Beziehung der gegensätzlichen Akte ist zunächst eine äußere.
Aber im Verlauf der Geschichte ändern sich die Positionen. Anfäng-
lich hatte der konkrete Akt einen kleineren Umfang, und er bezog
sich auf Einzelnes; der spekulative Akt bezog sich auf das Eine und
Ganze und hatte zugleich den größeren Umfang. Der konkrete Akt
führte zu positiven Teilwahrheiten, der spekulative zu phantastischen
Totalitätsbildungen. An einem bestimmten kritischen Punkt der Entwicklung hat der konkrete Akt eine große Mannigfaltigkeit von Teilwahrheiten zum Gegenstand, aber diese sind für eine Erkenntnis des
Ganzen der Welt unzureichend, weil sie nicht auf eine Theorie bezieh-
bar sind; umgekehrt hat sich der spekulative Akt an Umfang zwar
verkleinert, aber seine Aussagen haben einen solchen Wahrheitsgehalt
erreicht, daß sie der konkreten Erkenntnis als Orientierung, als Leitfaden etc. dienen können. An diesem kritischen Punkt verwandelt
sich die Äußerlichkeit der Gegensätze in Innerlichkeit, die beiden gegensätzlichen Akte werden ein und derselbe identische Akt; und was
von ihnen in diesen nicht eingeht: die reine "Induktionseselei" und
die dogmatischen Wunschträume, verliert jeden Erkenntniswert. Selbst-

verständlich ist dieser kritische Punkt ein historischer, d.h. er tritt für jede Wirtschaftsformation einmal ein; für die Sklavenwirtschaft des Altertums in der Platonischen Dialektik; für den mittelalterlichen Feudalismus in den causae secundae des Thomas von Aquino, welche die analogia entis zwischen Gott und Mensch ergänzten und so eine eigentümliche Dialektik zwischen diesen beiden schufen; für den modernen Kapitalismus in der Dialektik Hegels, die sich innerhalb des Logos zwischen Sein, Natur und Denken abspielt. Und so kommt jede Epoche zu dem Maximum ihrer Wahrheit, welche die Synthese ist, die sich aus der Durchdringung der Gegensätze ergibt. Denn war die Antithese aus der Negation der ursprünglichen Einheit entstanden, so ist der Akt der Durchdringung die Aufhebung der absoluten Antithetik, die zweite Negation, welche die Synthese herbeiführt.

in dem Verhältnis von körperlichem Tun und sinnlichem Erleben, resp. von diesem und dem verstandesmäßigen Denken;

Lenin schreibt einmal: "Dialektisch ist nicht nur der Übergang von der Materie zum Bewußtsein, sondern auch von der Empfindung zum Denken etc." (Aus dem philosophischen Nachlaß S. 220). Wir haben soeben die Geltung dieses Satzes für den Übergang zwischen konkreter und spekulativer Erkenntnis bewiesen. Wir können jetzt auch die Übergänge innerhalb des konkreten Erkennens selbst: vom Körper zu den Sinnen, von den Sinnen zum Verstand betrachten, um zu zeigen, daß sie den Merkmalen der Dialektik genügen. Die Einheit der konkreten Erkenntnis ist in drei Vermögen zerlegt. Wir haben gezeigt, daß sich körperliches Tun und sinnliches Erleben antithetisch gegenüberstehen, indem beide eine völlig verschiedene Funktion haben: das erstere ist der Kampf zweier einzelner Körper gegeneinander, das zweite die bildhaft-distanzierte Bestimmung eines Besonderen in einer ungeschiedenen Einheit. Dieser Gegensatz war zunächst ein äußerer. Aber das körperliche Tun führte zur Selbstauflösung, d.h. es kam an seine Grenzen, negierte seine Fähigkeit, der Außenwelt gerecht zu werden, bestimmte die Inhalte seiner Erkenntnis als relativ. Damit forderte es von sich aus ein anderes, verschiedenes, entgegengesetztes Erkenntnisvermögen. Dieses konnte die Inhalte des körperlichen Tuns zwar nicht entbehren, d.h. es bedurfte ihrer Vermittlung, um selbst in Aktion zu treten. Aber andererseits konnte es die Ergebnisse des körperlichen Tuns nicht in der Form aufnehmen, in der sie sich darboten, weil es selbst ja eine andere, entgegengesetzte Form hatte. Es mußte also — und das war die zweite Negation — diese Form negieren. Diese zweite Negation bedeutet nun aber einen Sprung, denn sie führt aus dem Bewußtsein ins Sein, resp. zu einer Einwirkung des körperlich-bedingten Seins auf ein anderes Erkenntnisvermögen: das sinnliche Erleben. Diese beiden Arten der Negation und der Sprung in eine andere Qualität finden sich auch beim Übergang vom sinnlichen Erleben zum Denken. Daß das sinnliche Erleben gegenüber dem körperlichen Tun, und das verstandesmäßige Denken gegenüber den beiden anderen Vermögen eine höhere Entwicklungsstufe bedeutet, war ausführlich gezeigt worden.

in dem Verhältnis der 3 Etappen jedes einzelnen Vermögens:

Aber der dialektische Übergang mit seinen Merkmalen des Widerspruchs, des Sprunges und der Einheit findet sich nicht nur zwischen zwei Erkenntnisvermögen (zwischen dem Entäußern des einen und dem Aufnehmen des anderen), sondern auch zwischen den drei Etappen

164

*III. Teil: Nachweis der Übereinstimmung der entwickelten Analyse
des geistigen Schaffens mit der materialistischen Dialektik*

innerhalb eines jeden Erkenntnisvermögens. Dies war die Gegensätzlichkeit zwischen Entmaterialisierung und Realisieren oder m.a.W.: aus den "Dingen außer uns" werden "Dinge für uns" gemacht, aus diesen letzteren dann durch uns "Dinge außer uns".

z.B. des verstandesmäßigen Denkens,

Diese Gegensätze haben zunächst ihre allgemeine Einheit in dem jeweiligen Erkenntnisvermögen. Innerhalb desselben werden sie durch den Akt des Verarbeitens vermittelt, d.h. die äußeren Gegensätze zu inneren gemacht, wodurch sie dann ihre besondere Erscheinungsform erhalten. Wie dies geschieht, ist ganz besonders bei der Analyse des Verstandes deutlich geworden: die empirischen Regelmäßigkeiten, die das Verarbeiten durch Induktion festgestellt hatte, waren durch das "Prinzip der vollständigen Induktion" in Gesetze der daseienden Dinge verwandelt worden. Dieser Übergang bedeutet eine Einsicht in die Grenzen der empirischen Erfahrung, eine Negation ihres Notwendigkeitsgrades. Denn in der Annahme, daß alle künftigen Erfahrungen sich nur unter denselben Voraussetzungen vollziehen werden wie alle vorangegangenen, liegt eine nicht mehr empirische Voraussetzung. Dies besagt innerhalb der reinen Mathematik nur die Konstanz der vom Subjekt konstituierten Gebiete, innerhalb aller anderen Wissenschaften aber die Konstanz des Daseins selbst — was durch keine Erfahrung gegeben oder garantiert ist. Der Übergang von der induktiven Methode zum "Prinzip der vollständigen Induktion" ist also eine Negation, die einen Sprung, einen Übergang in eine andere Ebene impliziert. In der Theorie und der ihr folgenden Deduktion wird dann dieser Sprung explizit gemacht. Denn die Theorie begnügt sich nicht mehr mit der quantitativen Ausdehnung der empirischen Regelmäßigkeit, sie ändert deren Qualität, indem sie die festgestellten Tatsachen nach deren innerem Geschehen auffaßt, um so die Ursache für die Notwendigkeit der beobachteten Regelmäßigkeiten zu finden. Darin liegt die zweite Negation. Die auf die Theorie gegründete Deduktion ist dann diejenige Antithese der Induktion, die zugleich die Einheit der Inhalte der verschiedenen Methoden-Äste verwirklicht. Die Deduktion ist erstens abhängig von der Induktion und geht zweitens über diese hinaus, indem sie als Rückwirkung des Denkens auf das Dasein das Einwirken des Daseins auf das Denken auf höherer Stufe begründet. Damit vermittelt sie nachträglich die Kluft zwischen empirisch-induktivem Verfahren und "Prinzip der vollständigen Induktion", führt die Durchdringung beider in der Einheit der Materie herbei und bereitet so die Synthese als Entäußerung im Experiment vor.

des sinnlichen Erlebens.

Unter einer anderen Erscheinungsweise (und auf einer niederen Stufe) gilt völlig Analoges für das Verarbeiten des sinnlichen Erlebens und seine Vermittlungsfunktion zwischen Aufnehmen und Entäußern. Entsprechend der Antithetik von Bestimmt-Besonderem und ungeschiedener Einheit sowohl im Subjekt wie im Objekt hatten wir zwei entgegengesetzte Akte festgestellt, oder präziser einen Akt mit zwei entgegengesetzten Wegen: den empfindungsmäßigen vom Außen des Teiles zum Inneren des Äquivalentes und den visionären vom Inneren der ungeschiedenen Einheit zum Außen des Zeichens. Wir haben dann an Einzelheiten, z.B. am Verhältnis von Sinnes-

und Gestaltqualitäten, zu zeigen versucht, wie aus der äußeren Beziehung eine innere, aus der zufälligen eine notwendige wird. Daß dies durch Negation der Negation geschieht, ist offenbar, denn die Negation der äußeren Grenze der Gestalt und dann die der Grenzlosigkeit bedeutet die Entwicklung der inneren Grenze. Damit wurde die Gestaltqualität sprunghaft und wesentlich verändert. Denn die äußere Grenze beruhte auf der Identität der Sinnesqualität mit sich selbst innerhalb einer grenzenlosen Kontinuität von Sinneswahrnehmungen: sie mußte daher in sich selbst und durch sich selbst variabel, d.h. mannigfaltig und widerspruchsvoll gemacht werden. Mit ihrem Gegenteil in sich selbst wurde sie einer Selbstbewegung unterworfen, d.h. die Unendlichkeit in die Endlichkeit hineingenommen und ihre Äußerlichkeit in Innerlichkeit verwandelt. Was wir hier für eine Einzelheit des Weges wiederholt haben, gilt natürlich erst recht für das Verhältnis der beiden Wege, wie wir nicht näher auszuführen brauchen.

Zusammenfassung Fassen wir zusammen, wie sich das zweite Merkmal der Dialektik in dem von uns analysierten Erkenntnisprozeß charakterisiert: dadurch daß jedes einzelne Vermögen der Erkenntnis seine Einheit in Gegensätze zerlegt (Entmaterialisieren-Realisieren) und diese Gegensätze über einen Sprung hinweg in die Synthese ihrer spezifischen (zugleich relativen und absoluten) Wahrheit verwandelt; ferner dadurch daß jedes konkrete Vermögen sich selbst negiert und von den anderen negiert wird, und so die Erkenntnis desselben Gegenstandes auf einer anderen und höheren Stufe ermöglicht, d.h. den relativen Anteil zugunsten des absoluten verkleinert in dem Maße des Fortschreitens von Vermögen zu Vermögen; und schließlich dadurch daß sich im Laufe der Geschichte die größten Gegensätze zwischen den Erkenntnisvermögen des schöpferischen Geistes immer mehr integrieren, d.h. die Willkür der spekulativen Vernunft durch die Notwendigkeit der konkreten Erkenntnis eingeschränkt, die Mannigfaltigkeit der letzteren aber auf eine höhere Einheit gebracht wird.

Durch alle diese Momente vollzieht sich die unendliche Annäherung zwischen dem unbeherrschten und dem beherrschten Sektor der Welt, wie auch zwischen Dasein und Denken. Die ursprüngliche Einheit der Materie entwickelt sich zu einem System konkreter Gedanken, das seinem Inhalte nach zwar endlich, zugleich aber seiner Methode nach unendlich offen ist, also zu immer umfassenderer Wirklichkeit und höherer Wahrheit führt. Aber gerade wenn wir die Annäherung an die Einheit der Methode innerhalb der Mannigfaltigkeit der Erkenntnisvermögen (und der Seinsgebiete) betonen, dürfen wir nicht außer acht lassen, daß die Negation der Negation mit ihrem Sprung, daß das Auseinanderlegen, Durchdringen und Vereinen der Gegensätze kein abstrakter Schematismus ist, den man mechanisch anwenden kann: denn es muß nicht nur die erste Negation immer so gemacht werden, daß die zweite möglich wird; sondern der ganze Prozeß entwickelt sich in jedem Erkenntnisvermögen zu anderen Erscheinungsformen, und auch dies nicht in einer abstrakten Weise, sondern in engstem Zusammenhang mit der gesamthistorischen Situation, in welcher der Erkenntnisprozeß vor sich geht. Gerade weil wir

166

*III. Teil: Nachweis der Übereinstimmung der entwickelten Analyse
des geistigen Schaffens mit der materialistischen Dialektik*

unsere Aufgabe nach der objektiven und historischen Seite begrenzt
haben und begrenzen mußten, haben diesbezügliche gelegentliche Hinweise nicht zufällige, sondern prinzipielle Bedeutung.

Die dialektische und die spinozistische Negation.

Es ist aufschlußreich, die Rolle, die die Negation in der materialistischen Dialektik spielt, mit der bekannten Definition Spinozas zu vergleichen. Omnis determinatio est negatio. Sie stimmen nur scheinbar mit der Dialektik überein, deren methodisches Mittel die negatio ist. Denn die dialektische Negation kann nur unter zwei Voraussetzungen erfolgen: daß ihr eine Position vorangeht (die als Ergebnis von Negationen und als Synthese relativ ist), und daß ihr eine zweite Negation, und d.h. eine Position (relative Synthesis) folgen kann. Die determinatio ist also nicht nur eine negatio, sondern sie ist eine positio vermittelst zweier Negationen und auf Grund einer Position. Daher gibt es für Spinoza definitive und absolute, für die marxistische Dialektik nur im Fluß zum Endgültigen befindliche (relative und absolute) Definitionen.

Spinoza kommt vom entgegengesetzten Ende her zu demselben Resultat wie die Ontologen. Diese behaupten: jedes Ding (Begriff, Satz) sei, was es sei (a ist a), und schließe daher alle anderen aus (a ist nicht non a) — also in Umkehrung zu der Annahme: die Negation alles anderen sei die Bestimmung eines Dinges. Die Ontologen vergessen dabei zweierlei: einmal daß die Bestimmung des Dinges in sich selbst und durch sich selbst bereits das Ergebnis eines Aktes ist, der nur auf Grund eines Gegensatzes zu anderen Dingen vorgenommen werden kann. Und zweitens: daß die Streitfrage, ob der positiv endliche Satz (z.B. dies ist ein Stuhl) das negativ unendliche Urteil (z.B. dieser Stuhl ist nicht Tisch, Blume, Tier etc. ad infinitum) voraussetze oder umgekehrt, bereits vom Standpunkt der Ontologie aus verfehlt ist, weil die beiden Sätze: a ist a und a ist non (b, c, d, ...) äquivalent, d.h. inhaltlich identisch und nur formal unterschieden sind. Diese formale Verschiedenheit kommt daher, daß einmal das Element nur in Beziehung auf sich selbst, das andere Mal nur in Beziehung auf die Totalität aller Anderen hin angesehen wird. Nun gibt es aber weder ein Element ohne Totalität noch eine Totalität ohne Element, d.h. die Begriffe sind nur darum äußere Gegensätze, weil sie auch ineinander enthalten sind, sie sind trotz oder gerade wegen ihrer Gegensätzlichkeit relativ identisch. Es handelt sich nicht um zwei absolut getrennte Eigenschaften des Seins, sondern um zwei verabsolutierende Betrachtungsweisen desselben. Das Denken muß das Dasein bereits um seine Vollständigkeit kastriert, die Ontologie muß ihre eigenen Voraussetzungen bereits zum größten Teil negiert haben, um zu einer die Dialektik ausschließenden Fragestellung zu kommen.

Das 3. Merkmal: die Dialektik als Methode des Gesamtzusammenhanges von Natur, Gesellschaft und Bewußtsein.

c) "Logik und Erkenntnistheorie müssen aus der Entwicklung alles natürlichen und geistigen Lebens abgeleitet werden." Erst wenn diese Forderung Lenins (Aus dem Philosophischen Nachlaß S. 4) ganz erfüllt ist, wird restlos erwiesen sein, daß die Dialektik die Methode des Gesamtzusammenhanges von Natur, Gesellschaft und Denken ist. Aber bereits unsere — in dieser Hinsicht unvollständige — Analyse erschließt die Einsicht in den Umfang, in welchem die materia-

167

c) Die Dialektik als Methode des Gesamtzusammenhanges von Natur, Gesellschaft und Bewußtsein
aa) Die Geschichte als die einzige Wissenschaft

listische Dialektik die Totalität der Bedingungen des Entstehens, die Totalität der Beziehungen während des Bestehens und der Entwicklung, und die Totalität der Gesetze zwischen Element und Ganzheit zu erkennen hilft.

Die Dialektik der seinsstrukturellen und der geschichtlichen Faktoren.

Es handelt sich hier also um zwei zu unterscheidende (wenn auch aufs engste zusammenhängende) Gruppen von Tatsachen, denen die materialistische Dialektik zu genügen hat, wenn sie die "Methode des Gesamtzusammenhanges", die universelle Wissenschaft sein will: um historische und seinsstrukturelle. Der prinzipielle Fehler der bürgerlichen Wissenschaft bestand darin, diese beiden Reihen vollständig zerrissen zu haben, wodurch sie die Geschichte in Historismus verwandelte und den Naturwissenschaften die Dialektik gewaltsam fernhielt. Der Marxismus hat die Einheit dieser Verschiedenheit zu sichern, d.h. die Dialektik ihrer Beziehungen klarzustellen.

Geschichte ist die einzige Wissenschaft, aber in dialektischer Spannung zur Logik.

Mit Recht nennt Marx in der "Deutschen Ideologie" die Geschichte die einzige Wissenschaft. Das hat ihn selbst aber nicht gehindert, das Wesen des Kapitalismus unter einer historisch auch heute noch nicht verwirklichten Voraussetzung zu untersuchen, nämlich daß die ganze Welt vollständig kapitalistisch wirtschaftet. Er hatte also nach Analogie der exakten Naturwissenschaften auf Grund der empirischen Erfahrungen den einfachen "Ideal"gegenstand gebildet und war von ihm aus zu den komplizierteren und konkreteren historischen Tatsachen fortgeschritten. Lenin unterstreicht diese Tatsache, wenn er die Logik (Dialektik und Erkenntnistheorie) des "Kapital" folgendermaßen charakterisiert: "Der Anfang — das allereinfachste, das gewöhnliche, das massenhafte, das unmittelbarste "Sein": die einzelne Ware ("Sein" in der politischen Ökonomie). Ihre Analyse als die eines sozialen Verhältnisses. Eine zweifache Analyse, eine deduktive und eine induktive — eine logische und eine historische (die Wertformen)". (Aus dem philosophischen Nachlaß S. 249.) Selbst die Voranstellung der Deduktion vor die Induktion und der Logik vor die Geschichte ist hier für den historischen Materialisten Lenin noch bezeichnend. Ein Ableiten in den Idealismus? Gewiß nicht. Vielmehr die einfache Feststellung, daß es keine abstrakte Geschichte gibt, sondern nur die Geschichte konkreter Gebiete; daß die Geschichte, obwohl oder gerade weil sie die umfassendste Wissenschaft ist, überhaupt nur dann Wissenschaft ist, wenn sie die Kenntnis der seinshaften Struktur des Gebietes, dessen Geschichte sie ist, berücksichtigt.

Natürlich heißt das nun nicht, daß es sich um ein eklektisches "Sowohl-Als-Auch" handelt: zuerst seinshafte, strukturelle Naturwissenschaft, dann naturwüchsige oder gesellschaftliche Geschichtswissenschaft; denn es gibt ja kein abstraktes, sondern nur ein in Entwicklung befindliches, ein geschichtlich bedingtes Dasein. Aber sehr wohl gibt es ein Erkenntnisvermögen, welches diese beiden Faktoren voneinander trennt und zunächst getrennt voneinander behandelt: den Verstand. Nur ist eben der isolierte und isolierende Verstand nicht das erste, nicht das einzige und nicht das höchste Erkenntnismittel des Menschen — wohl aber ein unumgängliches.

Besteht also zwischen der strukturellen ("seins"-haften) und der geschichtlichen Seite der Wissenschaft ein dialektisches Wechselver-

168

*III. Teil: Nachweis der Übereinstimmung der entwickelten Analyse
des geistigen Schaffens mit der materialistischen Dialektik*

hältnis, so kann der Marxismus nicht die erste zugunsten der letzten verkümmern lassen oder gar eliminieren, weil dann die Geschichtswissenschaft selbst leer und hohl werden würde. Er muß vielmehr die "deduktive", "logische" Analyse als ein Moment der Geschichtswissenschaft gelten lassen und aufs höchste entfalten. Er kann dies um so mehr, als sich ja gezeigt hat, daß das Erkenntnisvermögen des Verstandes selbst in seiner Isolierung und selbst in den exakten Naturwissenschaften prinzipiell der Dialektik gehorcht; daß es also nur darauf ankommt, diese in den konkreten Methoden der Einzelwissenschaften zur vollständigen Geltung und Verwirklichung zu bringen.

Verfall der Geschichtswissenschaft infolge der Trennung beider Faktoren.

Wie eng die seinsstrukturellen und die entwicklungsgeschichtlichen Momente miteinander zusammenhängen, zeigt der ausweglose Zustand jeder bürgerlichen Wissenschaft, die sie getrennt hat, z.B. der Kunstgeschichte. Wenn ihre immanente Form in der Gestalt, die ihr Wölfflin gegeben hat, völlig erstarrt ist, oder wenn die "Kunstgeschichte als Geistesgeschichte" nicht ein einziges Kriterium besitzt, um die Zuordnung von Werken der Kunst zu Äußerungen anderer Ideologien eindeutig zu machen, so liegt das daran, daß diesen "Geschichts"-auffassungen eine mangelhafte Analyse ihres speziellen Gegenstandes zugrunde liegt, und daß sie wegen eben dieses Mangels mit einer anderen Geschichtsauffassung nichts anfangen können. Umgekehrt ließe sich leicht zeigen, daß jede vollständigere Analyse der seinshaften Struktur der Kunst von sich aus eine andere, weitere — nämlich die dialektisch-materialistische Geschichtsauffassung fordern würde, da ja eine solche Analyse vom einfachen Idealgegenstand zur komplizierten und konkreten Wirklichkeit geht, d.h. als Erkenntnisbewegung die geschichtliche Bewegung und Bedingtheit prinzipiell miteinschließt. Die Wissenschaftsgebiete liegen ebensowenig wie die Begriffe als ein totes und versteinertes Konglomerat nebeneinander; es gilt für beide jene "universelle Elastizität", die bis zur Identität der Gegensätze geht. Wird diese Elastizität objektiv angewendet, d.h. widerspiegelt sie die Allseitigkeit des materiellen Prozesses und seine Einheit, dann ist sie Dialektik, ist sie die richtige Widerspiegelung der ewigen Entwicklung der Welt". (Lenin: Aus dem Philosophischen Nachlaß S. 27.)

Einwand der "Theologen": die materialistische Dialektik genügt nicht den Tatsachen der Geschichte.

Nachdem gezeigt ist, daß die materialistische Dialektik der seinsstrukturellen Gruppe der Tatsachen genügt, bleibt zu beweisen, daß sie der geschichtlichen genügt. Dafür bürgt der Materialismus, der ja den vollständigen Umfang der objektiven Tatsachen garantiert. Man könnte einwenden, daß diese Vollständigkeit der Gegenstände nur eine äußere und schlechte ist, daß dagegen die innere weder mit der Beziehung zwischen Natur und Geschichte, noch mit der zwischen Dasein und Bewußtsein einzufangen ist, und daß eben ein solch beschränkter Ansatz dem Marxismus jede Vollständigkeit, jede Wissenschaft des Gesamtzusammenhanges verunmöglicht, weil er den Zusammenhang mit den Offenbarungstatsachen, mit Gott, der Idee der Ideen, zum Logos etc. etc. a limine leugnet. Es ist offenbar, daß hier das Problem vom "Unterbau und Oberbau" gemeint ist. Gehen wir Schritt für Schritt vor.

Widerlegung.

Zunächst ist zu sagen: soweit die Vollständigkeit eine solche der Vermögen des Bewußtseins (und nicht der Gegenstände des Daseins) ist, haben wir alle Erkenntnisvermögen und alle ihre Wechselwirkungen untereinander in unsere Analyse einbezogen. Wir haben insbesondere nicht a limine die spekulative Vernunft ausgeschaltet oder sie auf eine erkenntniskritische Aufgabe beschränkt. Wir haben vielmehr gefolgert:

1) aus der Beziehung der spekulativen Vernunft auf den (jeweils unter gegebenen geschichtlichen Bedingungen) unbeherrschten Sektor der (natürlichen wie gesellschaftlichen) Welt:

2) aus der geschichtlichen Entwicklung, welche die spekulative Vernunft auf Grund des in ihr enthaltenen Prinzips der einen Wahrheit in Zusammenhang und wechselwirkender Abhängigkeit von den konkreten Erkenntnisvermögen durchmacht;

3) aus der von der idealistischen Philosophie selbst zugegebenen Tatsache, daß alle Gottesbeweise unhaltbar sind;

4) aus der Tatsache, daß alle anderen absoluten Prinzipien entweder nur Umschreibungen für Gott sind, oder daß Gott, wenn man ihn an einer Stelle des Systems ausgeschaltet zu haben glaubt, an einer anderen wieder eingeführt werden muß (z.B. Kant) — wir haben aus allen diesen Gründen gefolgert, daß der Zusammenhang zwischen Mensch und Gott, daß die metaphysischen und theologischen Grundlagen der Erkenntnistheorie nur geschichtliche Tatsachen sind. Diese Grundlagen haben also zwar in bestimmten Epochen eine wirksame Funktion im Erkenntnisprozeß wie in der Praxis gehabt, und haben sie für gewisse Klassen noch heute, d.h. für diejenigen, die im materiellen Produktionsprozeß keine aktive schöpferische Rolle spielen, für die also eine Diskrepanz zwischen wirtschaftlicher Position und politisch-gesellschaftlicher Illusion fortbesteht. Aber die Einsicht in diese Gründe berechtigt uns, den Zusammenhang zwischen Mensch und Gott seines absoluten Charakters zu entkleiden und die Frage nach dem Ende seiner (relativen) Wirksamkeit zu stellen. Innerhalb dieser Grenzen hat unsere Analyse niemals die Wirksamkeit der Vernunft, der Offenbarung etc. geleugnet oder nicht in Rechnung gestellt, sie hat aber ihre objektive Wirklichkeit, ihre Existenz außerhalb des Bewußtseins (nicht ihre Wirksamkeit außerhalb des Bewußtseins) aufs energischste bestritten. Der Marxismus ist sich über das ungeheure Ausmaß, in dem Illusionen geschichtlich wirksam werden können, weil sie auf geschichtlichen Voraussetzungen — der Existenz eines unbeherrschten natürlichen und gesellschaftlichen Sektors — beruhen, niemals im unklaren gewesen; er hat sich nur geweigert, historisch-bedingte Wunschträume als absolute Gegebenheiten hinzunehmen und anzuerkennen.

Die marxistische Theorie des Zusammenhanges von geistiger und materieller Produktion

Aber der Marxismus begnügt sich nicht mit der begründeten Zurückweisung der gegnerischen Auffassung, er ersetzt sie durch eine eigene Theorie über das Verhältnis von materieller und geistiger Produktion. Diese Theorie ist von den Gegnern so beharrlich ins Mechanische umgefälscht worden, daß zunächst einmal der Beweis zu erbringen ist, daß der Marxismus nur eine dialektische Auffassung von dieser Abhängigkeit hat.

— ist nicht mechanisch.

Die mechanische Interpretation des Marxismus geht auf den Vergleich mit dem menschlichen Auge zurück, durch den Marx und

170

III. Teil: Nachweis der Übereinstimmung der entwickelten Analyse des geistigen Schaffens mit der materialistischen Dialektik

Engels das Verhältnis von Unterbau und Oberbau zu erläutern versucht haben. Man wird zunächst einmal feststellen müssen, daß dieses Bild wie fast alle anderen Bilder in allen anderen Philosophien und Wissenschaften, nicht sehr glücklich ist, weil zwischen anschaulichem Bild und abstraktem Ausdruck immer ein Abstand bleibt, der sich aus dem dialektischen Verhältnis der verschiedenen Erkenntnisvermögen erklärt. Zum mindesten aber sollte man ein erläuterndes Bild nie aus dem Zusammenhang mit dem herausreißen, dessen abstrakte Formulierung es veranschaulichen soll. Die Stelle, in der Marx z.B. in der "Deutschen Ideologie" von diesem Problem spricht, lautet in ihrer Gesamtheit: "Die Produktion der Ideen, Vorstellungen, des Bewußtseins ist zunächst unmittelbar verflochten in die materielle Tätigkeit und den materiellen Verkehr der Menschen, Sprache des wirklichen Lebens. Das Vorstellen, Denken, der geistige Verkehr erscheinen hier noch als direkter Ausfluß ihres materiellen Verhaltens. Von der geistigen Produktion, wie sie in der Sprache der Politik, der Gesetze, der Moral, der Religion, Metaphysik usw. eines Volkes sich darstellt, gilt dasselbe. Die Menschen sind die Produzenten ihrer Vorstellungen, Ideen, etc. etc., aber die wirklichen wirkenden Menschen, wie sie bedingt sind durch eine bestimmte Entwicklung ihrer Produktivkräfte und des denselben entsprechenden Verkehrs bis zu seinen weitesten Formationen hinauf. Das Bewußtsein kann nie etwas anderes sein als das bewußte Sein, und das Sein der Menschen ist ihr wirklicher Lebensprozeß. Wenn in der ganzen Theologie die Menschen und ihre Verhältnisse wie in einer camera obscura auf den Kopf gestellt erscheinen, so geht dies Phänomen ebensosehr aus ihrem historischen Lebensprozeß hervor, wie die Umkehrung der Gegenstände auf der Netzhaut aus ihrem unmittelbar physischen."

Die Interpretation des Bildes, auf das die mechanische Auffassung fälschlich gestützt wird.

Was will Marx also sagen?

1) In jedem Fall produzieren die Menschen ihre Vorstellungen, und zwar immer die wirklichen Menschen, d.h. die Menschen in ihrer jeweiligen Stellung innerhalb eines historisch-konkreten, materiellen Produktionsprozesses. Es ist weder von diesem noch von dem geistigen Produktionsprozeß gesagt, daß er sich mechanisch erklärt (vielmehr erklärt Marx auch das körperliche Tun desselben dialektisch).

2) Es gab eine Zeit, in welcher der geistige Produktionsprozeß so unmittelbar mit dem materiellen zusammenhing, daß man von einem "direkten Ausfluß" des einen aus dem anderen sprechen kann. Daß dieser Ausfluß mechanisch war, ist nirgends gesagt; gemeint ist nur, daß die Anzahl der Vermittlungsglieder so klein und unbedeutend war, daß die geistige Produktion aus der materiellen (oder dem, was man materiell nicht produzieren konnte) direkt folgte.

3) Diese Unmittelbarkeit des Zusammenhanges löste sich auf. Die Ursache war "der historische Lebensprozeß", d.h. die erweiterte Reproduktion aller früheren Akte, die immer zunehmende Arbeitsteilung, und damit die immer stärkere Ablösung des Bewußtseins vom Sein durch eingeschobene Vermittlungsglieder. Jetzt hörte die geistige Produktion auf, der materiellen unmittelbar zugeordnet zu sein, das Bewußtsein produzierte Ideologien. Das unterscheidende Merkmal der Ideologien ist, daß sie aus einem geistigen Produktionsakt stam-

men, der, vom materiellen durch Arbeitsteilung abgelöst, das Verhältnis beider verkehrt darstellt.

4) Nur die verkehrte Darstellung dieses objektiven Verhältnisses hat eine Analogie zum Vorgang des Sehens, in dem das Auge die Wirklichkeit verkehrt, d.h. auf den Kopf gestellt, abbildet, ohne daß uns diese verkehrte Abbildung zu Bewußtsein kommt. Diese Umkehrung erfolgt innerhalb der geistigen Produktion aus historischen Bedingungen notwendig. Damit ist aber keineswegs gesagt, daß der ganze geistige Produktionsprozeß in diesen Epochen der Arbeitsteilung und der Klassenherrschaft ein mechanischer ist, sondern nur, daß sich in das dialektische Verhältnis von materieller und geistiger Produktion eine objektive historische Tatsache einfügt, die notwendig bestimmte Folgen hat: aus der geistigen Produktion eine Ideologie zu machen.

5) Dies ist keine naturnotwendige, ewige, sondern eine geschichtliche Tatsache, und was geschichtlich entstanden ist, kann geschichtlich wieder beseitigt werden. Sobald man dies erkannt hat, sieht man nicht nur die Grenzen der Gültigkeit des vergleichenden Bildes, sondern auch die Verfälschung des Tatbestandes, die durch seine Unvollständigkeit zustande kommt. Engels, der so weit geht, die Ideologien — wohl gemerkt, die Ideologien und nicht die geistige Produktion überhaupt — Reflexe zu nennen, sagt in einem Brief an Conrad Schmidt (vom 27.Okt.1890): "Es ist mit den ökonomischen, politischen und andern Reflexen ganz wie mit denen im menschlichen Auge, sie gehen durch eine Sammellinse und stellen sich daher verkehrt, auf den Kopf dar. Nur daß der Nervenapparat fehlt, der sie für die Vorstellung wieder auf die Füße stellt." Es ist doch offenbar, daß dieser letzte Satz garnicht hätte geschrieben werden können, wenn dieser Apparat nicht bereits produziert gewesen wäre, denn dann hätte ja der Unterschied zwischen Ideologie und adäquater geistiger Produktion auch Engels garnicht zu Bewußtsein kommen können. Und noch viel weniger hätte er in einem Brief an Mehring (vom 14. Juli 1893) eine genaue Definition der Ideologie geben können.

6) War es also für Engels und Marx sicher, daß der Marxismus die dem Nervenapparat entsprechende Funktion hat: die auf dem Kopf stehenden Ideologien wieder auf die Füße zu stellen, d.h. geistige Produktionen zu schaffen, die der materiellen Wirklichkeit adäquat sind, so hat keiner von beiden behauptet, daß diese neue Situation mechanisch entstanden ist. Im Gegenteil, sie haben ausdrücklich erklärt, daß die vorhandenen materiellen Grundlagen: Arbeitsteilung, Ausbeutung, Selbstentfremdung etc. durch einen Willensakt des Proletariats, durch die Revolution zum Umschlagen ins Gegenteil gebracht werden müssen. Nach dieser Revolution aber, die ein dialektisches Moment im historischen Prozeß ist, werden die geistigen Produktionen keine Ideologien mehr sein, sondern schöpferische Akte mit einem die wirklichen Lebensprozesse nicht verkehrenden Bewußtsein.

Ergebnis der Interpretation.

Wir kommen also zu dem Resultat: das vergleichende Bild bezieht sich gar nicht auf das Verhältnis von materieller und geistiger Produktion schlechthin, sondern auf ein ganz bestimmtes Moment desselben innerhalb begrenzter Geschichtsepochen. Es fehlt bei Marx jede me-

172

III. Teil: Nachweis der Übereinstimmung der entwickelten Analyse des geistigen Schaffens mit der materialistischen Dialektik

chanische Interpretation des erläuternden Bildes, und sie stände in Widerspruch zur Geschichtsauffassung (der Mensch macht seine Geschichte selbst!) und zur Dialektik des Marxismus. Wenn trotz dieser schwachen Grundlage die mechanische Auffassung so beharrlich wiederkehrt, so liegt das nicht nur an dem Klasseninteresse der falschen Interpreten und den großen Schwierigkeiten des dialektischen Denkens, sondern auch daran, daß alle dialektischen Aussagen über das Verhältnis von Basis und Oberbau in der Luft hängen, solange der Erkenntnisprozeß selbst nicht als dialektisch verstanden und zum integrierenden Bestandteil der marxistischen Gesamttheorie gemacht ist. Daher die große Bedeutung, welche die Forderung Lenins hat: die Bildertheorie (die ja ursprünglich mechanisch war) dialektisch zu verstehen.

Die dialektischen Momente im Verhältnis von Unter- und Oberbau.

Wir brauchen uns aber nicht auf die Feststellung zu beschränken, daß die mechanische Interpretation ein Mißverständnis ist, das in vollkommenem Widerspruch zum Ganzen des Marxismus steht. Wir können außerdem alle diejenigen Faktoren aufzählen, mit denen Marx und Engels den dialektischen Charakter der Beziehung von materieller Basis und ideologischem Oberbau charakterisiert haben, und so umgekehrt unsere erkenntnistheoretische Analyse durch die "Kulturtheorie" des Marxismus sichern. Es handelt sich um folgendes:

a) die einzelnen Kulturgebiete sind durch Arbeitsteilung entstanden, d.h. sie sind geistige Prozesse innerhalb der konkreten Geschichte, welche die Menschen selbst machen. Als solche haben sie einen relativen Eigenwert, eine relative Selbständigkeit. Sie enthalten damit Gebietsbedingungen für ihre von der materiellen Produktion abhängige Geschichte. Die Ökonomie schafft nichts direkt von sich aus, sondern nur Abänderungen und Fortbildungen innerhalb der Bedingungen, die das einzelne Gebiet vorschreibt.

b) Die materielle Produktion ist die erste, aber nicht die einzige Grundlage der geistigen Produktion. Man kann dieses Verhältnis nicht einseitig als Ursache und Wirkung auffassen, sondern nur als Wechselwirkung, weil jede neue Entwicklungsstufe der materiellen Produktion die gesamte vorhergehende geistige Rückwirkung des Menschen enthält und durch sie mitbedingt ist.

c) Die Beziehung zwischen materieller und geistiger Produktion ist nicht direkt, sondern vermittelt. So hängt z.B. nach Marx die griechische Kunst nicht direkt mit ihrem Unterbau zusammen, sondern nur durch die Vermittlung der griechischen Mythologie.

d) Je größer die Anzahl der Zwischenglieder, um so größer wird der Freiheitsgrad der geistigen Produktion, ohne daß diese je autonom wird. Oder m.a.W. die einzelnen Ideologien hängen nicht gleich eng mit der Ökonomie zusammen.

e) Die einzelnen Ideologien stehen in Wechselwirkung miteinander und bringen dadurch Tatsachen hervor, die sich nur auf so großen Umwegen auf ihre ursprüngliche materielle Basis zurückführen lassen, daß dies keine Erklärung, sondern einen Unsinn ergibt (Engels).

f) Zwischen der Wirtschaft und einer bestimmten Ideologie derselben Epoche kann eine Disproportion bestehen. So kann z.B. eine sehr unentwickelte Wirtschaft mit einer Kunst verbunden sein, die einen ewigen Reiz besitzt (Marx).

g) Ideologien können innerhalb der ökonomischen Abhängigkeit eine relativ selbständige historische Wirkung entfalten. Diese läuft nicht notwendig in der Richtung der ökonomischen Entwicklung, sondern wenigstens zeitweise auch gegen sie. Die Rückwirkung der Ideologie kann stärker sein als die ursprüngliche ökonomische Einwirkung.

Niemand wird leugnen, daß alle diese Faktoren antimechanistisch, daß sie Merkmale der Dialektik sind, zumal sich die Ursache, welche die geistige Produktion zwangsläufig in Ideologie verwandelt, in ihrer Beschaffenheit feststellen und in ihrem Wirkungsmechanismus aufhellen läßt (falsche Apriorisierung, Bedürfnis nach widerspruchsloser Systematisierung). Wenn sie trotzdem nicht durchschlagend überzeugen, so liegt das allein daran, daß sie keinen zusammenhängenden dialektischen Prozeß bilden, der Entstehung, Entwicklung und Beziehung der einzelnen Gebiete in voller Konkretheit darstellt.

Zusammenhang zwischen der Theorie des geistigen Schaffens in der Kulturtheorie.

Engels hat das Vorhandensein eines Mangels in dem viel zitierten und oft mißverstandenen Brief an Mehring zugegeben: "Wir haben zunächst das Hauptgewicht auf die Ableitung der politischen, rechtlichen und sonstigen ideologischen Vorstellungen und durch diese Vorstellungen vermittelter Handlungen aus den ökonomischen Grundtatsachen gelegt und legen müssen. Dabei haben wir dann die formelle Seite über der inhaltlichen vernachlässigt: die Art und Weise wie diese Vorstellungen zustande kommen." Der Sinn und Grund dieses Eingeständnisses dürfte nun klar sein. Die Frage, wie die Kunst, Wissenschaft, Religion etc. von der Basis der materiellen Produktion abhängen, steht in engstem Zusammenhang mit der Frage, wie körperliches Tun, sinnliches Erleben, verstandesmäßiges Denken und spekulative Vernunft von der Außenwelt abhängen. Das erste (kulturtheoretische) Problem wiederholt das zweite (schaffenstheoretische) in konkreterer, komplizierterer Weise, d.h. auf einer höheren Stufe. Denn die Kunst verwirklicht sich für die Sinne (und den Körper), die Wissenschaft für das verstandesmäßige Denken, die Religion für die Vernunft, ohne nur in diesen Vermögen ihren Ursprung zu haben oder nur sie zu umfassen. Marx und Engels waren aus historischen Gründen gezwungen, das weitere, kompliziertere Problem vor dem einfachen, fundamentaleren zu lösen, und darum mußte ihre Lösung theoretisch lückenhaft bleiben, denn das Wesen der Dialektik besteht ja gerade darin, in der einfachsten Erscheinung, der "Zelle alle Widersprüche, bezugsweise die Keime aller Widersprüche aufzudecken und dann Wachstum und Bewegung dieser Widersprüche von ihrem Anfang bis zu ihrem Ende darzustellen". (Lenin: Aus dem Philosophischen Nachlaß S. 287.) Marx hat dies im "Kapital" für die bürgerliche Gesellschaft getan, aber damit noch nicht explizit für die Erkenntnistheorie selbst. Ist dies letztere aber einmal geschehen, so sind die Grundelemente für die dialektische Durchführung der formellen Seite gesichert. Die marxistische Erkenntnistheorie geht direkt in eine marxistische Kulturtheorie über, und indem diese auf jene zurückwirkt, trägt sie zur Entfaltung der Totalität der Momente der Wirklichkeit

174

*III. Teil: Nachweis der Übereinstimmung der entwickelten Analyse
des geistigen Schaffens mit der materialistischen Dialektik*

bei, und d.h. zur "dialektischen Bearbeitung der Geschichte des
menschlichen Denkens", in der Lenin die Fortführung des Werkes
von Hegel und Marx gesehen hat. (Aus dem Philosophischen Nachlaß S. 77 und 64.)

**Nachdenkliches zu Max Raphaels
'Theorie des geistigen Schaffens'
von Joachim Schumacher ***

In indischer Spruchweisheit heißt es: Das Sehen ist nicht zu sehen, Erkennen bleibt unkenntlich. Das war einmal tief, als es aus
totaler Verwilderung der gesellschaftlichen Umstände, in denen die
niederen von den höheren Kasten wie Tiergruppen voneinander entfremdet, zur totalen Enttäuschungslehre des Buddha gekommen.
Diese konnte überschritten und unterschritten werden. Sie wurde
überschritten im Begriff des Nirwana als einer menschlich erreich-
baren Sphäre, in der die Subjekt-Objektspannung aufgehoben, und
zwar ohne jede göttliche Garantie. Sie wurde unterschritten in der
hinduistisch erneuerten Dämonologie mit allen Atavismen der Wiederkehr des ewig Gleichen und völliger Auslöschung jeglicher Vernunft, Kritik, Humanisierung der Natur und Gesellschaft. Zwischen
dem Abschiedslächeln des Buddha, dem nicht-pathetischen, und
den Rasereien der Opferkulte gab es die Lehren methodischer Skepsis. Angesichts der unaufhebbar erscheinenden Widersprüche des
gelebten Leben und der zur Domatik verfestigten Antithesen versuchte die philosophische Skepsis zu einem Nullpunkt der Urteilsenthaltung und trainierter Indifferenz zu gelangen. So gewaltige
Systematiker wie Kant und Hegel gaben der antiken Skepsis (Pyrr-
hon war auf dem Alexanderzug in Indien) immerhin die Ehre als
ein philosophisches Laboratorium zur Erziehung kritischen Denkens
zu wirken.

Max Raphael hat sich auf seine Weise für eine Weile in die christliche Form der Skepsis begeben, die Mystik heißt und die in den
Schriften wie im Verhalten des Meister Eckardt den reinsten Ausdruck erreicht hat. Derselbe Raphael hat aber auch die gründlichste
Kritik der Phyrronischen Skepsis geleistet, den Zweifel als Stachel
des Forschens akzeptierend, nicht aber als Sofa zufriedener Verabsolutierung der Ungewißheit. Um aus der Hülle alltäglicher Vorstellungen herauszukommen, deren vermeintliche Faktizitäten mit Ideologien nur so geladen sind, hatte der junge Hegel in der *Phänomenolo-
gie des Geistes* dem Adepten der Philosophie empfohlen, daß ihm
zunächst "Sehen und Hören vergehen" müsse. Solche Aufforderung
kam vom Hegel des Sturm und Drang, die Welt- und Selbstentdek-
kung als einen geistigen Entwicklungs- und Erzeugungsprozesses er-

*Joachim Schumacher 1904 in Berlin geboren, emigrierte 1932 in die Schweiz,
illegal in Frankreich schrieb er *Die Angst vor dem Chaos* (wieder aufgelegt
Frankfurt 1972 makol). Seit 1937 in den USA. Lehrer für Kunstgeschichte
und Philosophie. Vorsitzender der *International Max Raphael Society,* Boston

fahrend. Überhaupt kein Abbildungsdenken hier, wohl aber ein Bewegungsdenken, das Hegel geradezu als "bacchantischen Taumel" bezeichnet, "an dem kein Glied nicht trunken ist." Dialektik verfährt, ja verführt hier völlig dionysisch, spottet zumal auch "der schönen Seele" bloßen Innenlebens und läßt es nirgends zu einer Synthese kommen. Erst zehn Jahre später beruhigt und systematisiert sich im Deutschland der Restauration und im Hegel der *Logik* und der *Enzyklopädie* das heraklitische Werden, dem selbst der Platon des *Sophistes* noch zugestanden, daß "es das wahre Feuer des Prometheus (sei), ohne das keine philosophisch angemessene Behandlung irgendeines Stoffes möglich ist."

Wir wissen, wie sehr sich Raphael und seine Schüler an der Berliner Volkshochschule mit Vorliebe an die Dialektik Platons gehalten (natürlich nicht an dessen spartanische Ideologie). Es kommt im Erlernen philosophischen Denkens, das von Anfang an bei den Griechen als Kritik und Soziologie auftrat, auf Problemöffnung an. Dieses pädagogisch Methodische ist das eigentliche Erbe in der Geschichte der Philosophie, nicht aber eine Liste hochtrabender Ideen mit ein wenig "historischem Hintergrund". "Die panlogischen und enzyklopädischen Ausweitungen des späteren Hegel, der sich ja wesentlich an Platon systematisch gehalten, allerdings ohne Geschichte als bloßen Szenenwechsel abzufertigen, läßt den je gesellschaftlichen Auftrag großer Philosophie und auch Kunst erst marxistisch erkennen. Das aber darf nicht für selbstverständlich genommen werden, sondern bedarf der Mühe und Lust zu historischen Spezifikationen. Fader Schubladen-Marxismus mit lauter Zitatenkram ist allerdings bloße miserable "Praxis" eigentlicher Nicht-Theorie oder Erziehung zur Parteifrommheit des verschämten Staatssozialismus. Anstelle solchen Begräbnisses soll genauer gefragt und mit ausgeführter Breite und Tiefe das Beste der Vergangenheit neu erprobt werden. Nichts ist eigentlich fix und fertig. Auch gerade Erkenntnistheorie hat jeweils den Stachel sehr unbequemer Widersprüche in sich. Es gibt weiterhin noch keine "Einheit von Theorie und Praxis", wohl aber sollte es zumindest zu einer Annäherung zwischen diesen kommen, die dann allenfalls als Adäquatheit zu bezeichnen ist und zwar eine mit lauter offenen Horizonten sowohl nach hinten wie nach vorne.

Dem Leser des vorliegenden Buches mag hier und da nun wirklich "Sehen und Hören" vergangen sein, und zwar nicht aus bacchantischem Taumel sondern eher aus einem gewissen Exzeß formalbegrifflicher Nüchternheit. Ich kann mich persönlich in die Lage des sich an den Kopf fassenden oder überdrüssig werdenden Lesers einfach dadurch versetzen, daß ich mich noch in der Schweiz und in Frankreich als Emigrant in dieser Lage befunden. Ich lernte Raphael 1935 in Paris kennen, und er gab mir dieses Buch mit der Empfehlung: "Herr Schumacher, langsam lesen; alles selber sachlich durchdenken und möglichst an geschichtlichen Beispielen erproben." Aber erst, als ich viele Jahre später einem zweijährigen Seminarkurs an einem amerikanischen College diesen Text zugrundelegte (der den ebenso klugen wie unvorbereiteten Studentinnen allerdings nicht vorliegen konnte) entstand mir aus dem Begriffsgerippe so etwas wie eine Erfahrung lebendigen Durchdenkens aus dem Wesen der Bewegungslogik. Raphael arbeitete langsam, hartnäckig. Wie aus dem Schluß des Buches hervorgeht, wollte er die Schaffenstheorie "zum integrierenden Bestandteil der marxistischen Gesamttheorie" entwickeln, um ihr dann eine bisher noch ungeleistete "Kulturtheorie" folgen zu lassen. Dazu kam es wesentlich auf dem Sektor der Kunsttheorie, der ihm von Anfang an und zeitlebens am meisten anging. Körperlich nicht sehr kräftig, dafür geistig ungemeiner Konzentration fähig und auch gesprächsweise immer auf den Kern einer Frage zugehend, hatte er recht, mit seinem Pfund zu wuchern. Daß er auf die Werke ähnlich gesinnter Forscher wie Lukács, Bloch, Korsch nicht einging, die anders verfuhren, hat wesentlich mit der ihm notwendigen Kraft- und Zeitersparnis zu tun. Für Biographisches und Anekdotisches kann an dieser Stelle kein Raum sein. Was Claude Schaefer berichtet, sollte genügen, bis aus einer vermutlich langsam reifenden Nachwirkung des großen Nachlasses das Bedürfnis nach einer ausführlichen Auseinandersetzung der Verhältnisse von Lebenswerk und Entstehungsbedingungen wach wird. An einem streng konzipierten philosophischen Text schreiben immer auch die besonderen Zeitumstände mit, und zwar in spezifischer Beziehung zu der Eigenentwicklung des Verfassers. Vom bürgerlichen Kulturkult wird Biographie pathetisch überschätzt oder in ein unentschiedenes Nebeneinander von "Persönlichkeit" und "Gesellschaft" vermindert. Diese Pole liegen jetzt vierzig Jahre zurück. Angesichts der Vehemenz der Veränderungen, die seither stattgefunden, veralten nicht nur Ausdrucksweisen sondern auch Gesichtspunkte. Wenn der Text oft strapaziert dürr erscheint, so sollte daran erinnert werden, daß damals ein jeder unabhängiger Forscher eine schwierig verdoppelte Oppositionsstellung einzunehmen hatte. Einmal mußte er den irrationalen Verwucherungen des eigentlichen Straßen- und Streicherfaschismus begegnen, der bis in den akademischen und literarischen Betrieb herein die Gemüter einer ganzen Nation (nicht nur etwa der Kleinbürger) überschwemmte. Auf der anderen Seite geriet die marxistische Ideologie, die doch mit ihrer geistig sehr beanspruchenden Theorie auf eine treu zu realisierende Zukunftshoffnung zielte, aus der während der Oktoberrevolution noch strahlend Roten Fahne in lauter weißen Terror mit Zwangsarbeit, Unterdrückung jeglicher Freiheit, und zwar im Namen der nationalen Verteidigung. Man muß wirklich dabei und darin gewesen sein, um solchen politischen Gezeiten mit ihrem Durcheinanderfluten von zwei miteinander verkrampften Reaktionen, die beide mit revolutionären Parolen ihre wirklichen Tendenzen maskierten, ein Element wetterhafter Katastrophik anzumerken. Keinem noch so bemühten gesellschaftskritischen Roman (gab es überhaupt einen?) noch einem Institut für Sozialforschung, das sich aus dem Quadrat der geographischen und theoretischen Entfernung auf die entsetzlichen Realien (oder Irrealien) hüben und drüben sich kaum einließ, gelang Darstellung und Auswertung der Ereignisse. Nicht ein einziges Werk marxistischer Forschung kam aus der bolschewisierten Partei. Das vermeintlich vollständige Inventar theoretischer, technokratischer und politisch notwendiger Einsichten sei, so wurde eisern behauptet, in den fünfundvierzig Bänden des Genossen Lenin versammelt (von Moskau unkontrollierbar herausgegeben). Dabei waren seit 1932 in dem *Philosophischen Nachlaß* von Lenin interessant suchende, probende Abweichungen vom Schema zu finden, durch die Hegelsche *Logik,* die Metaphysik von Aristoteles und Feuerbachs Kritik der Religion und Sätzen von Leibniz angeregt. Manche der aphoristischen Bemerkungen von Lenin dürften eine heute endlich in Bewegung kommende Oppositionslehre gegen den verballhornten Funktionär-Marxismus von so hoher Stelle her legitimieren. Der letzte Satz in Raphaels Buch weist mit der ihm eigentümlichen unpolemischen Ruhe auf einen solchen zukunftshaltigen Satz von Lenin hin, klar auf eine noch ungelöste Aufgabe bezogen. Geschichtlich hat es keine große Philosophie gegeben, die nicht auch wesentlich als Oppositionswissenschaft gegen die beiden Hauptmächte der Verdunkelung aufgetreten: Mythisch-Regressives in Religion und Machtpolitik. Bei geschichtlicher Veränderung dieser Pole, die insgeheim miteinander kommunizieren, muß sich auch die Darstellungsweise der echten Aufklärung verändern. Die äußerste Askese, der sich Raphael in diesem Buch sprachlich beflissen, war bestimmt als Gegengift gemeint. Ein Gegengift mag nicht schmackhaft sein. Der heutige junge Leser, auf den es wesentlich ankommt, der auf neue Weise einem veränderten Zwischenzustand ausgesetzt ist, als wir es vor vierzig Jahren waren, mag die damalige Ausdrucksweise von Raphael nicht recht behagen. Auch will ein junger Mensch heutzutage weder unter- noch überbewirtet werden. Gewiß, die Sätze von Raphael in diesem Buch blühen nicht. Es haftet ihnen durch Schärfe, Härte und Herbheit etwas vom Salz an, ohne welches ein Lehrbuch zur Entwicklung kritischen Denkens und auch politischer Urteilskraft nur als fade Buchstabensuppe ausfallen kann. Sollte Raphael diesen Text als Unterlage für einen Kursus geschrieben haben (was ich vermute, aber nicht beweisen kann) so hätte er bestimmt aus seiner großen Kenntnis kulturgeschichtlicher Stoffe und Tendenzen den Stufen der verschiedenen Denkprozesse die dazugehörigen Zimmer und Räume geöffnet. Dieses relative Manko hat er ja später in den Sonderforschungen über Hauptphasen der Kunstgeschichte mehr als gut gemacht. Jeder geistig produktive und unabhängige Mensch marxistischer Überzeugung hatte damals den oben erwähnten Zweifrontenkrieg zu führen, einen gegen Berauschung und einen gegen Erstarrung. Einige nicht-akademische Forscher wie Lukács, Korsch und der fast gänzlich unbekannt gebliebene Edward Conze (dessen im Selbstverlag erschienenes und hervorrangendes Buch *Der Satz vom Widerspruch* nur wenigen zugänglich geworden, darunter Bloch und Raphael) fühlten sich moralisch verpflichtet, in die Partei einzutreten, um sich auch unmittelbar dem Gebot der Stunde und des Ortes zuzuwenden. Alle drei mußten für diesen ebenfalls gefährdenden Schritt persönlichen Zoll zahlen. Um es kurz zu sagen: sie wurden von der Partei schäbig behandelt und galten unter Akademikern als Schafe, über die sich nicht einmal ein kritisches Wort lohnt. Dabei mir unvergeßlich, wie Korsch im Heidelberg der späteren zwanziger Jahre in einem großen Hörsaal hemdsärmelig gegen die Idiotie der gänzlich verallgemeinerten Ideologienlehre des Karl Mannheim losgezogen, der noch kurz zuvor zu Füßen von Lukács gesessen. Lukács kann weder in Kürze in seiner Grundlehre dargestellt werden (die einen völlig geschlossenen, fertigen Totalzusammenhang zwischen objektiver Welt und theoretischer "Abbildung" postuliert) noch in seinen Wendungen und Windungen abgeurteilt werden. Conze zog sich nach England zurück und ergab sich schließlich einer Quellenforschung des Buddhismus — also einer noblen Abdankung vor jeglicher Welt- und Geschichtserkenntnis.

Daß Farbe auch von hoher philosophischer Stufe zu bekennen sei hatte der junge Bloch bereits in seinem opus primus maximus *Der Geist der Utopie,* desweiteren in seinem *Thomas Münzer* bekundet, indem er die kühne Parabola zwischen ketzerischem Christentum und radikalen Marx zog. Als Emigrant in Prag, dann in Amerika mit der ihm eigenen Rasanz in die politische Debatte ein. Die bitteren Auseinandersetzungen innerhalb der Emigration über die Rolle der Sowjetunion brachte es auch zu offensichtlich falscher Parteilichkeit, indem die viel zu einfache Alternative Faschismus oder Bolschewismus, Hitler oder Antifaschismus tout court als faktisch und theoretisch ungenügend. Geschichtlich hat sich diese Debatte erledigt. Das Hauptanliegen von Bloch, nicht nur der *Erbschaft dieser Zeit* sondern den wesentlichsten geschichtsphilosophischen Gehalten und Fragestellungen aller Aufbruchsphasen revolutionäre Potenzen anzuerkennen, ist als kämpfendes Licht, das sich in wirkliche Dunkelheiten hereinbegibt, längst selber in Schrift und Rede Wirklichkeit geworden.

Raphael nahm in diesen Fragen eine Sonderstellung ein, die ihm nicht einmal verübelt werden konnte, weil sie unbekannt blieb. Dabei hatte er bereits in zweiter Auflage sein *Von Monet zu Picasso* (1919), sodann *Idee und Gestalt* (1921) veröffentlicht. Nur ein kleiner Kreis persönlicher Schüler wußte von ihm als einem wahrhaftigen Lehrer wesentlicher Dianoetik oder Denklehren, auf welchem Gebiet auch immer. Erst als Emigrant in der Schweiz fiel mir sein Aufsatz *Jung vergreift sich an Picasso* durch seine Kraft und Begriffshöhe auf. Gewiß standen obige Bücher, sprachlich schwungvoll und geistig frei, unter hochidealistischen, ja religiösen Wertbegriffen. Dennoch sind sie nicht nur in Bezug auf die weitere Entwicklung Raphaels, sondern in sich selbst als *vormarxistisch* zu bezeichnen. Denn sie gehen klar auf eine Produktionstheorie künsterischen Schaffens zu, also weg von der überall grassierenden und leidigen Psychologie bloßen subjektiven Kunstkonsums. Als weiterer Beitrag zu einer schaffenstheoretischen Kunstwissenschaft erschien 1930 *Der Dorische Tempel.* Hervorragend mit eigenen Messungen am Poseidontempel und seinen Konstruktionselementen dokumentiert und von der besonderen Erscheinungsweise der Kunstgestaltung auf den organischen Zusammenhang mit Wirtschaft und Religion bezogen, richtet sich dieses Buch ausdrücklich als ein *Paedagogicum* dialektischer Methode an "das revolutionäre Proletariat" als an den

potentiellen Träger einer erneuten Humanität. Diese marxistische
Wendung wurde dann von Raphael zumal in seinem *Essay zur Kunst-*
theorie des dialektischen Materialismus (Philosophische Hefte, Berlin
1932) als ein wahres Muster spezifischer Fragestellungen weiterent-
wickelt — und blieb bis heute unbeachtet.

Es ist verständlicher, daß der nun hier neu vorliegende Band, in
Paris 1934 erschienen, dort und von dort keine öffentliche Wirkung
haben konnte. Als ich als zeitweiliges Mitglied des Instituts für Sozialforschung in New York dort von Raphael sprach und Hornheimer
und Adorno den Band gab, lehnten sie ihn lediglich mit Hinweis auf
einige sprachliche Archaismen hochtönend ab. Noch unbegreiflicher
war die fast vollständige Vernachlässigung solcher immerhin an sehr
bekannter Stelle und hervorragend übersetzter Bände wie *Prehistoric*
Cave Painting and *Prehistoric Pottery and Civilization in Egypt* von
seiten der Fachwissenschaft. Auch der posthum veröffentlichte Sam-
melband *The Demands of Art* (Princeton University Press 1968) in
welchem frühere Entwürfe und reifste Arbeiten den Weg ermessen
lassen, den Raphael gegangen, wird erst jetzt von einigen jüngeren
Forschern intensiv wahrgenommen, den Schleier der Verkennung
also auch in diesem Lande etwas hebend.

Ich schreibe hier lediglich als Zeuge, weder Raphael verhimmelnd
noch seine Mißächter verachtend. Es gibt ja geistesgeschichtlich vielfach solche Verzögerungen der Anerkennung. Diese haben, wie oben
angedeutet, mit dem jeweils komplizierten Verhältnis zwischen All-
gemeingeschichte und Biographie zu tun. Wenn im Amerika der
multinationalen Korporationen unter liberalen Akademikern noch
immer weiter naiv von einem "free market of ideas" die Rede ist,
so ist eben eigentliches Oppositionsdenken, jeweils aus individueller
Verwunderung und methodischem Zweifel entstanden, eben zumeist
nicht marktgängig. Die objektiv vorhandenen und geschichtlich
immer wieder registrierten *Widersprüche* gesellschaftlichen Lebens
sind an sich bereits sehr erschwerendes Material methodischen Erfor-
schens. Für die Fähigkeit, diesen gerecht zu werden und sie begrif-
lich zu machen, bedarf es wirklich eines erhöhten Standpunktes
einer besonderen Persönlichkeit. Selbst wenn es materiell und geistig zur Selbstgestaltung der Sonderbegabung kommt, was geschichtlich fast immer schwierig gewesen und auch eine große Charakter-
stärke beansprucht, gibt es eben auch je spezifische *Widerstände*
gegen wahrheitliche Erkenntnis zu überwinden. Solche Sperren kommen weniger aus den Problemen selbst, die gemeistert wurden, als
aus der Problematik der Veröffentlichung oder Darstellungsweise.

Raphael hat den verschiedenen Erkenntnisstufen eine denkbar
gedrängte Darstellung gegeben, die ihrerseits nicht auf ein paar Kategorien reduziert werden kann. Daß Bewußtsein schließlich aus den
früheren Stufen gegenständlich-körperlichen Tuns über die sinnlichen
Wahrnehmungen über das Verstandesverfahren zum Vernunftdenken
gelangt und jedesmal eine gewisse Rückwirkung auf das Sein gewinnt, ist ein Hauptthema des Buches. Von gesellschaftlich bedingten Widerständen gegen die Erkenntnisprozesse ist mehr summarisch
die Rede, als verstünde sich das von selbst. Am Begriff der Abbil-

dungslehre hält er zunächst ziemlich fest. Er spricht den dinglichen Entwicklungen eine ihnen immanente Priorität und Logik zu. Deren Abbildbarkeit aber sei — und hier folgt eine Wendung gegen Engels — "nicht mechanisch sondern dialektisch zu verstehen. Sie kann daher sowohl proportional wie disproportional erfolgen und sich sprunghaft, nicht streng kontinuierlich oder gar abschließend auswirken. Auf die nominalistische Erzeugungslehre frühbürgerlichen Denkens, die von Edward Conze so überzeugend vorlag, läßt sich Raphael nicht ein (vermutlich, weil sie bereits geleistet wurde). Bei Occam, Hobbes, Vico, Kant gab es nicht mehr passives Spiegeln sondern projektives Erzeugen, um kraft solcher Gesetze, die nicht etwa aus der Dingwelt abgelesen, sondern ihr vom wirtschaftspolitischen Kontrollbedürfnissen vorgeschrieben werden, wortwörtlich-nominalistisch Kapital schlagen zu können. Willentlich nicht geschichtlich darstellend, um systematisch verfahren zu können, (und diesen Bruch bedauert er) erkennt Raphael auf der Ebene des Verstandesdenkens den gesellschaftlichen Widerspruch und damit auch den Widerstand an: "Die beherrschte Klasse hat die (gegebenen Inhalte in ihren Fundamenten selbst zu verändern, also gänzlich neue Inhalte zu schaffen". Demgegenüber heckt die herrschende Klasse lediglich Vorwände für festgehaltene Privilegien aus. Auch bereits auf der Stufe des sinnlichen Erlebens und des Handgreiflichen kommen "dem inneren Sinn Inhalte aus auch höheren Funktionen zu. z.h. aus denjenigen, die einen größeren Freiheitsgrad gegenüber der Außenwelt haben." Mit Nachdruck: "Entwicklung ist nicht Schöpfung aus dem Nichts, sondern Erweiterung der schon vorhandenen Möglichkeiten". Es gibt eben auch "Disproportionalität zugunsten der Vision", und deren Rückwirkungen (können) größer und mannigfacher sein als die Einwirkungen." Eine Bemerkung des auf St. Helena zu Reflektionen verdammten Napoleon an den General de Gourgaud mag hier eingeschaltet werden: "Wie vermag mein Auge meine Hand, die kaum zwei Schritte zu fassen vermag, meilenweit überbieten; und wie kann das Ahnungsvermögen sich zum Sehen verhalten wie das Auge zur Hand?"

Allerdings mißtraut Raphael bloßen Erwartungsvorstellungen, soweit sie "Ziel ohne Mittel reproduzieren, das Ende ohne den Weg." Gerade die Unerreichbarkeit erhalte dann eine verselbständigte Realitätsart, wie sie den Religionen und Utopien eignet. Wohl aber anerkennt er mit einer ihm eigentümlichen Ruhe sachlicher Authorität spezifische "Transcendenzzeichen", die auf jeder Stufe jedes Erkenntnisvermögens auftreten. Diese gehen über die jeweils immanenten Bedürfnisse und Fähigkeiten hinaus, werden sowohl von den Religionen wie von der idealistischen Philosophie mit Verachtung alles Körperlichen absolut gesetzt und von den meisten Materialisten ebenso einfach negiert. Dabei ist es geschichtlich nachweisbar und geschichtlich begründet, daß es in bestimmten Knotenpunkten des Verhältnisses von Sein und Bewußtsein kraft besonderen "Intensität der Auseinandersetzung" und Begabungshöhe "von einem Einzelnen als Exponent einer Avantgarde" zu Wertäußerungen kommt (Wert = produktive und reproduzierbare Wahrheit) die sich "gegen die Interessen und die Trägheiten der herrschenden wie der beherrschten Klassen abheben". Raphael verweist hier ausdrücklich auf Gestalten wie Jesus, den hl. Franziskus, die Ideen der französischen Revolution und auf Marx. Die gesellschaftlichen Verwirklichungen solcher Wertgehalte bleibt dabei jedesmal hinter der Theorie zurück, werden verwässert oder bleiben stecken. "Es kommt dann der Augenblick, wo die Organisationen gegen die (objektiv mögliche) Entwicklung wirken. Sie gewinnen ihr eigenes Trägheitsmoment und geraten als 'Bürokratie' in Konflikt mit der geschichtlich zu realisierenden objektiven Logik."

Die Lakonik solcher Ausdrucksweise ist für Raphael charakteristisch, der eigentliche Polemik auch dann vermeidet, wenn sie von großem pädagogischen Wert (wie etwa in Marx' *Der Achzehnte Brumaire* oder Engels' *Anti-Dühring*). Ich bemerkte schon, daß Raphael in diesem Lehrbuch aus strengstem Verantwortungsbewußtsein jede emotionelle Emphase verschmäht, Er könnte sich dabe auf Anaxagoras berufen, der bekanntlich Idiosynkratisches nur duch Konträres, Wärme durch Kälte, Irratio durch gesteigerte Vernunft und Disparates durch Perspektivisches zu überwinden dachte. Wie aber, wenn die rein begrifflichen Akte marxistischer Kritik oder solchen zu rascher "Aufhebens", die sich auf das *unerledigt Inhaltliche* der Gegenpositionen nicht einlassen, zu fix fertig, also geradezu statisch wirken? Platon spricht einmal anläßlich der Höhlen-Allegorie von einer Verdunkelung durch Überbelichtung. Gewiß ist den ökonomischen Widersprüchen des Kapitalismus, nun gar der internationalen Kartelle, auf die Sprünge zu kommen; und dabei kann es gar nicht nüchtern genug zugehen. Auf jedem Gebiet, vor dem gerade die linke Intelligenz verdächtig rasch abdankt, als handle es sich um lauter Inkommensurabilitäten, gilt es eben neu zu forschen, Marxismus nicht zu versimpeln, sondern zu erweitern, ja zu revidieren. Jeglicher Anspruch auf Wissenschaftlichkeit einer Theorie, der ja von Funktionärmarxisten immer wieder monoton erhoben wird, muß grundsätzlich Unfertiges, Unerklärtes nicht nur zulassen, sondern aufsuchen. Jede einzelne faktisch richtige Aussage enthält durch Isolierung etwas Inadäquates. Marx sah die Entwicklung staatskapitalistischer, ja staatssozialistischer Systeme nicht voraus. Aber noch die Kritik der Auslassungen oder Fehlerquellen bei Marx ist marxistisch zu leisten, d.h. durch Wahrheitswille und empirisch genauer vermitteltes Zusammenhangsdenken.

Keine Gesellschaft, zumal nicht der Funktionärstaat, will wahrheitliche Forschung, falls diese den Sonderinteressen der Machthaber widerspricht. Es gibt ja auch den Willen zur Unredlichkeit, zumal in den Gesellschaftswissenschaften, die so erbärmlich den Naturwissenschaften nachhinken. In letzteren geht es deswegen adäquater zu, weil jede industrielle Gesellschaft auf Naturbeherrschung mehr aus ist als auf Naturbewahrung durch Gesellschaftskritik.

Ein jeder Leser wird wohl das Verhältnis zwischen der positiven Rolle der objektiven Erwartungsvorstellungen und der von Raphael ausdrücklich als negativ bezeichneten Späre utopiegeladener Gehalte verschiedenartig einschätzen. Zumindest als Erkenntnistheoretiker, weniger als Kunst- und Kulturwissenschaftler, verwirft Raphael in diesem Buch sogar die humansten Archetypen diesseitiger Glückslehren als abwegige Hemmungen und Illusionen. Er läßt diese geistigen Erzeugnisse, die doch zunächst klar nachweislich der Volksphantasie, also der unterdrückten Klasse entstammen und eben nicht von Potentaten und Priestern als Diktate von oben eingebläut werden, lediglich aus "Ahnung (entstehen), daß das Ziel unerreichbar oder zumindest sehr unsicher." Inzwischen haben wir nur zu sehr gelernt, wie sehr das Ziel der klassenlosen Gesellschaft und wirklich freisetzender Gerechtigkeit, auf welches hin doch die Erkenntnistheorie geradezu phalanxhaft ausgerichtet, selber "sehr unsicher", und zwar ohne dadurch an objektiver Notwendigkeit oder moralischem Postulat einzubüßen. Allemal, wenn so leichthin von Religion als dem "Opium des Volkes" die Rede, sollten nicht eigentlich Irreligionen gemeint sein, und zwar solche, die wie der Fernseher, das Radio, die Filme und der gesamte Reklamerummel die mit ihren sekularen Ersatzbefriedigungen jedenfalls das Opium der H-Moll Messe und der Bergpredigt so eklatant überbieten? Fidel Castro soll sich kürzlich geäußert haben: "Wir leben in einer erstaunlichen Welt, in der gute Katholiken radikal und schlechte Kommunisten reaktionär werden." Gewiß, und wo steht im Kommunistischen Manifest etwas von Zentralkommittee zu lesen oder kommen bei Jesus Inquisitoren und Hexenverbrennungen vor? Dagegen Marx: "Es wird sich zeigen, daß die Welt längst den Traum von einer Sache besitzt, von dem sie nur das Bewußtsein besitzen muß, um sie wirklich zu besitzen." Das "nur" ist hier allerdings erstaunlich, ebenso wie die Fortsetzung, die einem nun wirklich zweifelhaft gewordenen Fortschrittsglauben so etwas wie unvermeidliche Kontinuität, ein erzidealistischer Begriff zuerkennen will: "Es wird sich dann zeigen, daß es sich nicht um einen großen Gedankenstrich zwischen Vergangenheit und Zukunft handelt, sondern um die Vollziehung der Gedanken der Vergangenheit." Davon bleibt richtig die Intention, kaum die gradlinige Realisierung. Gerade das, was in besten Phasen der Vergangenheit deutlich zukunftsgerichtet war (jüdische Prophetie nebst des Jesus' Neuer Himmel, Neue Erde, griechischer Humanismus, gotische Transzendenz, Renaissance-Chiliasmus, auch die Verbindung des stärksten Rationalismus mit Metaphysik, im alten und ehrlichen Sinne einer zu erstrebenden Grundwissenschaft vom wesentlichen Sein und moralischem Sollen, so bei Spinoza, Leibniz, Kant, Hegel) zeigt ja allemal unerledigte Aufgaben an. Für eine moderne Theorie des erschaffenden Erkennens sind deren Wertgehalte, nicht die immer hereinspielenden Ideologien, unerläßlich.

Mit echter Einsicht betont Raphael mit einem Satz, der es in sich hat, immer wahrer zu werden, daß "das Unwirklichste die größte Wirksamkeit hat, ist nur scheinbar ein Paradoxon; es ist die genaue Ergänzung zu der Tatsache, daß die härtesten Wirklichkeiten so wenig Wirksamkeit entfalten."

Es darf hier nicht darauf ankommen, Zitate zu pflücken oder gegeneinander auszuspielen. Es kommt jedesmal auf den Gesamtzusammenhang an. Bei einer so gedrängten Darstellung wie bei Raphael ist dieser allerdings nicht immer klar ersichtlich. Raphael ehrt den Leser, indem er es ihm nicht leichtmacht, sondern ihn dazu auffordert, an Hand des Textes Selbstdenken zu erlernen. Weder aphoristisch Anheimelndes noch panlogistisch Verschwommenes kommt vor. Das systematische Verfahren des Buches bedingt seine besondere Schwierigkeit, die verschiedenen Erkenntnisvermögen des Körpers (zumal der Hand) der spezifischen Sinneswahrnehmungen, des verstandesmäßigen Denkens sodann der Vernunftspekulationen, die *nacheinander* vorgestellt werden, schließlich mit simultaner Rückwirkung aufeinander zu verstehen. Solches Verfahren nimmt sich etwa bei Darstellung der Sinneswahrnehmungen etwas aus wie eine Art Condillacscher Säule, in welcher die Qualitäten von Ruch, Duft, Klang, Farben, Licht, Gestalten nacheinander erwachen und sich vertikal steigern. Gewiß kann von einem solchen Modell bürgerlich-mechanischer Aufklärungslehre bei Raphael nicht die Rede sein. Bei Condillac fehlen sämtliche Verstandes- und Vernunftprozesse, die Raphael gründlich entwickelt. Wichtig bei alledem, daß der Leser die verschiedenen *Schichten* des sich erst formenden Wahrnehmens bedenkt, aus welchen die Zusammenhänge als zunächst nur vorläufige Resultate von Prozessen hervorgehen mögen. Raphael anerkennt also relatives Transzendieren, nicht aber eine absolute Transzendenz. Seine ausführliche Kritik der thomistischen Gottesbeweise ist vorbildlich klar (ohne Kant zu bemühen, der sehr ähnlich verfahren). Mit großer Gerechtigkeit anerkennt Raphael, daß es sich bei Thomas um "einen der größten Denker" handle, dessen Erkenntnistheorie, von der objektiven Außenwelt ausgehend, kraft der *analogia entis* (Gott ist im größten Maßstab, was der Mensch im kleinen) zur Offenbarungslehre gelangt. Gesellschaftliche Erkenntnisgrenzen "kann auch das größte Genie nicht überspringen." Eine ähnliche Ehre geschichtlicher Anerkennung hat Raphael von je auch Platon zugesprochen, indem er diesen, der zwar den Ideen jegliches Werden entzieht, als einen der größten *Problemeröffner* bejahte, in den ideologischen Schlußfolgerungen verneinte. Das faktische Veralten eines jeden Textes, der nicht Dichtung ist (das Künstlerische der Kunst hat zwar nicht Ewigkeitswert, wohl aber reift es merkwürdig nach) hat damit zu tun, daß die Wahrheitsfrage von Anfang an dem Werdensprozeß unterliegt. Dessen Ausdrucksweise kann nicht völlig adäquat sein, weil die dialektische Arbeit, je mehr sie sich in die Frontprobleme der besonderen Periode und Gesellschaft begibt, eben an deren Widersprüchen laboriert. Auch noch die eigentliche Bewegungslogik, die Raphael so genau von der formalen und funktionellen Logik unterscheidet, muß den Stachel des Mangels, der Vermissung in sich tragen, um als welthaltige Kritik des Bestehenden wirken zu können anstatt nur schulgerecht zu sein (was immer Statik und Illusion enthält).

Demnach, ebenso wie Kritik an Marx gerade von Marx her ermöglicht und ermächtigt wird, so will Raphaels Theorie des erkennenden Schaffens und der je noch weiterhin zu entwickelnden Kritik der gesellschaftswissenschaftlichen Vernunft, dann an jeder besondere Stelle zumindest mitdenkend gelesen werden. Mit Hurra-Marxismus ist hier weder abzufertigen noch weiterzukommen. Aus ziemlicher Kenntnis der früheren Bücher und auch der noch unveröffentlichten Manuskripte Raphaels kann ich dem Leser versichern, daß Raphael gewissen Bruchstellen des vorliegenden Textes in späteren Werken selber Revisionen unterzogen hat.

Ein Beispiel stehe hier für manche andere, die dem aufmerksamen Leser begegnet sein können. Bei der Analyse des vermeintlich ursprünglichen körperlich-dinglichen Erkennens, einem sagenhaften "primitiven Menschen" zugeordnet, wird dieser geradezu darwinistisch vorgestellt als im ständigen Kampf des einen gegen einen anderen befindlich, allenfalls im Geschlechtsverkehr einen Dritten erzeugend. Es ist großartig zu verfolgen, wie Raphael in seinen späteren Forschungen der paläolithischen Jäger- und Sammlergesellschaft aus den einzigartig vorliegenden künstlerischen Denkmälern die empirisch-ikonographischen, gestalt- und gehaltmäßigen Neuauffassungen gelernt und gelehrt. Wir erfahren nunmehr, daß, sobald es überhaupt zum Bedürfnis und zur Kraft künstlerischer Realisierung sowohl der Erlebnisgehalte wie der Wunschvorstellungen der von Anfang an arbeitsteiligen, hochorganisierten und überhaupt nicht "primitiven" Horden kommt, alle Erkenntnisvermögen bereits zusammenwirken, einschließlich durchaus konkreter, diesseitiger Phantasie. Mythologie kommt viel später, nachdem es zwischen Sein und Bewußtsein aus akuten Gründen der Natur- und Gesellschaftsverhältnisse eben nicht mehr adäquat sondern höchst disparat zuging. Den Mystagogen unter unseren Mythenanbetern, denen es überhaupt nicht irrational genug zugehen kann, wird dieses einer der Hauptverdienst von Raphael allerdings am wenigsten behagen und deshalb weiterhin verhüllt bleiben. Gewiß fehlte dieser ersten nachweisbaren Kulturphase, mit den passiven Überbleibseln heutiger "eingeborener" nicht zu verwechseln wie es immer wieder geschieht, die Stufe wissenschaftlichen Verstandesdenkens. Dieses war bis zum sechzehnten Jahrhundert noch unnotwendig. Dafür dürften die halbnomadischen, halbseßhaften Jäger Sinne und Witterungsvermögen besessen haben, die uns Stadtmenschen abgehen und die zumindest teilweise den Methoden der kausal-mechanischen Naturwissenschaften unzugänglich sind. Raphael setzte in diese Lücke mit einiger Vorsicht das Sammelwort "Instinkt" ein. Dabei handelt es sich bei Vorgängen, die unter Namen wie Sechster Sinn, Zweites Gesicht, Hellsehen, Prophetie etc. entweder für anrüchig gelten oder aber als atavistische "Geheimlehren" Lückenbüßer für unglaubhaft gewordene Religion und verdingliche Ratio abgeben, wirklich um Randgebiete, die erforscht sein sollten. In diesen Sphären, meist dem Unglück benachbart, geht es allerdings nicht "metaphysisch" im verdächtigen Sinne zu, wohl aber nicht-mechanisch, selten luziferisch, meist dämonisch.

Daß es auf die *Vermittlung* zwischen den Erkenntnisweisen am meisten ankommt, daß zwischen der Stufe materieller Bedürfnisbefriedigung, Wirtschaft geheißen, und geistigen Produktionen wie Philosophie und Kunst, *Disproportionen* eben schöpferischer Natur auftreten, hat Raphael am Schluß des Buches mit Vorbedacht nüchtern betont. Raphael hat sich sowohl in die antike Skepsis wie in deren christliche Form begeben, die Mystik heißt und die beim Meister Eckehart die eindrücklichste Stufe erreichte. Er weiß daher, daß aus bloßem Ausbalancieren der sowohl wirklichen wie begrifflichen Widersprüche um einen Nullpunkt herum kein zusätzliches Wahrheitskriterium, nur ein immerhin würdiges privates Ausweichen erfolgen kann. Auf das Ultimatum "klassenlose Gesellschaft" nebst seiner ethischen Entsprechung der Pflicht zur Selbstrealisierung, die er in einem bedeutenden Fragment formuliert hat, ist die Erkenntnistheorie ständig und streng gerichtet. Mit Hinsicht auf Raphaels Reifewerke, in denen er die Verbindung von einer eigentlichen Produktionslehre der Kunst mit Schaffenstheorie überhaupt ebenso empirisch wie systematisch vollzieht, wird deutlich, daß die Erkenntnistheorie propädeutisch, vorbereitend zu lesen sei. Dabei braucht er dem eigentümlich nachreifenden Produktionsglück großer Kunstwerke, der schlechthinige *Gelungenheit* des Paestum-Tempel, der Olympiatempel Konfigurationen, der Romanischen Kirchen, zweier Fresken von Giotto oder eines Spätwerks von Cézanne etc. etc. nicht mehr auf Schritt und Tritt die marxistischen Korrelationen nachzuweisen. Dazu fehlen eben eine ganze Reihe der Vermittlungsfaktoren, die durch empirische Forschungen erst noch zu ermitteln sind und die von den pauschalen pseudo-marxistischen Verfahren einfach überschlagen werden.

Der in diesem Buch vorwiegend formal wirkende aber inhaltlich beabsichtigte *Logos* der Darstellungsweise hält mit subjektivem *Pathos* durchaus, vielleicht zu sehr zurück. Er bleibt aber dem *Eros* des Begehrens aus Not und Vermissung, also aus innerster Notwendigkeit auf Befreiung von Entfremdungen jeglicher Art zielend, mit strenger Entdecker- und Denkerkraft verpflichtet. Die früher von ihm noch religiös projizierte Transzendenz nach ganz Oben, zu einer höchsten göttlichen Wesenheit hin (die er in *Von Monet zu Picasso* eindrücklich beschworen) erfährt nunmehr die geschichtsphilosophische Wendung nach vorne, zum objektiv möglichen wie sehr noch immer verhinderten Bauplatz einer besseren Gesellschaft. Ein wichtiger Satz bei Raphael verweist auf die Realisierungsmethoden: "Je mehr Zwischenglieder (zwischen Gegebenheiten und Aufgabe, Mittel und Zweck) je größer der Freiheitsgrad."

Bestimmt gehört ein jeder ernstliche Beitrag zur Theorie des geistigen Schaffens zu einem solchen Zwischenglied, welchem Denkkraft ohne Hypertrophie der Innerlichkeit, Zukunftsvertrauen ohne Ausfluchtsutopie und Empörungsvermögen ohne Fanatismus einwohnen.

Als Signum erreichter Lebens- und Werkreife bezeichnete Laotse einmal, der selber jedes Ostentative zu vermeiden gewußt, einen, "der auch als Berufener nicht wirken oder genannt sein will. Wenn das Werk gelungen, so zieht er sich zurück."

Woodbury, Conn.USA
Mai 1974

Zu Leben und Werk von Max Raphael
von Claude Schaefer*

Über zwanzig Jahre nach dem Tode Max Raphaels beginnt jetzt
die Veröffentlichung seiner Hauptwerke in deutscher Sprache. Der
Grund dieser Verspätung liegt vielleicht nicht nur in den politischen
Ereignissen der Vergangenheit oder in der Verschiedenheit der Ar-
beitsgebiete — Kunstwissenschaften und Philosophie, Geschichte der
Kunst von der Frühzeit bis zur Gegenwart und der Literatur, Mathematik und Physik —, sondern in der Schwierigkeit der Aufgaben, die
er sich gestellt hatte. In einem Brief vom 27. Juli 1947 sah er sehr
deutlich dieses Problem:

"Und dann mute ich doch den Kunsthistorikern etwas viel zu. Ich
verlange auf der einen Seite, daß man jedes Kunstwerk als eine ein-
malige Leistung bis zu Ende durchanalysiert, ohne bisher selbst zu
sehen, welche Abstraktionen nötig sind, um aus diesen einmaligen
Leistungen wirkliche Kunstgeschichte (und nicht bloß die von Schul-
zusammenhängen) zu machen. Ich verlange auf der anderen Seite,
daß man jedes Werk in Zusammenhang bringt mit allen historischen
Bedingungen und dies nicht bloß als Fakten sondern als Methoden
— was ich selbst noch nicht zu meiner vollen Befriedigung habe tun
können und was wohl die Kräfte eines einzelnen übersteigt. Dann
nehme ich wenig Rücksicht auf die bisherigen Methoden, Geburts-
urkunden für Kunstwerke auszustellen, weil ich zwar sehe, daß diese
unzulänglich sein müssen, da sie zu so vielen Widersprüchen unter
den akademischen Benutzern dieser Methoden führen, aber nicht
imstande bin, ein neues und besseres Verfahren ausfindung zu machen (und nicht einmal weiß, ob das überhaupt möglich ist, da Geschichte nicht Logik ist und darum letzten Endes nur auf Grund
sicher überlieferter Daten geschrieben werden kann). Ich bin also
in ein Abenteuer eingeschifft, dessen Ausgang ich selbst nicht kenne
— wie sollen das andere Menschen auf Grund eines fragmentarischen
Materials verstehen? Und schließlich ist ja nicht nur das Abenteuer
gewagt, sondern die Darstellung schwer zugänglich . . ."

Leben, Werk und Problemstellung sind eng miteinander verflochten.
Seine Kindheit verbrachte Max Raphael in Schönlanke, wo er am
27. August 1889 geboren ist. Der kleine Ort in Westpreußen hatte
damals etwa 4300 Einwohner (davon 1045 Katholiken und 494 Ju-

---

*Claude Schaefer, Professor für Kunstgeschichte an der Universität Tours,
lernte Raphael 1937 kennen; korrespondierte während des Krieges regelmäßig
mit R., stand zu ihm in einem freundschaftlichen Schüler-Lehrerverhältnis;
betreut den Nachlass von Max Raphael (Anm. d. Redaktion).

den, wie uns Meyer's Konversationslexikon von 1897 verrät). In einem Entwurf einer Selbst-Biographie sind es vier Haupteindrücke, die er aus der Jugend mitgenommen: menschliche: die Mutter, "stille würdiges Leiden und Pflichten"; der Rabbiner, "das stille weltabgeschiedene Lernen, der Maßstab gegen das Daseiende"; die Natur am Rande der Stadt, "in die man sich kaum hinauswagte und die daher Symbol für das zu Erkennende wurde; "ein unbewußter und gerade erwachender Haß gegen die Enge der bestehenden Gliederung der Gesellschaft" und schließlich "eine bestimmte Haltung gegen die drei Religionen, wohl bedingt durch die Lage der drei Kirchen: jede der Kirchen war für die anderen Gläubigen unzugänglich". Die Weite der Ebene, die Enge der Gesellschaft, die Kleinstadt, die "weder Stadt noch Land ist, der frühe Tod der Mutter (1900) bezeichnen diese Epoche des erwachenden Bewußtseins des frühreifen Kindes. Nach der Übersiedlung nach Berlin (1900) und der Absolvierung des Gymnasiums beginnt das Studium in München, später in der Landeshauptstadt. Wenig ist über diese akademischen Jahre zu sagen, es sei denn, daß Georg Simmel das Talent seines Schülers erkannte, Heinrich Wölfflin dagegen meinte, er brauche eine Dissertation über Picasso nicht zu lesen und noch weniger anzunehmen. Wichtiger ist, abgesehen von dem Studium der Nationalökonomie und Wirtschaftsgeschichte bei Schmollinger, A. Wagner und Lujo Brentano, die frühe Entstehung seiner kunstwissenschaftlichen Ideen. Das Studium der Kunstwerke in Italien und Holland, Wanderungen in der Rheingegend, der stete Kontakt mit Künstlern wie Max Pechstein, den er 1910 kennenlernte, legten den Grund. Intensive Beschäftigung mit der französischen Kunst lassen den Wunsch reifen, das Studium in Paris fortzusetzen und ein Jahr später kann diese Idee verwirklicht werden. Er hört Vorlesungen bei Bergson und E. Mâle, begegnet Rodin und dem jungen Picasso, studiert die Bilder von Seurat und Matisse. Er denkt an ein Buch über Rodin und ist erstaunt, daß der Bildhauer von ihm verlangt, was er zu tun vorhat. "Wenn Sie an eine einzige meiner Skulpturen, am besten einem unvollendeten Werk meine künstlerische Methode entwickeln können, dann können sie vermeiden, den vielen schlechten Büchern, die man über meine Kunst geschrieben hat, ein weiteres Schlechtes hinzuzufügen", bemerkt Rodin.

Das Erlebnis Paris ist sicher der entscheidende Eindruck seiner Jugend gewesen und geblieben. Dort entsteht die erste Fassung seines Buches *Von Monet zu Picasso*. Bei einem zweiten Aufenthalt (1912) arbeitet er besonders über französische mittelalterliche Kunst (Chartres) und über Poussin: die endgültige Fassung seines Buches wird niedergeschrieben. Es erscheint Ende 1913 in München mit dem bezeichnenden Untertitel *Grundzüge einer Ästhetik und Entwicklung der modernen Malerei* und dürfte das erste Buch sein, in dem der junge Picasso als Grenzstein einer Kunstepoche aufgefaßt wird.

Im Jahre 1914 verlegt Raphael seinen Wohnsitz an den Bodensee. Das Erlebnis der Landschaft wird ihm zur Auseinandersetzung mit dem Problem der Natur. Geologie, Biologie und Botanik treten in den Vordergrund. Das Problem der Gesellschaft taucht auf im Zusammenhang mit dem Studium der Geschichte des Mittelalters, er beschäftigt sich eingehend mit der Kunst Shakespeares. Aus jener Zeit stammen eine dramatische Trilogie sowie eine Komödie, die der Autor vernichtete.

Den ersten Weltkrieg macht Raphael als Rekrut mit (1915-17). Nicht lange. Es kommt zu einer zunächst verborgenen Auflehnung. Das Selbstbestimmungsrecht des Individuums als Kampf gegen den Militarismus ist eines der erregenden, aktuellen Probleme, mit denen Raphael sich in seinem noch unveröffentlichten Kriegstagebuch (1917) auseinandersetzt. Der Niederschlag der neuen Erfahrungen erscheint in dem theoretischen Gegenstück: "Ethos, ein Dialog über die sittlichen Grundlagen des Völkerrechts" (1917-18). Ebenfalls unveröffentlicht, ist diese Arbeit eine Zwischenstufe zur *Schaffenstheorie*. Raphael lebt damals in der Schweiz und begegnet dort einer Reihe von bekannten Künstlern wie de Fiori, Haller, R. von Tscharner und Wiegele. Verschiedene Aufsätze entstehen über diese Bildhauer und Maler und schließlich das Buch *Idee und Gestalt, ein Führer zum Wesen der Kunst* (1921) mit den ersten methodischen Beschreibungen und Vergleichen, mit dem Ziel das Kunstwerk analytisch wieder aufzubauen oder nachzukonstruieren.

Von 1920 bis 1932 lebt Raphael in Berlin. Über diese neue Epoche seines Schaffens hat er sich in der schon erwähnten Autobiographie geäußert im Rahmen eines fesselnden Vergleichs der verschiedenen Schaffensperioden:

I. Axiomforschung: (mit Erfassung neuer Stoffe: Physik und Mathematik 1921-32)

II. Die Stoffanalyse (im wesentlichen über Kunst 1925026 und Philosophie 1926-28)

"Am klarsten ist die Unterscheidung in den Arbeitsmethoden: es werden die letzten Grundlagen exakter Wissenschaft in ihrer Problematik untersucht. Das hat eine dreifache Bedeutung: 1) Ich traue mich noch nicht an die Materie selbst, 2) Ich will wissen, was eine Wissenschaft ist, um eine Kunstwissenschaft machen zu können; 3) Die Axiomatik selbst wird problematisch (was die Grenzen der Wissenschaft erspürt).

Jetzt geht es zwar direkt an den Stoff und zwar an zwei Stoffe: Kunst und Philosophie. Dabei gehe ich verschieden vor:

A. für die Kunst:
die Analyse des einzelnen Werkes
das Schaffen (Arbeiten) der künstlerischen Phantasie
die Kunstkritik (Einschaltung der Architektur)
Kunstsoziologie (erst zuletzt und mehr als formale Soziologie der Gruppe. Hier wird die Grenze der Geschichte sehr berührt

B. für die Philosophie nach dem Schema:
De omnibus rebus dubitamus.
Erste Setzung
Methode
System (nie gehalten)
Auch hier in Parallelkursen eine Einschaltung: Marx (insbesondere die deutsche Ideologie).

Das Gemeinsame beider ist der *Drang nach der Konkretisierung der Theorie des Schöpferischen,* die noch immer ohne Beziehung zum Geschichtlichen gesehen wird."

Die Zeit von 1921 bis 1930 spiegelt den Übergang zur Erforschung der Wirklichkeit, das Entschwinden der Metaphysik zugunsten der meßbaren Erscheinung. In dieser Zeit wird intensiv geforscht, wenig veröffentlicht. Zunächst Arbeiten über die Axiome Newtons, 1923 begonnen, werden 1925 niedergeschrieben. Reisen zum Studium der mittelalterlichen Baukunst in Deutschland, Analysen zahlloser Kunstwerke in Museen und Kirchen und schließlich krönte diese Arbeit eine neue Tätigkeit: das Unterrichten an der Berliner Volkshochschule, "das Lehrer-Schüler Verhältnis: ein gleichzeitiges Belehrtwerden und Lernen". Mehr als die Hälfte dieser Kurse waren Museumführungen und Kunstkurse. Unter den zahlreichen Themen dieser Arbeitsgemeinschaften ließen sich nennen: Aristoteles (es handelt sich um eine kritische Untersuchung), Meister Eckehart und das Wesen der Mystik, Thomas von Aquino, Kritik von Husslers Logik, von Schelers Wertethik, die dialektische Methode bei Hegel, Marx und Lenin (1928/29), Analyse einer Rembrandtzeichnung, Giotto, Baldung Grien, Corot, Degas usw. Im Jahre 1932 schlägt Raphael die Geschichte des dialektischen Materialismus in Griechenland vor. Dieses Thema wird abgelehnt und scheint ihn veranlaßt zu haben, seine Lehrtätigkeit niederzulegen. Im Jahre 1926 hatte er sich durch zu langen Aufenthalt in ungeheizten Kirchen, die er zu vermessen hatte, im Winter ein Lungenleiden zugezogen. Häufige Aufenthalte in Davos schließen meist noch Kurse für Arbeiter oder Vorträge ein. Gleichzeitig hielt es Raphael für nötig, an der Berliner Universität Mathematik und Physik zu belegen, um sich auf diese Weise die streng wissenschaftliche Grundlage zu schaffen, um seine damals sich entwickelnden Forschungen und Theorien voranzutreiben.

Die Tätigkeit an der Volkshochschule legt den Grund für vier bedeutende Arbeiten, die zwischen 1928 und 1932 erscheinen. Aus einer der Arbeitsgemeinschaften entsteht das Buch über den dorischen Tempel, 1930 erschienen; selbstverständlich erforderte seine Vorbereitung einen längeren Studienaufenthalt in Süditalien und Sizilien. Ferner erscheint eine bemerkenswerte Abhandlung über den Prosastil Valérys und die beiden Aufsätze *Über die pyrrhonäische Skepsis* sowie *Zur Kunsttheorie des historischen Materialismus.* Daneben wird, und dies darf man nicht vergessen, seit 1909 die ununterbrochene Beschäftigung mit der modernen Kunst und besonders mit Picasso fortgesetzt. Die Arbeiten in den *Philosophischen Heften,* die Maximilian Beck herausgab, bezeichnen eine Etappe des Weges "vom Gebiet zum Einzelwerk, von der Forschung zur Niederschrift, von der Niederschrift des Einzeln-Monographischen aus zur totalen Methode"; um dieses Ziel zu erreichen, waren die Naturwissenschaften nötig: "Woran mir lag war, einen Begriff vom Wesen der Wissenschaft zu bekommen, nicht daran: die Natur wissenschaftlich zu erkennen. Die eigentliche Erweiterung lag in der Vorstellungswelt der Infinitesimalrechnung. Es ist allein die Betrachtung und Darstellung der Kunst, die profitiert; die Naturwissenschaft nur Umweg, Mittel zum Zweck."

In der Pariser Zeit bis zum Zweiten Weltkrieg werden zunächst die empirischen Analysen der Kunstwerke fortgeführt, die theoretischen Grundlagen für eine wirkliche Kunstwissenschaft ausgebaut, das Problem der Geschichte und der Soziologie der Kunst in mannigfachen Analysen erhellt. 1933 erscheint ein Ergebnis der "Praxis", eine Analyse eines Bauwerks seines Freundes André Lurçat, *Villejuif. Introduction à une architecture en beton armé.* Im selben Jahr noch erscheint in französischer Sprache, sein kunstsoziologisches Buch, *Proudhon, Marx, Picasso;* 1934 die erste Ausgabe in deutscher Sprache *Zur Erkenntnistheorie der konkreten Dialektik* in einem Pariser Verlag. Wenige Jahre vor seinem Tode überarbeitete er dieses Werk und gab ihm den Titel *Theorie des geistigen Schaffens auf marxistischer Grundlage.* Während man 1934 an die illegale Verbreitung des Buches in Deutschland denken mußte, war es später möglich, die Struktur durch die vom Autor eingefügten Untertitel klarer herauszuarbeiten. Mit dieser *Schaffenstheorie* als Werkzeug wird gleichzeitig die empirische Forschung weiter entwickelt. Längere Reisen durch Frankreich dienen der Vorbereitung eines sehr bedeutenden leider noch unveröffentlichten Buches *Zur Ästhetik der romanischen Kirchen in Frankreich.* Abgesehen von längeren kritischen Arbeiten über die Theorien zur Baukunst von A. Perret, über das Projekt für den Sowjetpalast mit dem bezeichnenden Untertitel "Eine marxistische Kritik an einer reaktionären Architektur" sowie über ein Buch von Leo Balet, Verbürgerlichung der deutschen Kunst im 18. Jahrhundert, Kritik, die aber in Wirklichkeit an einem Beispiel das Problem "Marxismus und Geisteswissenschaft" behandelt – dies ist auch der Titel – beginnt er eine große unvollendet gebliebene Arbeit über die künstlerische Methode von Gustave Flaubert.

Eine Synthese aller dieser Bemühungen ist das Buch: *Arbeiter, Kunst und Künstler. Beiträge zu einer marxistischen Kunstwissenschaft,* das 1975 bei S. Fischer erscheint.

Der Beginn des Zweiten Weltkriegs gestattet es Raphael bis Pfingsten 1940 seine Arbeit fortzusetzen. Es entsteht ein Entwurf etwa dem ersten Halbband einer geplanten "Empirischen Kunstwissenschaft entsprechend und, im Sommer 1940 und Frühling 1941, Studien zu Homer und Spinoza. Am 19. Oktober 1940 wird Raphael verhaftet und im Lager Gurs und später, im Februar 1941 in Les Mille interniert. Zwei literargeschichtliche Versuche wurden unterbrochen: im Jahre 1939 setzte Raphael eine Arbeit über Flaubert nicht fort, begann aber ein Buch über Racine, ohne damit zu Ende zu kommen. Abgesehen von den äußeren Umständen liegt der wirkliche Grund tiefer. Raphaels Arbeit ist untrennbar verflochten mit der Natur, mit der landschaftlichen Umgebung, seit frühester Jugend eine nie versiegende Quelle von Anregungen. Die Beziehung zur Natur läuft der Beziehung zur Kunst parallel, als Sache der "Weltwirklichkeit die in der Stadt nicht zugänglich war." Viele Gedanken Raphaels sind undenkbar ohne diese Beziehung. Vieles war für ihn selbstverständlich, bevor es unter dem Namen der Kunstlandschaft fast zum Gemeinplatz der Kunstgeschichte wurde. Es ist zu unterscheiden zwischen dem Dialog mit der Landschaft bei gleichzeitiger scharfen Beobachtung aller Einzelheiten wie dies für den Bodensee, den Lago Maggiore, die südfranzösische Landschaft der Provence und der Rouerguegegend im Aveyron, die ihn "innerlich angreifen" und der Landschaft als Kulturgegenwart, als historische Entwicklung, als gesellschaftliche Form. Und so erklärt sich, daß gewisse Studien in den Vereinigten Staaten nicht weitergeführt werden konnten.

Im Juni 1941 gelingt es Raphael, das besetzte Frankreich zu verlassen. Die nächsten, letzten elf Jahre verbringt er in New York. Er beschäftigt sich jetzt mit dem Problem der Kunst*geschichte* als Wissenschaft. Bisher hatte er sich fast ausschließlich auf das Problem der Beschreibung der Kunstwerke auf das "Nachkonstruieren von Realitäten" beschränkt, ausgehend von der Annahme, daß man erst den *Gegenstand* seiner wissenschaftlichen Bemühungen kennen muß, bevor man seine Geschichte schreiben kann. Diese Problem packte er an seinen Extremen an, der Kunst der vorgeschichtlichen Zeiten und der Kunst der Gegenwart. In einem sehr aufschlußreichen Brief vom 14. November 1943 versuchte er sich Rechenschaft zu geben über seine verflossene und gegenwärtige Arbeit. Gleichzeitig leuchtet die Methode auf, die neuen Ergebnisse erscheinen andeutungsweise.

Die Durchführung des Grundgedankens, daß eine Kunstgeschichte im umfassenden Sinn dieses Wortes nur möglich ist, wenn Vorgeschichte und Gegenwart sich wechselseitig ergänzen, sind die zahlreichen Studien der letzten Epoche (1941-1952) gewidmet. Man kann das Filigran einer Kunstgeschichte sich abzeichnen sehen, wenn man diese letzte Entwicklung überblickt. Schon bei der Niederschrift des schon erwähnten Fragments der *Empirischen Kunstwissenschaft* (1939) zur Methodologie der Kunstgeschichte wurde ihm klar, daß es verfrüht war, ein solches Fazit zu ziehen. Daher die Studien zur vorgeschichtlichen Kunst als Prüfstein der "Methode". Das geniale Buch über die neolithischen Tongefäße Ägyptens, noch wenig verstanden, ja sogar wenig gelesen, führt dann weiter zurück. Mehrere noch unveröffentlichte Studien versuchen eine Darstellung dieser Kunst und ihres Nachlebens: *Die altsteinzeitliche Jagdkultur* behandelt Wirtschaft, politische Organisation, Ahnenkult, Totemismus, Totenideologie, Magie und Kunst, während *Wiedergeburtsmagie in der Altsteinzeit* das Nachleben der steinzeitlichen Gedankenwelt an Hand eines Spezialproblems verfolgt, so daß sich ein bedeutender Beitrag zur Religionsgeschichte und zur Geschichte der religiösen Symbole ergibt. Und hier schließt sich logisch ein Buch an den Ursprung der klassischen Kunst Griechenlands an: *Der klassische Mensch in der griechischen Kunst* (1947-1951). Gleichzeitig plante Raphael eine Geschichte der kapitalistischen Bourgeoisie Deutschlands von 1870-1940. Von diesem "Porträt Deutschlands" ist immerhin der erste Teil geschrieben worden, die Geschichte des deutschen Industriekapitalismus (1942-1944). Ein zweiter Band sollte die Gesellschaft, ein dritter die Politik behandeln, und schließlich sollte der letzte Band die Kultur Deutschlands behandeln. Ferner nahm Raphael das Problem der Bildbeschreibung wieder auf. Die Versuche der dreißiger Jahre wurden völlig umgearbeitet und erweitert, ein Kapitel über Picassos *Guernica* hinzugefügt (1951). So entstand ein Buch, dessen deutscher Titel lautet: *Wie soll ein Kunstwerk gesehen werden?* Es wurde erst nach dem Tod Raphaells in englischer Sprache veröffent licht (*The demands of art*, 1968), und es wurden Auszüge aus dem unveröffentlichten Manuskript zur empirischen Kunstwissenschaft in englischer Übersetzung als Anhang beigefügt. Raphael hatte noch zwei weitere Bände geplant. Das Buch über die Bildhauerei sollte Analysen eines Kopfes von der Osterinsel, einer ägyptischen Figur des alten Reiches, eines indischen Buddhas, eines griechischen Reliefs, zweier Werke von Laurens und Lipschitz und des Moses von Michelangelo enthalten. Ein Teil dieser Kapitel wurde geschrieben. Der dritte Band wäre dann der Baukunst vorbehalten gewesen und hätte die Studien zum dorischen Tempel, zur Ästhetik der romanischen Kirchen Frankreichs sowie verschiedene Aufsätze zur Architektur der Gegenwart enthalten.

Die letzte Arbeit Raphaels galt wieder der Kunst der Vorgeschichte. Am 3. Mai 1952 erläuterte er sein Vorhaben. Die *Ikonographie der quaternären Kunst* sollte zwei Bände enthalten: 1. Totemismus; 2. Wiedergeburtsmagie. Dann entschloß sich aber der Autor "das analytische Verfahren anzuwenden" und drei Bände zu schreiben: 1. Band: Methode und System der Deutung, worauf dann die schon genannten Bücher zu folgen hätten. Umfangreiche Vorarbeiten, darunter unzählige Pausen oder Nachzeichnungen waren schon ausgeführt worden, um die Arbeit über die Orginalkunstwerke vorzubereiten: Raphael wollte im September 1952 nach Frankreich zurückkehren, um sogleich mit dem Studium der Malerei der berühmten in Frankreich gelegenen Höhlen beginnen zu können. Es war Max Raphael nicht mehr vergönnt, dieses letzte Werk abzuschließen.

Obgleich manche Vorhaben Fragmente blieben, ist sein Werk* insgesamt doch nicht als fragmentarisch anzusehen. Die Herausgabe der nachgelassenen Schriften im S. Fischer Verlag, dank der Initiative von Hans-Jürgen Schmitt, wird es gestatten, Raphaels Analysen zu durchdenken, die Diskussion neu anzufachen und vor allem seine Gedankenwelt in undogmatischer Weise weiterzuentwickeln. Der Weg ist eröffnet, um die Geltungskraft seiner Forschungen zu erfassen, um eine wissenschaftliche Lösung zu finden "für das ewige und erregende Problem der Kunst"**, die schaffenstheoretisch fundierte Kunstwissenschaft und -geschichte, die Ergründung der "Mannigfaltigkeit des Werdens" dieser Freiheit, die man Kunst zu nennen pflegt.

---

* Der gesamte Nachlaß Max Raphaels (Handschriftliches, Typoskripts usw.) wird im Archiv für bildende Kunst des Germanischen Museums in Nürnberg aufbewahrt und katalogisiert. Zur Entstehung und Organisation dieses Archivs, vgl. Horst *Pohl*, Das Archiv für bildende Kunst in Nürnberg, Kunstchronik, Juni 1972 (25. Jahrgang), S. 157-159.

** Von Monet zu Picasso, Einleitung, S. 8.

Fischer Format

S. Fischer Verlag

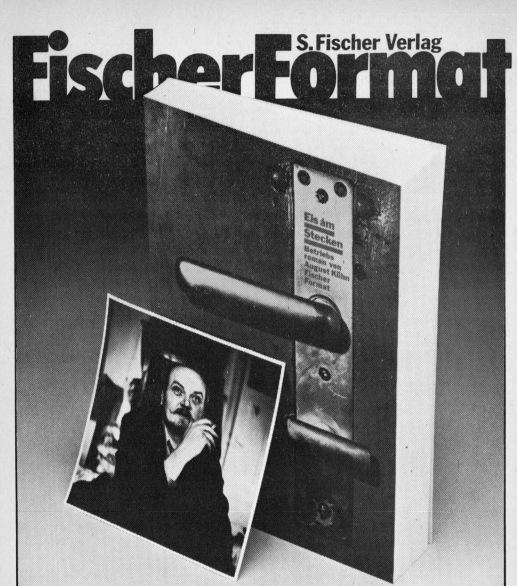

Kriminalroman aus der Arbeitswelt, der für jeden schnell eisige Wirklichkeit werden kann.

August Kühn
Eis am Stecken
Betriebsroman
240 Seiten,
broschiert DM 16,80

August Kühns zweites Buch
– bereits sein erstes:
„Westend-Geschichte.
Biographisches aus einem
Münchner Arbeiterviertel"
hatte viel Erfolg – ist eine
Kriminalstory aus dem
Arbeitnehmeralltag. Schau-

platz: die Eberhard Teimer-
Eis- und Tiefkühlkost GmbH
in München.
Etwas ist faul im Betrieb. Der
junge Angestellte Michael
Ebner merkt es und handelt:
Entlarvt die Strategien und
Manöver der Betriebs-
leitung, macht seinen Kolle-
gen klar, daß sie die ihnen
zustehenden Rechte nicht
gebrauchen. In immer neuen
Anläufen versucht er den
Sinn für Solidarität zu

wecken und drängt darauf,
einen Betriebsrat zu wählen.
Dabei macht er „Fehler" und
wird auch zu Fehlern von
der Geschäftsleitung ver-
anlaßt und in eine Falle ge-
lockt. Man feuert den
„Störenfried", das Betriebs-
klima ist gerettet. Der ent-
lassene Ebner, der keine
Stelle mehr findet, wird am
Ende der Geschichte von
einem Sportwagen über-
fahren. Zufall – oder Mord?

S. Fischer Verlag

FischerFormat

Martin Dannecker/Reimut Reiche
Der gewöhnliche Homosexuelle

Eine soziologische Untersuchung über männliche Homosexuelle in der Bundesrepublik

... Homosexuell wird man nämlich nicht mit 4 oder 5 Jahren, sondern mit 14 oder 17 Jahren oder gar später. Mit vier Jahren wird ein Triebschicksal verankert, d. h. eine Disposition aber keine Determination erworben. Und auf diesem Triebschicksal werden soziale Geschlechtsrollen, bewußte Einstellungen und unbewußte Ängste, Phobien und Ablehnungen aufgebaut, wird ein Bild der Selbstwahrnehmung und Selbstverurteilung errichtet, das sozialen Zwängen und Gesetzen folgt. Dieser soziale Zwang muß allerdings in der Einzelpsyche verarbeitet werden. Und gerade darum ist es der soziale Zwang, der den Homosexuellen macht, jedenfalls das an ihm, was das „Andere", das „Abweichende" ist ...

Fischer
Format

„Nicht der Homosexuelle ist pervers, sondern die Situation in der er lebt".

Martin Dannecker/
Reimut Reiche
Der gewöhnliche Homosexuelle
Eine soziologische Untersuchung über männliche Homosexuelle in der Bundesrepublik.
424 Seiten,
broschiert DM 19,80

Authentische, realistische Informationen über die homosexuelle Subkultur, den Lebensstil homosexueller Männer, ihre sozialen Beziehungen, ihre Sexualität, ihre Außenseiter-Situation. Die empirische Analyse setzt an dem Punkt ein, an dem jungen Männern ihre Homosexualität bewußt zu werden beginnt. Erstes großes

Thema ist daher das coming out, jene konfliktreiche Phase (in der Regel vom 16. bis 21. Lebensjahr), die von der ersten Ahnung, homosexuell zu sein, über den ersten Sex mit einem Mann und die subjektive Gewißheit der eigenen Homosexualität zur Aufnahme sozialer Beziehungen zu anderen Homosexuellen führt. Wichtigstes, wenn nicht einziges soziales Beziehungssystem Homosexueller ist die homosexuelle Subkultur, die angesichts der fortbestehenden Tabuierung der Homosexualität und Diffamierung der Homosexuellen die Funktion einer Notgemeinschaft mit karitativem Charakter erfüllt. Dannecker

und Reiche bieten eine detaillierte Analyse dieser Subkultur, der Lebensstile homosexueller Männer, ihrer sozialen Beziehungen, ihrer Sexualität.
Die Analyse des Bereichs der Arbeit deckt eine für Homosexuelle charakteristische Berufsbiographie auf, deren hervorstechendstes Merkmal das Hineindrängen bzw. das Hineingedrängtwerden in bestimmte Angestelltenberufe ist, in denen der Homosexuelle unauffälliger leben kann und weniger brutalen Diskriminierungen ausgesetzt ist – ein Ergebnis, das die verbreitete These von einem engen Zusammenhang zwischen Homosexualität und Mittelschicht widerlegt.

S. Fischer Verlag
FischerFormat

Elisabeth Dessai
Chancengleichheit durch Schulreform
Pläne und Argumente
Fischer Format

Nachhilfeunterricht für eine bessere Schule

Elisabeth Dessai
Chancengleichheit durch
Schulreform
Pläne und Argumente
136 Seiten, DM 12,80
Das Schulsystem der
Bundesrepublik wird gegen-
wärtig radikal verändert. Der
Kindergartenbereich wird
ausgebaut, die Grundschule
wird mit neuen Aufgaben
konfrontiert. Auf frühe Aus-
lese wird verzichtet, die
Gesamtschule wird Regel-
schule. Was bedeuten diese

Reformen?
Verschulung und Streß für
die Kleinkinder? Bürokrati-
sierung des Schulalltags?
Totale Lenkung der Lehrer?
Neue Zwänge für die
Schüler? Verschleuderung
von Steuergeldern? Oder
bessere Bildungschancen für
alle?
Elisabeth Dessai, bekannt
durch ihre Bücher zur
Frauenemanzipation und zur
Erziehung, nimmt diesmal
unser Schulsystem aufs

Korn. Mit Sachverstand und
praktischer Vernunft, aber
ohne Respekt vor den
heiligen Kühen der Bildungs-
planer erläutert sie Pro und
Kontra.
Ihr Resümee: Durch Bildungs-
reformen können die
Chancen von Arbeiterkindern
und Mädchen verbessert
werden, aber neben organi-
satorischen Maßnahmen
müssen Reformen treten, die
das psychologische Klima an
den Schulen verbessern.

Dialektischer Materialismus: Nützlicher Ansatz oder ideologischer Hemmschuh?

Loren R. Graham
Dialektischer Materialismus
und Naturwissenschaften
in der UdSSR Erster Teil
(Quantenmechanik/Relativi-
tätstheorie/Ursprung und
Aufbau des Weltalls)
240 Seiten, broschiert
DM 19,80
Was kann der dialektische
Materialismus, die aner-
kannte Wissenschafts-
philosophie aller Ostblock-
länder, für die Wissen-
schaften leisten? Ist er ein
brauchbarer Ansatz oder ein

ideologischer Hemmschuh?
Unter dem Eindruck der
Lysenko-Affäre und anderer
stalinistischer Entstellungen
war man im Westen lange
Zeit der Ansicht, der Wert
der sowjetischen Natur-
wissenschaften werde
durch das Festhalten am
dialektischen Materialismus
erheblich beeinträchtigt. Es
wird daher überraschen,
nun von einem amerika-
nischen Naturwissenschaftler
und Historiker zu hören, daß
dies nur die halbe Wahrheit ist.

„Ich bin davon überzeugt,
daß der dialektische
Materialismus die Arbeit von
zahlreichen sowjetischen
Wissenschaftlern beeinflußt
und ihnen zu Einsichten
verholfen hat, die inter-
national Anerkennung
finden", erklärt Loren R.
Graham von der Columbia
University und untermauert
diese These durch die
Analyse der sowjetischen
Positionen in acht natur-
wissenschaftlichen
Disziplinen.